城市轨道交通信号设备故障处理指南

陈　琦◎主　编
雷云鹏　赵一林　张　冲　陈静梅　高彦军◎副主编

中国铁道出版社有限公司

2024年·北　京

内 容 简 介

本书按照“设备介绍—常见故障—故障分析与处理—故障处理总结”的思路，不仅详细介绍城市轨道交通信号设备的常见故障类型、故障现象以及可能的原因，还提供故障排查方法和步骤。全书共五章，包括城市轨道交通信号系统概述、电源系统故障处理、继电电路设备故障处理、信号系统设备故障处理、接口故障处理，内容全面，实用性强。

本书供城市轨道交通信号设备维护人员培训学习，也可供职业院校相关专业师生参考。

图书在版编目(CIP)数据

城市轨道交通信号设备故障处理指南 / 陈琦主编.
北京 ：中国铁道出版社有限公司，2024.12. -- ISBN
978-7-113-31662-4

Ⅰ. U239.5-62

中国国家版本馆 CIP 数据核字第 2024SQ6957 号

书　　名： 城市轨道交通信号设备故障处理指南
作　　者： 陈　琦

责任编辑： 徐　清　　　**编辑部电话：** (010)51873147
封面设计： 郑春鹏
责任校对： 刘　畅
责任印制： 高春晓

出版发行： 中国铁道出版社有限公司(100054，北京市西城区右安门西街 8 号)
网　　址： https://www.tdpress.com
印　　刷： 天津嘉恒印务有限公司
版　　次： 2024 年 12 月第 1 版　2024 年 12 月第 1 次印刷
开　　本： 787 mm×1 092 mm　1/16　**印张：** 13　**字数：** 289 千
书　　号： ISBN 978-7-113-31662-4
定　　价： 68.00 元

编委会

主　　编：陈　琦

副 主 编：雷云鹏　赵一林　张　冲　陈静梅
高彦军

编审人员：米良彬　刘胜飞　黄杰夫　张　博
王　辉　张大伟　王华良　李　虎
李　猛　张向辉　付学栋　李建锋
王　亮　童军华　樊金坤　张　琳
柏长胜　杨　磊　吴晓天　王永博

前　言

城市轨道交通信号设备是保障列车行车安全、高效运行的关键设备。然而，由于各种原因，信号设备可能会出现故障，这对城市轨道交通的正常运营会产生重大影响。

本书不仅详细介绍城市轨道交通信号设备的常见故障类型、故障现象以及可能原因，还提供实用的故障排查方法和步骤。通过学习，工作人员可以在故障发生时迅速做出判断，帮助工作人员快速定位问题，并采取相应的处理措施。另外，安全始终是设备故障处理首要考虑的因素，本书还强调安全操作的重要性，并介绍相关的注意事项、安全建议以及预防故障发生的措施，以帮助降低故障发生率，提高运营效率。

本书共五章，包括城市轨道交通信号系统概述、电源系统故障处理、继电电路设备故障处理、信号系统设备故障处理、接口故障处理。第一章由陈琦、李建锋、付学栋、赵一林、杨磊编写，第二章由陈静梅、童军华、樊金坤、黄杰夫、张博、张琳编写，第三章由雷云鹏、李猛、张向辉、吴晓天、王辉、张大伟编写，第四章由张冲、米良彬、王亮、王华良、李虎编写，第五章由高彦军、陈静梅、刘胜飞、柏长胜、王永博编写。

希望本书能够成为城市轨道交通信号设备维护和管理人员的得力助手，帮助他们更好地应对设备故障，保障城市轨道交通信号设备的安全、稳定运行。同时，也期待读者能够根据实际情况，不断总结经验，提高自身的故障处理能力，为城市轨道交通事业的发展做出贡献。

由于时间仓促，编者水平有限，书中难免存在不足及疏漏之处，恳请读者批评指正。

编委会

2024年8月

目 录

第一章 >>>

城市轨道交通信号系统概述

随着城市化进程的加快和交通拥堵问题的日益严重，城市轨道交通作为一种高效、环保、便捷的交通方式，受到了越来越多城市的青睐。而信号系统作为城市轨道交通的重要组成部分，被比喻为列车运行的“大脑和中枢神经”，对于保障列车运行的安全和顺畅具有至关重要的作用。

近年来，随着科技的进步和城市轨道交通的不断发展，信号系统也在不断更新换代，从最初的简单控制发展到现在的智能化、自动化控制。熟悉信号系统原理，方能确保行车指挥人员、行车驾驶人员、故障应急处置人员快速联动，方能迅速恢复列车运行的正常秩序，减少当信号系统发生故障时，因行车指挥不当导致的列车运行混乱，列车碰撞、脱轨、延误等安全风险，确保乘客和工作人员的人身安全，提高运营效率。

第一节　城市轨道交通信号系统结构

在城市轨道交通系统中，信号系统是一个集行车指挥和列车运行控制为一体的非常重要的机电系统，它直接关系到城市轨道交通系统的运营安全、运营效率以及服务质量。它保证乘客和列车的安全，实现列车快速、高密度、有序运行的功能。

城市轨道交通信号系统的核心是列车自动控制（automatic train control，简称 ATC）系统。它由四个子系统构成，即列车自动监控（automatic train supervision，简称 ATS）系统、计算机联锁（computer based interlocking，简称 CBI）系统、列车自动防护（automatic train protection，简称 ATP）系统、列车自动驾驶（automatic train operation，简称 ATO）系统。各子系统之间相互渗透，实现地面控制与车上控制相结合、现地控制与中央控制相结合，构成一个以安全设备为基础，集行车指挥、运行调整以及列车驾驶自动化等功能为一体的自动控制系统。它是现代城市轨道交通核心控制技术之一，各子系统功能简述如下。

ATS 系统作为 ATC 系统的一个重要子系统，是一套集现代化数据通信、计算机、网络和信号技术为一体的、分布式的实时监督、控制系统，ATS 系统通过与 ATC 系统中的其他子系统的协调配合，共同完成对城市轨道交通运营列车和信号设备的管理和控制。ATS 系统在 CBI、ATP、ATO 系统的支持下完成对全线列车运行的自动管理和监控，是一个综合的行车指挥调度控制系统。设备主要分布于控制中心、正线设备集中站、正线非设备集中站、停车场/车辆段、试车线、培训中心，系统采用设备冗余的方式，保证系统具有高度的可用性。

CBI系统是保证列车运行安全，实现轨道区段、道岔、信号机之间正确联锁关系的系统，满足故障—安全原则。为确保系统的高可靠性和高安全性，采用高可靠性、高安全性硬件结构和软件设计，以及采取必要的硬件、软件冗余措施。CBI系统多采用三取二或二乘二取二安全冗余结构，CBI系统与相邻有关系统间的通信通道热备冗余配置；安全接口具有故障—安全功能。联锁设备执行层对接口继电器的物理驱动采用双断方式，即所有由电子电路驱动的继电器不存在公共的驱动回线。驱动继电器对应执行层的双系采用分线圈使用。

CBI系统采集的继电器通过采集继电器接点的方式直接证明继电器状态。对于涉及安全的非由CBI系统驱动的关键继电器(轨道继电器、道岔表示继电器等)，CBI系统的每一系均采用同时采集这些继电器的前后接点或双接点的方式并予以校核。其中定位表示、反位表示继电器及其他有动作关联的继电器采用后接点串接后由计算机联锁采集的方式。

ATP系统可分为轨旁子系统和车载子系统两部分，该系统必须符合故障—安全原则，主要功能包括：自动连续检测列车位置，确定ATP信息的发送方向；确保列车之间的安全距离，防止列车超速运行，及时显示列车车速、列车限速、目标速度、目标距离等信息，对列车超速、设备故障进行报警；完成列车自动折返的监督。车载子系统负责从轨旁子系统接收运行所需要的信息，并负责列车全部的运行安全，如列车的超速防护、列车的方向监督、紧急停车的监督等。

ATO系统是自动控制列车运行的设备。在ATP系统的保护下，根据ATS系统的指令实现列车的自动驾驶，能够自动完成对列车的启动、牵引、巡航、惰行和制动的控制，确保达到列车运行设计间隔及旅行速度；能够对列车的站台精确停车、开启和关闭车门及站台门。车载ATO负责控制列车的运行，如列车的自动离站，列车的速度调节，列车的目标制动以及车门、站台门和安全门的开/关的启动控制等。ATO系统不负责安全，它总是运行于ATP系统的安全监督之下，ATO系统的主要部件在列车上，以实现自动驾驶模式。

IOM系统是整个信号系统的设备状态监测和维护工具，利用计算机、网络和通信技术，实时监测信号设备的使用情况，定位故障地点，分析故障原因，统计故障时间，管理维修作业，旨在预防故障发生，提高系统维护管理水平。

IOM系统主要实现的功能：对道岔/转辙机、信号机、电源设备等基础信号设备的模拟量、开关量状态进行实时监测，并及时给出报警。对各系统(ATC、ATS、CBI、DCS、LTE)设备状态进行实时监测，并及时给出报警。对站场运用状况、信号设备运用情况、作业操作记录进行实时监视、记录存储和历史回放。对采集的信号设备参数和状态进行分析，生成报警或预警。

信号各子系统功能框图如图1-1所示。

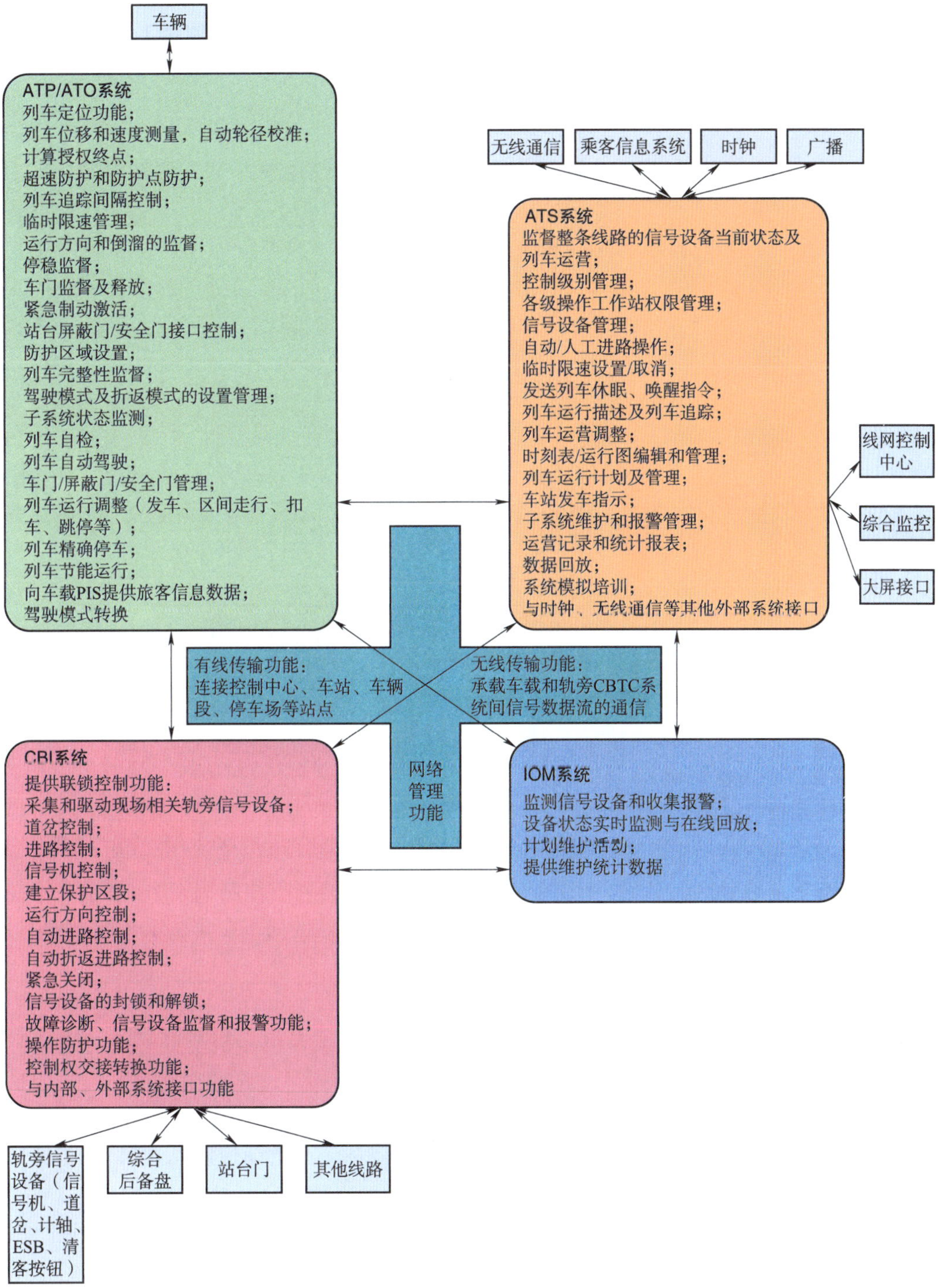

图 1-1 信号各子系统功能框图

第二节　城市轨道交通信号系统运营基本知识

一、运营指挥模式

信号系统应具备中央 ATS 和本地的两级控制，应能自动或人工进行进路控制。其中人工控制分为 ATS 人工和本地联锁设备人工；自动控制分为 ATS 自动控制和联锁设备自动控制。人工控制的进路优先级高于自动控制的进路。根据需要可进行本地与中央 ATS 两级控制权的转换。控制权的转换过程中，未经人工介入各进路的原自动控制模式不变。在紧急情况下，车站值班员可在现地工作站上强行取得控制权，控制车站的进路和信号。

1. 中央控制

中央控制主要是指调度员通过中央控制工作站实现运营指挥控制。中央控制工作站控制功能包括但不限于列车进路控制；变更计划运行图/时刻表；将信号机设置为自动模式等；封锁信号元素（信号机、道岔等）；跳停、扣车、提前发车；设置临时限速指令；保护进路选取功能（道岔开通方向选取），对列车运行进路及保护进路进行区分显示。

2. 车站现地控制

车站现地控制主要指车站值班员通过设备集中站的现地控制工作站实现对列车进路的正常控制和特殊控制。设备集中站的现地控制工作站设置的车站人工控制功能包括但不限于列车进路控制；将信号机设置为自动模式等；封锁信号元素（信号机、道岔等）；扣车；计轴复位。

3. 综合后备盘控制模式

综合后备盘（IBP）控制模式是指通过设置在各站综合后备盘上的紧急关闭按钮，实现紧急情况下对列车的控制。在紧急情况下，可通过按下车站控制室综合后备盘上的紧急关闭按钮或车站站台上的紧急关闭按钮。在连续式通信的列车控制级别下，禁止已停在车站的列车出发进入区间，对于已启动而尚未完全离开车站的列车应实施紧急制动停车；对于尚未进入站台区的列车，应禁止其进入站台区。

4. 列车进路的控制

列车进路的控制模式主要采用基于列车的进路方式或者信号机至信号机的进路方式。列车进路的控制主要包括系统自动控制和人工控制，列车进路的正常控制模式为系统自动控制。

列车进路的自动控制模式包括中央自动控制模式和车站自动控制模式，其中车站自动控制模式又分为车站 ATS 自动控制模式和车站联锁自动控制模式。中央自动控制模式是指在每天开始运营前，根据需要调用相应的基本运行图，经检查确认、必要时进行局部修改后，作为当天的计划运行图，自动控制列车运行。车站 ATS 自动控制模式是指车站 ATS 设备按默认下载的运行图信息通过车站联锁自动排列进路，控制列车运行；在车站联锁自动控制模式下，值班员可在车站的现地工作站上将部分或全部信号机设置为相关自动控制方式，其他联锁操作则由值班员人工操作。

列车进路的人工控制模式包括中央调度员人工控制模式和车站及车辆段/停车场值

班员人工控制模式。中央调度员人工控制模式是指可在中央人工发出有关非安全控制命令，对列车运行进行人工干预。主要手段为：取消进路；道岔解锁及人工操作道岔（未占用）进行转动；解封轨道区段、信号机；设置及解除限速；设置及解除跳停；高级别故障报警确认。

5. 列车运行的调整

列车运行的调整包括自动调整和调度员人工调整，正常情况下的列车运行调整应为自动调整。

自动调整手段：自动调整列车区间走行时间；自动调整列车站停时间，控制列车出发时刻；自动控制列车运行等级；折返进路自动转换；按时刻表排列列车顺序（大小交路情况下）。

调度员人工调整手段：对有关列车实施“扣车/提前发车”或“跳停”；改变列车在区间的走行时间或调整列车运行等级；对计划运行图进行在线修改，包括对单个或所有列车“时间平移”、增加或取消列车、改变列车的始发点及始发时间、调整列车的出入段/场时间等；生成等间隔调整计划等。

二、列车控制等级

列车控制等级主要分为连续式通信的列车控制级别（CBTC）；点式列车控制级别；联锁控制级别。

连续式通信的列车控制级别为信号系统的正常控制方式，点式列车控制级别和联锁控制级别为信号系统的降级控制方式。

三、列车驾驶模式

列车驾驶模式主要分为列车自动驾驶模式（ATOM）；列车自动防护下的人工驾驶模式（ATPM）；基于点式的列车自动驾驶模式（IATOM）；基于点式的人工驾驶模式（IATPM）；限制人工驾驶模式（RM）；非限制人工驾驶模式（NRM）。

1. 列车自动驾驶模式（ATOM）

ATOM 模式为 ATP 监控下的列车自动运行模式。在该模式下，ATP 子系统保证列车的运行安全，ATO 子系统实现列车在区间的自动运行、调整以及定位停车控制等。在 ATOM 模式下应具备自动开车门、人工关闭车门；人工开车门、人工关闭车门；自动开车门、自动关闭车门三种开关门模式。

2. 列车自动防护下的人工驾驶模式（ATPM）

ATPM 模式为 ATP 监控下的人工驾驶运行模式。在该模式下，ATP 子系统确定列车运行的最大允许速度，司机按推荐速度驾驶列车运行，ATP 子系统实现列车自动防护的全部功能。司机人工控制列车在站台停车。在 ATPM 模式下可仅具备人工开/关门模式。

3. 基于点式的列车自动驾驶模式（IATOM）

IATOM 模式为 IATP 监控下的列车自动运行模式。在该模式下，IATP 子系统保证列车的运行安全，IATO 子系统实现列车在区间的自动运行、调整以及定位停车控制等。在 IATOM 模式下应具备自动开车门、人工关闭车门；人工开车门、人工关闭车门；自动开车门、自动关闭车门三种开关门模式。

4. 基于点式的人工驾驶模式(IATPM)

IATPM 模式为 IATP 监控下的人工驾驶运行模式。在该模式下,IATP 子系统确定列车运行的最大允许速度,司机按推荐速度驾驶列车运行,IATP 子系统实现列车自动防护的全部功能。司机人工控制列车在站台停车。在 IATPM 模式下可仅具备人工开/关门模式。

5. 限制人工驾驶模式(RM)

在 RM 模式下,车载 ATP 限制列车在某一固定的低速之下运行,司机根据调度命令和地面信号显示驾驶列车,列车运行超速时,车载 ATP 设备实施紧急制动,直至停车。RM 驾驶模式下,应对车门状态进行防护,需经过特殊授权手续方可开门。列车运行的安全由联锁设备、ATP 车载设备、调度人员、司机共同保证。

6. 非限制人工驾驶模式(NRM)

在 NRM 模式下,信号车载设备处于切除状态而不监控列车的运行,司机根据调度命令和地面信号的显示驾驶列车。列车运行的安全由联锁设备、调度人员、司机共同保证。

第三节　城市轨道交通信号系统原理

一、列车定位

为了保证运营安全和运营能力,需要在任何时刻知道线路上所有列车的位置。为此,信号系统主要使用以下方式定位列车:一是主动列车检测,根据每个列车发送的位置信息计算列车位置实现列车自动定位,主要用于移动闭塞模式;二是辅助列车检测,城市轨道交通正线一般根据轨旁计轴设备检测列车位置,车辆段/停车场一般采用轨道电路检测列车位置,主要用于降级情况下的后备模式。

(一)列车在轨道上的定位

1. 信　　标

信标是一个安装在轨道上的器件,只有被信标天线激活时才工作。

车载控制器(CC)通过读取沿线分布的信标精确计算自己的位置。当 CC 通过一个信标时,CC 捕获该信标的识别号和位置参数。CC 使用该信息初始化、重新修正列车位置、校准编码里程计。CC 可根据该信标计算它在线路上的位置并报告给区域控制器(ZC)。

CC 在每个重新定位点之间根据通过的上一个定位信标的位置,周期性地估算自己的安全位置、计算列车最大和最小可能位置。列车的实际位置总是在这两个位置之间。这两个最大和最小可能位置之间的距离称为定位误差。随着列车的移动,该误差将由于车轮的空转/打滑效应而增加。该原理保证列车的实际位置总是在 ATP 最大定位报告和 ATP 最小定位报告之间。最大和最小位置将被发送给轨旁 ATC 用于自动防护(AP)的计算。

静态信标用来确定列车的位置,一般包括重定位信标和轮径校准信标。重定位信标的用途是保证经过它上面的列车可以检测并修正其位置,主要是为了处理空转/打滑等因素所引起的列车位置测定的不确定性;以及需要在某些地方(如折返区域、信号机前方)减少列车定位误差。轮径校准信标由两个信标组成，一般在衔接车辆段的出入段线和正线的停车线布置。该类型信标的典型用途是进行系统定位并校准编码里程计，也可以用于列车的重定位。

动态信标用来传递其关联的地面信号显示。在点式 ATP 的降级模式下，有源信标负责将轨旁变量信息(信号机、道岔等)传给车载。

点式 ATP 降级模式下有源信标的布置示意如图 1-2 所示。

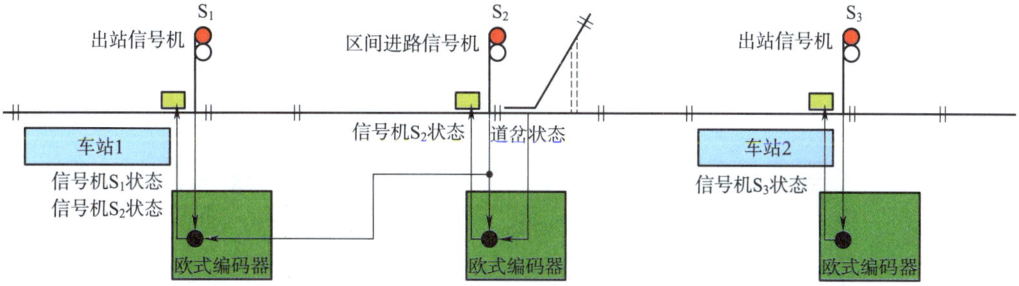

图 1-2　点式 ATP 降级模式下有源信标的布置示意

2. 计轴设备

计轴设备的基本原理是基于对所监视的轨道区段两端计数点驶入和驶出轴数的比较，以确定该区段的占用或空闲状态。

如图 1-3 所示，列车从所监视区段的 A 端驶入，计入轴数为 CA，列车从所监视区段的 B 端驶出，计出轴数为 CB。当 CA 不等于 CB 时，区段占用；当 CA 等于 CB 时，区段空闲。

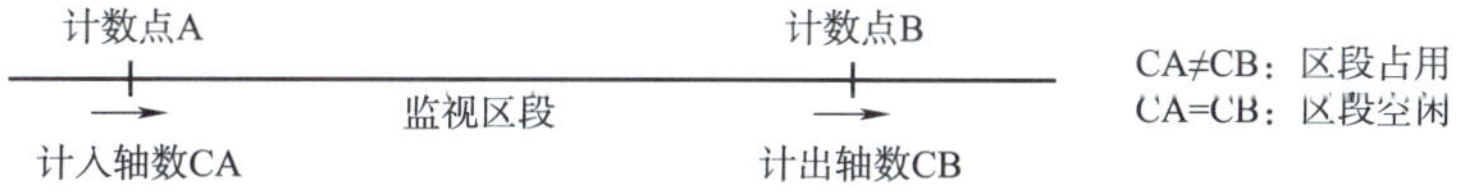

图 1-3　计轴系统原理

轨道占用和空闲状态检查方式可以分解为两个具体的操作：一是在轨道空闲状态下，计入一轴或探测到车轮，轨道转为占用状态；二是在轨道占用状态下，计出最后一轴，轨道转为空闲状态。计入一轴和计出最后一轴都由计轴板作出判断，给输出板传送相应的信息，通过轨道继电器显示轨道区段的占用和出清。

3. 轨道电路

轨道电路是以线路的两条钢轨作为导体，两端加以机械绝缘(或电气绝缘)并接上送电和受电设备构成的电路。轨道电路的送电设备在送电端，一般由轨道电源和限流电阻组成。限流电阻的作用是保护电源不致因过负荷而损坏，同时保证列车占用轨道电路时，轨道继电器可靠释放落下。接收设备在受电端，一般采用轨道继电器来接收轨道电路的信号电流。送电和受电设备一般在轨旁，轨道继电器在室内。送电和受电设备由引接线直接连接钢轨或通过电缆过轨后由引接线连接钢轨。钢轨作为轨道电路的导体，为减小钢轨接头的接触电阻，增设了轨端接续线。钢轨绝缘节是用来分开相邻轨道区段，两个绝缘节之间的长度就是轨道电路的长度。

(二)位移测量

编码里程计连接到车轴,用于检测列车的移动。由于受到多个传感器组合的防护,产生的数据是安全的。编码里程计发送计齿器计数信息和传感器信息组合,计齿设备用于测量位移。因此,若传感器组合的信息不正确,传感器将被检测为故障,此时车载控制器将立即切换到备用 ATP/ATO 以安全平稳地控制列车运行,不会影响列车运行。

由于编码里程计安装在车轴上,位移测量直接与车轮直径相关。这一过程通过测量列车通过两个信标之间的已知距离时所转动的轮周数来自动进行。编码里程计通过移动列车初始化信标来校核轮径,由两个固定间隔距离的信标组成。每天当列车从车辆段/停车场进入正线时,CC 都将校准它的编码里程计。编码里程计安装示意如图 1-4 所示。

图 1-4　编码里程计安装示意

二、闭塞原理

(一)移动闭塞原理

移动闭塞能确保线路上列车的安全间隔。与基于固定的计轴设备确定间隔的固定闭塞相比,区域控制器(ZC)根据列车移动建立一个虚拟安全区域,此安全区域也可被称为自动防护(AP)。移动闭塞原理如图 1-5 所示。

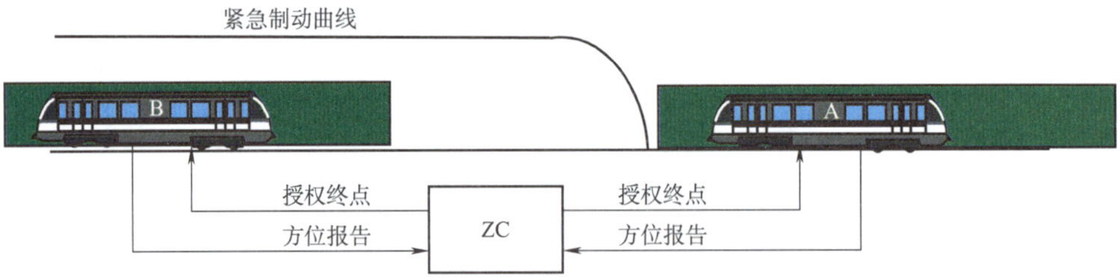

图 1-5　移动闭塞原理

移动闭塞系统基于以下设计理念。

主动列车检测:列车自行定位并通过位置报告信息定时将其位置传输至轨旁设备;为列车定位的信息进行初始化、重新定位或精确停车等功能服务,它通过使用传感器(如车轮传感器)的车载编码里程计和点式信息的传输实现;将位置报告信息定时发送给 ZC。

移动闭塞防护：ZC 负责收集所有的列车位置信息；它为控制范围内的每列车配置了一个安全包络线（即 AP），包括位置报告中指出的位置、速度和列车性能以及预期量，从而使自动防护相互关联，直到从列车接收到下一个位置信息。更新完所有 AP 后，ZC 为每个 CC 计算相关的移动权限，并通过“授权终点”信息（EoA）的形式发送给列车。

指定列车的移动授权域定义为：在列车前搜索要防护的第一个点，如先行列车的 AP、反向进路、失去表示的道岔等。每列车均可确定其速度和距离曲线，直至移动授权终点。

在上述正常情况下，AP 的更新与列车次级检测系统无关；对于移动授权而言，不使用次级检测设备的占用信息，但必须排列出相应的进路，如未排进路或列车未按授权方向运行，则列车将会接收到一个限制 EoA。后备运行情况下（列车通信故障或 DCS 故障），或对于无装备的列车，ZC 通过计轴的占用情况对列车进行追踪；当 ZC 也故障时，联锁通过检测计轴的占用和空闲状态实现站间闭塞，司机根据轨旁信号机的显示控制列车运行。

（二）列车自动防护原理

ZC 是负责被称为区域的专用区间内列车间隔的子系统。在此区间内，通过避免任何列车间可能发生的碰撞来保护所有装配或未装配的列车（或通信中断）。

ZC 为轨道上的每辆列车分配一个 AP 的安全范围。AP 实际上是列车周围的屏蔽。其他列车或轨道车辆不能进入另一个移动或静态列车的 AP，如图 1 6 所示。

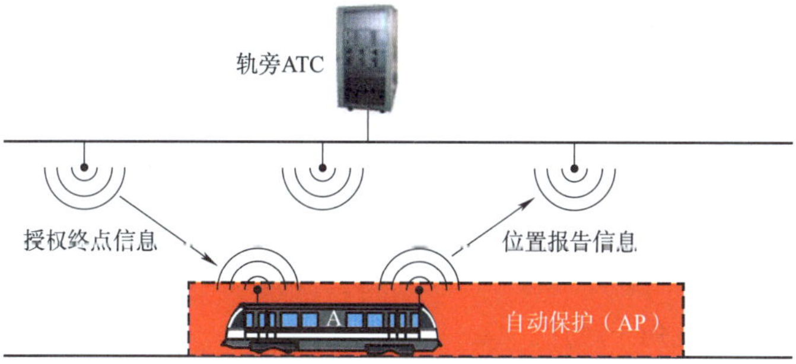

图 1-6　建立自动防护

列车间防护可分为如下步骤。

（1）CC 负责根据 ZC 给出的安全限制驾驶列车。

（2）ZC 为区域内每列列车建立一个 AP，因此可以知道任何时刻每个 AP 在线路上的位置，如图 1-7 所示。

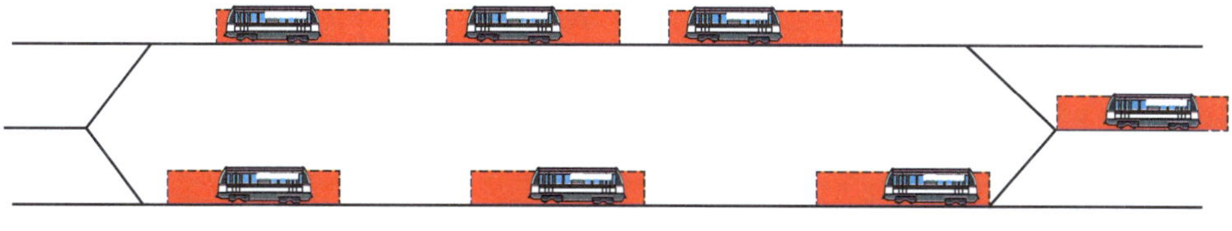

图 1-7　列车间防护

（3）ZC 根据每个 AP 的位置和联锁系统发送的轨旁设备状态向每列列车提供一个移

动授权，该移动授权是根据相邻 AP 的位置和轨旁设备状态计算出来的。

（4）被称为“授权终点”的消息作为对位置报告的响应，发送给每列列车。此消息包括列车不能穿越的限制点，还包括有关道岔位置或信号机状态等方面的变量消息。如图 1-8 所示，列车 A 发送一个位置报告（称为 Loc report），并收到一个授权终点消息（称为 EoA）。因此 CC 知道其授权终点在列车 B 车尾的 AP 处。列车 B 授权终点是作为进路终端的红灯信号。

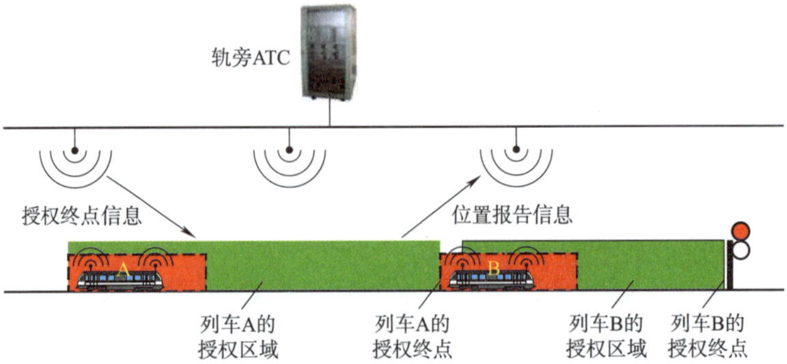

图 1-8　计算授权终点

（三）列车控制原理

（1）CBTC 下，ZC 计算区域内每列车的位置，并从联锁获取轨旁变量信息（信号机、道岔等），从而计算出区域内每列车的授权终点 EoA。

（2）CC 根据从 ZC 接收到的 EoA 信息和从轨旁信标获取的线路上的约束条件（停车点、速度限制等）计算出 ATP 紧急制动曲线。

（3）CC 根据列车目标请求、牵引和制动性能及其他相关列车特性计算 ATO 速度曲线，通过速度控制来避免列车超速。

（4）点式后备模式下，ATO 自动驾驶功能也是可用的。除了获取授权终点 EoA 的渠道不同，其原理与 CBTC 下相同。

（5）速度控制曲线由紧急制动曲线、紧急制动触发曲线和 ATO 曲线组成。

紧急制动曲线由车载 ATP 监控，以确保列车在任何时候都遵守防护点。它反映了车辆可以保证的限制行为，它的计算考虑了车辆方提供最大制动保障力、列车位置和防护点的位置。紧急制动触发曲线保证在最不利情况下，在列车实施过紧急制动（EB）后，其速度仍低于紧急制动曲线。后备模式下，当列车驶过信号机前方信标时，CC 获得前方信号机和防护闭塞区段的变量信息，根据这些信息计算出 ATP 授权的最大速度，以控制列车运行保证列车间间隔。

三、联锁原理及联锁控制模式

（一）联锁原理

联锁系统是基于三取二或二乘二取二冗余结构的计算机联锁系统，城市轨道交通一般正线使用计轴器检测轨道占用状态，执行联锁功能。轨道占用状态是一个二进制信息，可以表示轨道占用或者出清信息，它是安全信息，始终进行计算，并通过继电器接口发送给联锁。

在 CBTC 下，联锁系统与轨旁信号设备通过安全型继电器接口，通过采用 FSFB2 协议的安全传输网络实现与 ZC 的通信。联锁系统向 ZC 发送的信息主要包括进路状态（包含运行方向）；信号机状态；道岔位置；站台门状态；紧急区域状态（通过激活 ESB 等）；次级列车定位信息（计轴检测的区段状态信息）。

在点式后备模式下，CBI 系统通过 LEU 将轨旁变量信息（信号机、道岔等）传给轨旁有源信标。

CBI 从 ZC 接收 ATP 区段状态和次级列车位置检测信息的可用性信息，并通过计轴系统检测到次级列车位置信息，然后对两种来自不同系统的安全性信息进行逻辑或操作，从而最终决定区段的状态以增加系统的可用性。

（二）联锁控制模式

联锁控制模式是指连续式 ATP 功能和点式 ATP 功能均失效时，仅以联锁设备保证列车进路安全，它适用于列车以 RM 和 NRM 驾驶模式运行，司机根据地面信号机的显示行车。

该模式下，由联锁设备实现进路的自动控制或人工设置。

联锁设备能将某一信号机或全部信号机设置为自动模式或人工模式。

在联锁控制模式下，原则上所有的列车运行进路前方均设置保护区段，保护区段中若存在道岔区段，应能建立道岔侧向和道岔直向的保护区段。联锁需对保护区段的设置进行逻辑判断，当一条保护区段不能建立时，自动建立另外一条保护区段。

四、点式后备控制原理及点式后备控制模式

（一）点式后备控制原理

点式 ATP 控制模式是指连续式车地通信设备或连续式地面 ATP 设备故障，以及其他原因导致连续式地面 ATP 功能失效时的系统控制模式。

为了保证在任何情况下系统可用，当信号系统的 ATS 设备故障、轨旁 ATP/ATO 设备故障、DCS 设备故障、车载 DCS 设备故障或车载 ATP/ATO 设备故障及其他特殊需要时，将启动降级或后备运行模式组织列车运营。

在点式 ATP 模式下，为了满足间隔要求，轨旁设备将根据站间距离来布置。布置原则如下：

车站进、出站口设置计轴设备；在每个出站信号机后方设置一个计轴点作为保护区段；在站间距离过长的区间设置一个间隔信号机和相应计轴点；出站信号机、折返信号机和区间间隔信号机前方设置动态信标。根据具体线路情况，可为区间间隔信号机设置专用的预告信标，或将前方出站信号机处的动态信标优化为兼具预告信标功能。

点式后备控制模式下轨旁设备布置原则典型图例如图 1-9 所示。

点式后备控制原理为系统根据动态信标的变量信息来控制列车的运行与安全间隔防护。点式 ATP 模式控制原理示意如图 1-10 所示。

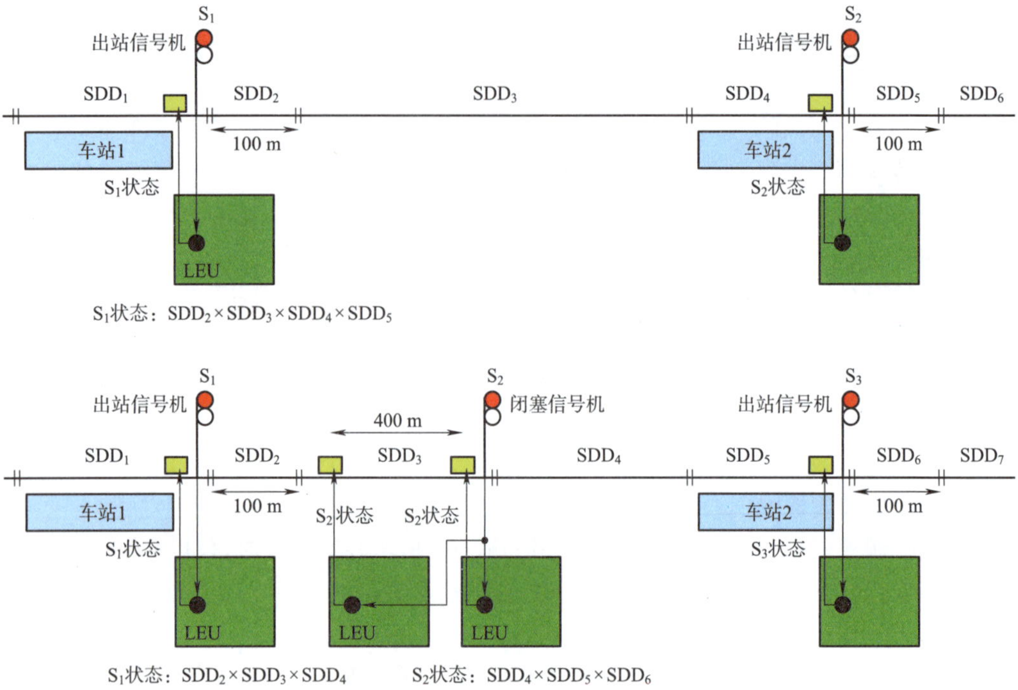

图 1-9　点式后备控制模式下轨旁设备布置原则典型图例

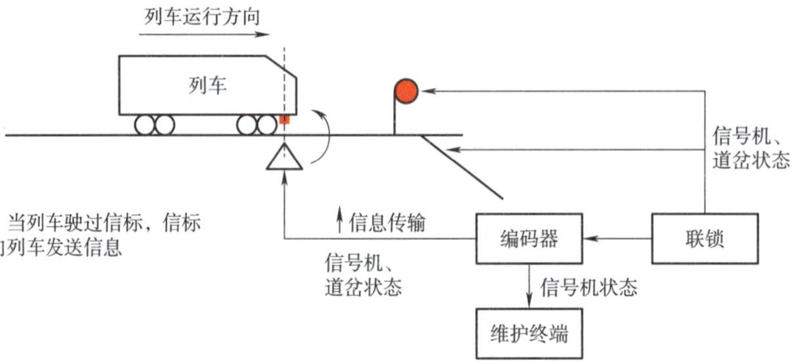

图 1-10　点式 ATP 模式控制原理

(二)点式后备控制模式

点式后备控制模式在轨旁控制器 ZC 故障或一个特定区域的无线传输故障时用作后备模式，其主要特点为：

(1)带 ATP/ATO 的列车在红色信号机前方自动停车，防止冒进该信号机；

(2)可持续监控永久限速，点式模式下 ATP 仍遵守线路数据库中的线路限速，运行更安全；

(3)列车能在 ATO 自动驾驶模式下运行；

(4)可缩短行车间隔。

五、混跑原理

系统具有灵活的控制模式，具有降级及后备运营模式。系统可安全高效地管理 CBTC 列车和非 CBTC 列车在线路上自动混跑运营。

没有装设车载 ATP 设备的工程车只能在非运营时段上线运行，司机以地面信号的显示为依据驾驶列车，列车运行的安全由联锁设备、司机等共同保证。

当线路上某个区域由于某种故障只能以后备模式进行运营时，线路上的无故障区域仍然可以按 CBTC 模式正常运营。列车在无故障区域以 CBTC 下的驾驶模式正常运行，在故障区域以点式 ATP/ATO 下或者联锁控制下的驾驶模式运行，全线具备良好的混合运营能力。

当某列车由于故障只能以后备模式进行运营时，线路上的无故障列车仍然可以按 CBTC 模式正常运营。故障车的车载设备在点式 ATP 模式下通过从有源信标接收到的轨旁变量信息来控制列车运行，或者故障车在联锁控制模式下通过按照轨旁信号机的显示信息和中心调度员的命令来驾驶列车运行。故障车的安全防护由联锁设备、司机及调度员等共同保证。对于无故障车辆，车载控制器从 ZC 接收到的 EoA 信息中已包含从联锁得到的故障车辆所占用的区段信息，其安全防护与正常运营情况下一样，由 ZC 和联锁负责。

六、降级运行

（一）ATS 系统故障

当控制中心 ATS 设备故障或通信通道故障时，转为车站 ATS 控制，具备根据车站时刻表、列车识别号、列车位置等信息进行自动控制和人工控制。

当车站 ATS 设备故障时，车站联锁设备可实现按相关自动控制方式控制在线列车的运行或由车站值班员人工办理进路方式控制列车的运行。

（二）ATP/ATO 地面设备故障

当某一区域的地面 ATP/ATO 信息传输等设备故障时，车载设备产生报警并实施紧急制动。系统将该区段转换为降级运行模式，司机可将驾驶模式转换为 RM 模式，并按地面信号显示人工驾驶列车运行。当列车又运行至 ATP/ATO 地面设备正常的区域时，车载设备接收到有效的 ATP/ATO 信息，司机可在不停车的情况下将列车转换至 ATPM 模式或 ATOM 模式下运行。

当区域控制器主用和备用系统均故障时，该区域控制器控制范围内所有列车的车载设备产生报警并实施紧急制动。系统将该区段转换为降级运行模式，并按地面信号显示人工驾驶列车运行。当列车又运行至 ATP/ATO 地面设备正常的区域时，车载设备接收到有效的 ATP/ATO 信息，司机可在不停车的情况下将列车转换至 ATPM 模式下运行。

当轨旁某一应答器故障时不得影响列车的正常运行；当连续两个应答器同时故障时，经过该故障区域的所有列车的车载设备产生报警并实施紧急制动。系统将该区段转换为降级运行模式，并按地面信号显示人工驾驶列车运行。当列车越过故障区域并重获定位后，司机可在不停车的情况下将列车转换至 ATPM 模式下运行。

(三)ATP/ATO 车载设备故障

当列车运行在 ATOM 模式下,ATO 车载设备故障,ATP 车载设备正常,车载设备产生报警。司机可选择列车在 ATPM 模式下运行,也可选择列车在 RM 或 NRM 模式下运行。

ATP 车载设备故障,车载设备产生报警并紧急制动停车。列车只能在人工转换为 NRM 模式下运行,司机根据地面信号的显示人工驾驶列车。

当某一列车的车地通信设备故障时,其余列车仍然运行于 CBTC 模式。系统应能识别非通信列车(含车载设备故障列车)与点式或连续式通信列车,实现不同控制级别列车的共线混跑运行。

(四)车地无线传输设备故障

车地通信采用 LTE 承载无线网络,LTE 无线通信实现对正线(包括侧线、停车线、出入线)、车辆段/停车场运用库、试车线的完全覆盖;车载 ATP/ATO 与轨旁区域控制器间同一信息应通过 LTE(A 网、B 网)多途径传递。

LTE(A 网、B 网)网任一发生故障时,车载设备产生报警,但不得影响 CBTC 列车的正常运行;当所有车地无线通信网络同时故障时,列车只能以 IATP、RM 或 NRM 模式运行;当某一列车的车地通信设备全部故障或某一区域的车地通信设备全部故障时,其余列车仍能运行于 CBTC 模式。系统应能识别非通信列车,实现不同控制级别列车的共线混跑运行。

(五)计轴设备故障

计轴设备故障不会影响 CBTC 系统正常运行。

在点式降级模式下,信号机防护的计轴区段故障时,不得开放允许信号。

计轴设备的故障信息将传送至维修监测系统。维修监测系统将得到报警信号,值班员派维护人员去现场确认设备,而不影响线路运行。

计轴设备故障或计轴数据传输发生错误,系统提供安全和切实可行的故障恢复措施,或通过安全操作予以恢复,计轴设备的故障不影响轨道交通的正常运营。

计轴系统故障复位方式具有直接复位方式和预复位方式两种,具体采用何种复位方式可在设计联络阶段确定。

(六)点式 ATP 降级运行

点式 ATP 功能应具有在线列车运行的超速防护功能、间隔防护功能、自动运行以及定位停车等 ATP 功能。

点式 ATP 系统至少应具备在出站信号机处防止司机误操作导致的闯红灯功能,即保证在列车出站前,车载设备能连续接收地面信号的状态信息。

在点式 ATP 控制模式下,由 ATS、联锁设备实现进路的自动或人工设置;原则上所有的列车进路前方均设置保护区段,特定条件下可采用在列车进路内方内置安全防护距离的方式,但出站信号机防护内方需设置独立保护区段,保护区段的设置必须满足运营使用要求。保护区段中若存在道岔区段,应能建立道岔侧向和道岔直向的保护区段。联锁需对保护区段的设置进行逻辑判断,当一条保护区段不能建立时,自动建立另外一条保护区段。保护区段的具体设置及解锁条件在设计联络阶段确定。

在点式 ATP 控制模式下，要求系统对列车运行速度-距离曲线控制方式与 CBTC 模式下的控制方式一致。

当因司机疏忽等原因导致超速时，列车实施制动，保证列车在相应的保护区段内停车。

如果地面信号机没有开放，而司机启动列车，车载设备检测到该信号机的禁止信息，则应立即实施紧急制动。设备供应商应充分考虑此种情况下信号机内方设有道岔时的安全防护措施。

（七）联锁运行模式

联锁运行模式适用于列车以 RM 和 NRM 模式运行，司机根据地面信号机的显示行车。

（八）其他降级要求

降级模式下的行车闭塞方式采用进路闭塞方式。

正常情况下，工程车在非运营时段上线运行。

当工程车上不装设车载 ATP 设备时，则司机以地面信号的显示为依据驾驶列车，列车运行的安全由联锁设备、司机等共同保证。

设备供应商提供的系统既要完成正常运行模式与降级运行模式之间的安全、可靠转换，又要避免因降级系统故障影响主系统正常运行。正常运行模式与降级运行模式之间可实现自动转换。

在点式或联锁级降级运行下，线路正、反方向运行时均应具备临时限速防护功能，引导进路不检查区段限速条件。系统应采用如下处理方式之一：

设置临时限速后，防护临时限速区段的始端信号机不允许开放；对于已经开放的信号机，需立即将其关闭；经人工确认后可进行“暂时取消临时限速”操作（该操作一次有效），在其他条件满足时允许防护临时限速区段的始端信号机开放；经人工确认后可办理引导进路，允许防护临时限速区段的始端信号机开放引导信号。

设置临时限速后，不影响信号开放，车载设备在信号机前接到相应信息，车载设备不允许建立 ATO 模式。

七、故障处理的重要性

随着城市轨道交通网络的不断扩大和复杂化，信号系统也面临着越来越多的挑战。如何确保信号系统的稳定性和可靠性，是当前和未来城市轨道交通信号系统需要解决的重要问题。

信号系统的故障类型多种多样，信号设备故障可能是由软硬件问题引起的，不仅可能涉及信号自身的故障，还可能包括接口故障。这类故障可以进一步细分为 ATS、ATP 和 ATO 故障。ATP 故障又包括车载设备、轨旁设备和室内设备故障。信号系统无线通信的丢失也是工作中常见的故障，这会给城市轨道交通的正常运行带来很大的困难。

当信号系统发生故障时，可能会因故障处置不当、行车指挥不当导致列车延误、运行间隔增大、列车停运的情况，甚至可能出现列车碰撞、脱轨导致群死群伤等安全风险。因此，及时、准确地处理信号系统故障，能够迅速恢复列车运行的正常秩序，避免安全事故的发生，确保乘客和工作人员的人身安全。

综上所述，信号系统故障处理在城市轨道交通运营中具有极其重要的意义。它不仅关系到行车安全和运营效率，还直接影响到服务质量和运营成本。因此，必须高度重视信号系统故障处理工作，不断提升处理能力和水平，确保城市轨道交通系统的安全、高效、稳定运行。

第二章 >>>

电源系统故障处理

将电网或电池的一次电能转换为符合电子设备要求的二次电能，这样的变换设备便是电源。电源是一切设备的核心，重要性犹如人体的心脏；城市轨道交通的信号系统是保证列车运行安全，实现列车运行现代化和行车指挥以及提高运输效率的关键系统设备。在运营重要性以及安全等级上，信号系统远远高于其他弱电系统，所以信号设备对提供其“食粮”的电源依赖性极大，电源系统必须为信号设备提供优质稳定且强大的供电保障。如果这些设备出现故障或不稳定，将会对城市轨道交通信号系统的运行产生严重影响。因此，对电源系统日常维护、故障应急处置的重要性不言而喻。

第一节　电源设备介绍

城市轨道交通信号电源屏，是指采用电力电子技术，具有实时监测、报警、记录和故障定位功能的供电设备，给城市轨道交通信号负载提供稳定干净的电源。信号电源屏作为后端信号设备的供电设备，保证从电网端到设备端的安全，具体包括四个方面：一是保证人身的绝对安全，不产生触电事故；二是保证行车的安全，电源屏故障不能引起行车事故，即故障导向安全原则；三是保证信号设备安全；四是电源屏自身要安全，不因为电网波动、负载短路等问题导致电源屏自身损坏。城市轨道交通信号系统电源系统由智能电源屏、UPS 电源、稳压器、蓄电池组等组成，电源模块采用冗余热备份的方式，具有非常高的可靠性。

各子系统的功能及关系简述如下：

智能电源屏提供信号系统需要的多种标准电源输出，它在上级供电设备正常的情况下，不受外电网电压波动和负载变化的影响，向信号系统保证不间断地供电。智能电源屏具有较完善的保护功能，当电源或负载发生严重异常情况，能及时切断输出，并且具有防雷、防火、防触电等措施，提高电源的安全性和可靠性。智能电源屏有两路独立的交流电源供电，选择其中一路向设备供电。两路电源之间有切换电路，具有自动和手动转换功能。当检测到当前供电的主电源欠压、过压、断相、缺相等故障时，设备可以自动将负载接入到另一路供电电源上，切换过程不会影响设备的供电。

UPS 电源是连接在输入电源和负载之间，为重要负载提供不受电网干扰、稳压、稳频的电力供应的电源设备。在市电掉电后，UPS 可将电池能量逆变给负载，继续提供一段时间供电。

稳压器是针对用户电网电压不稳定且不允许断电的特殊要求而研制生产的新一代交

流稳压设备，它集合了智能测控、可控硅无触点开关和变压器技术于一体，具有响应快、无噪声、高可靠、高效率等特点；采用最新技术，完全撤除了限流电阻，可大幅提高整机的可靠性和效率；具有完善的自检测及保护功能。

蓄电池组为电能的存储设备，当外电网全部断电时，由 UPS 蓄电池组对信号系统设备进行供电。

一、信号设备供电原理

信号电源系统供电原理(图 2-1)可简述为由动力及照明专业分别引接两路独立三相五线制交流电源(380 V/220 V、50 Hz，一般称外电网两路电)至设备室配电盘的电源输入端子上，信号电源屏从配电箱引入两路交流电源输入，经电源屏内部选择其中一路作为输出分别流入 UPS、稳压器和三相提速变压器(给使用 380 V 设备供电时，一般为 ZDJ9 系列电动转辙机动作用电，380 V 用电设备一般为电源屏直供，不使用 UPS 供电)。

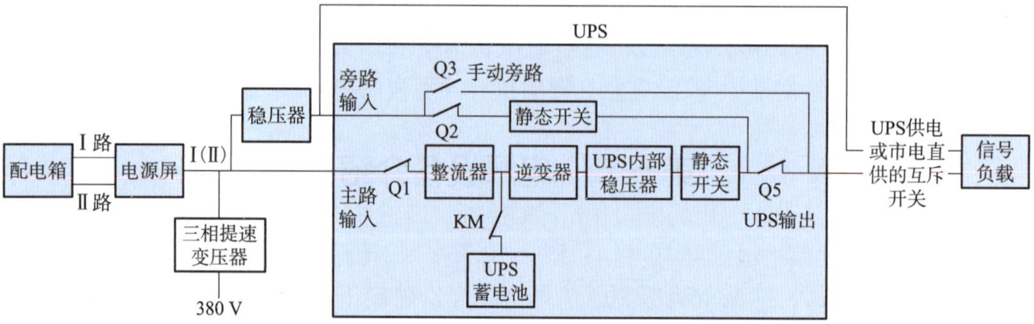

图 2-1　信号电源系统供电原理

电源传输到稳压器后，一般情况下，经过稳压器流入 UPS 设备，按照 UPS 不同的供电模式给设备供电；当 UPS 异常情况下，可将 UPS 供电或市电直供的互斥开关打至市电直供方向(旁路维修状态)，由市电经过电源屏直接对负载设备进行供电。

电源传输到 UPS 后，结合 UPS 设备的情况，按照正常模式、静态旁路模式、维修旁路模式、电池供电模式等不同模式对负载设备进行供电。

信号电源系统供电在信号设备集中站和非集中站有所不同，供电示意如图 2-2、图 2-3 所示。

二、电 源 屏

从功能上划分，信号智能电源屏可分为配电、模块、防雷及监控四部分。

(一)电源切换原理

信号智能电源屏输入采用两路独立的交流电源，采用 Y 形两路交流电源输入自动切换装置和系统方案，当Ⅰ路输入电源故障(欠压、过压、缺相、错相、停电等)，电源系统将自动切换至Ⅱ路输入电源工作并告警；如果Ⅰ路输入电源故障恢复，电源系统可手动切换回Ⅰ路输入电源。电源设备两路自动切换时间小于 150 ms；电源系统设置有手动切换装

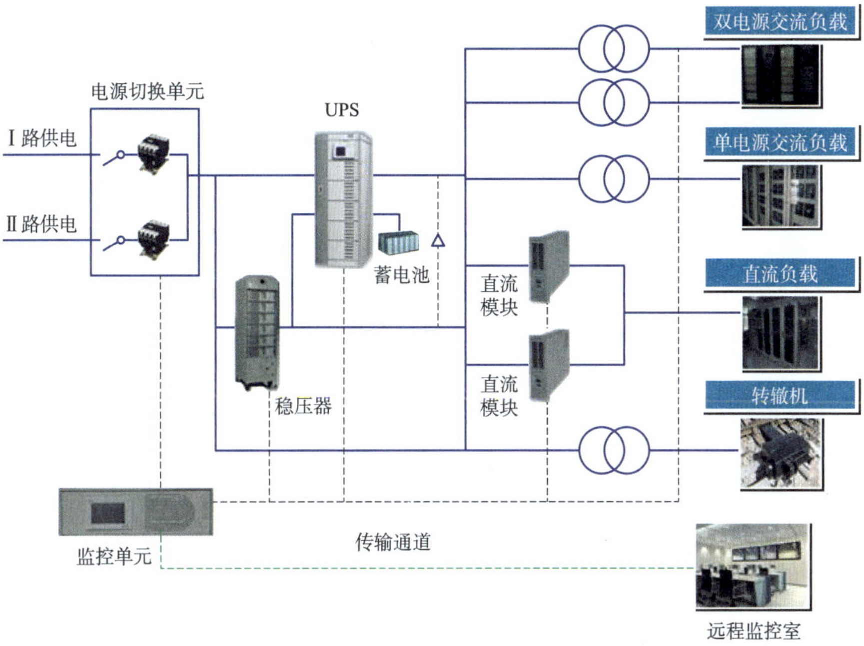

图 2-2 信号设备集中站供电原理

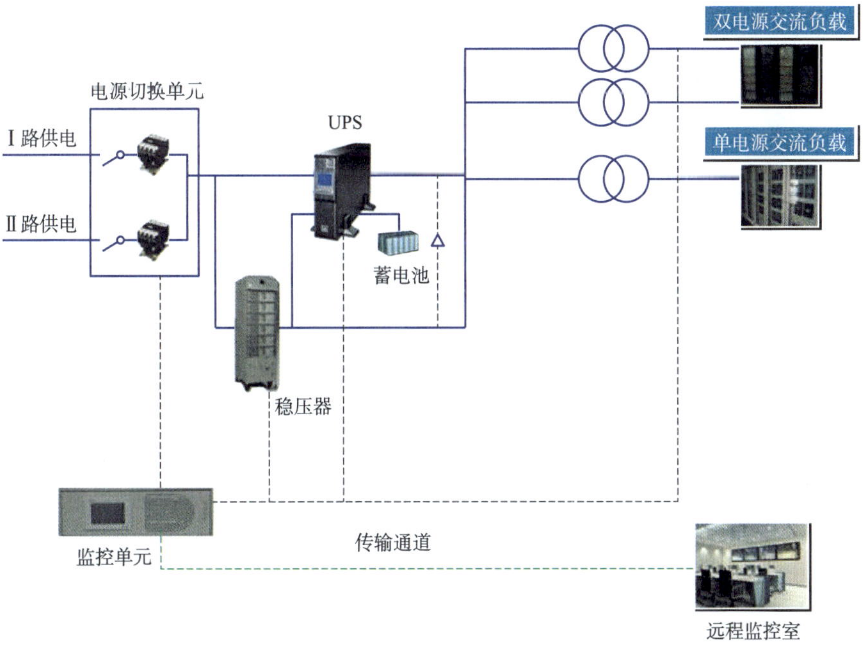

图 2-3 信号设备非集中站供电原理

置，设有两路直供开关，当电源屏输入切换单元故障时，可以通过直供模式供电。输入切换单元工作原理如图 2-4 所示。

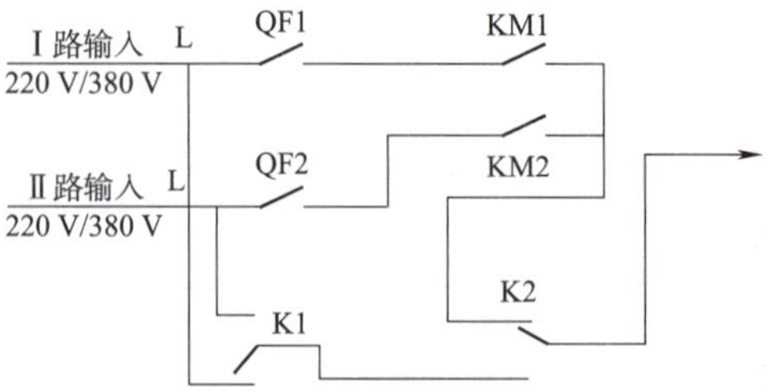

QF1、QF2—手动切换开关；
KM1、KM2—交流接触器，KM1、KM2具有电气和机械互锁特性

图 2-4　输入切换单元工作原理

正常供电的情况下，图 2-4 中的 K2 在上方，断开了Ⅰ路、Ⅱ路的直供开关，KM1 吸合，KM2 断开，第Ⅰ路输入给 UPS 供电；在第Ⅰ路电输入不正常时或人为倒切至第Ⅱ路电供电时，KM1 断开，KM2 吸合，这样由第Ⅱ路输入给 UPS 供电。

当电源屏输入切换单元故障时，需采用直供方式供电，此时 K2 开关扳至下方，K1 开关在上方时，由Ⅱ路输入进行直接供电，K1 开关在下方时，由Ⅰ路输入进行直接供电。输入切换单元工作详细原理如图 2-5 所示。QF3、QF4 即为图 2-4 中的开关 K2；QF5、QF6 即为图 2-4 中的开关 K1。

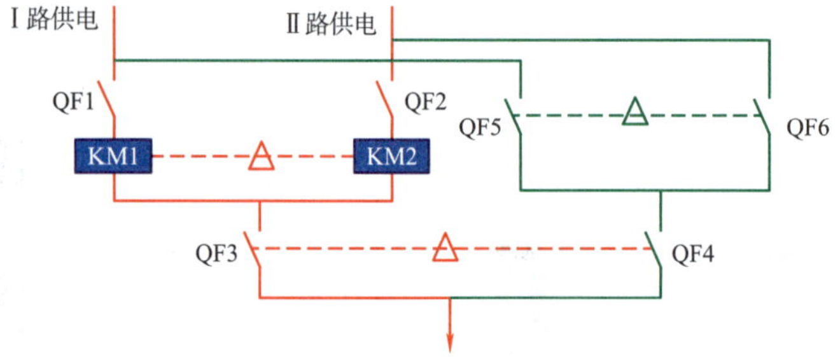

图 2-5　输入切换单元工作详细原理

为确保电源屏能自动准确控制Ⅰ、Ⅱ路电进行切换，电源屏系统一般会使用交流切换控制板卡进行控制，使用交流切换电源板给交流切换控制板提供电源。交流切换控制板卡能控制Ⅰ、Ⅱ路交流接触器，并正确选择其中一路进行供电，监测电网质量，可以监测两路输入电网的电压、相序状态，当其中一路供电回路出现过压、欠压、错相时，如果另一路供电质量满足工作要求，将自动切换至备用供电回路供电。采集输入电网的模拟量包括电压、电流、功率、频率、相位差等。

电源屏选择一路电后，结合负载需要的电压、电流功率等情况，配置不同的电源模块并对模块进行监测。为给模块和监测板卡供电，电源屏使用辅助电源板为屏内部分 DC 24 V 用电设备(如配电监控、监控单元、空开检测板、同步时钟版、短路切除板等)进行供电。电源屏厂家不同，供电、切换的板卡也不同，但控制原理、构造基本相同。如某电源屏厂家提供的功能板卡及组件见表 2-1。

表 2-1 某型号智能信号电源屏功能板件及单元一览表

序号	板件名称	实现功能
1	两路输入切换控制板	Ⅰ、Ⅱ路输入电源切换报警功能
2	系统电源-12 V 6A-A-Ⅰ	为电源屏各机柜提供 DC 12 V 辅助电源
3	双路闪光板单元-A-Ⅰ	闪光电路功能
4	OVD 单元-A-Ⅰ	DC 24 V 输出过压三级切断功能
5	交流支路绝缘检测单元-A-Ⅰ	交流支路绝缘检测功能
6	直流支路绝缘检测单元-A-Ⅰ	直流支路绝缘检测功能
7	相序检测单元-A-Ⅰ	三相转辙机相序检测

(二)电源模块介绍

因信号系统负载所需的电源类型不同，故所有的电源模块也不完全相同，信号负载电源类型主要有继电器电源、信号机点灯电源、轨道电路电源、道岔表示电源、表示灯电源、计算机系统电源等多种，电源供电类型有短时工作制、不间断工作制、周期工作制多种；信号电源系统厂家不同，其电源模块命名规则也不相同，如鼎汉电源屏厂家给信号系统提供的电源模块一般由 T 系列模块、S 系列模块组成。常用的 T 系列模块有 DHXD-TE1、DHXD-TE2、DHXD-TC1、DHXD-TH1、DHXD-TE3 共 5 种模块；S 系列模块有DHXD-SD1、DHXD-SD7、DHXD-SE6 三种。模块组件有 DHXD-FS1、DHXD-SD5、DHXD-FM 等。

S 系列和 T 系列命名基本相同，下面以 DHXD-TE1-1 模块为例说明 T 系列模块型号命名规则和外观结构，如图 2-6 所示。

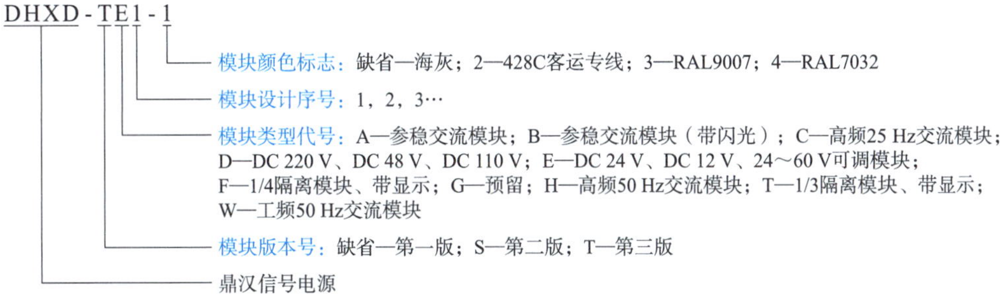

图 2-6 鼎汉电源屏 T 系列模块的命名规则

以电源模块 DHXD-TE1 为例，说明 T 系列模块面板(图 2-7)及各部分作用(表 2-2)。模块组件命名规则如图 2-8 所示。

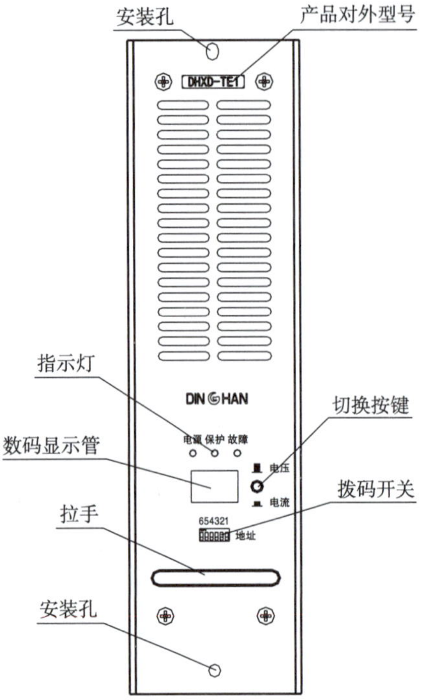

图 2-7　DHXD-TE1 模块面板

表 2-2　DHXD-TE1 面板各部分作用

名　称	作　用
安装孔	用于固定电源模块在系统上
风扇面板	可以在线拆卸，更换风扇
指示灯	分三种颜色，绿色表示正常、黄色表示告警以及红色表示故障
数码显示管	电压/电流/故障显示的三位数码显示管默认显示模块输出电压，当有告警/故障出现时会自动显示“EEE”提示有告警/故障出现；当告警/故障消失后会自动恢复显示模块输出电压。按动电压/电流/故障显示切换按钮，数码管会在电压/电流间来回切换（无告警/故障时）；按动电压/电流/故障显示切换按钮，数码管会在电压/电流/故障间来回切换（有告警/故障时）
拨码开关	拨码开关共 6 位（低 4 位用于设置模块地址表示四位二进制数，高 2 位预留），在同一个并联系统中，要求各模块的地址各不相同，设备正常运行后模块地址不允许随意改变，否则会有模块退出并联系统。开关向上拨，则表示此位为“1”；开关向下拨，表示此位为“0”。模块地址在出厂前调测时已设定好，在现场设备安装调测时仍然应对模块地址重新进行检查
拉手	用于模块在整机系统组装、拆卸
切换按钮	按动按钮，实现电压/电流/故障显示间切换

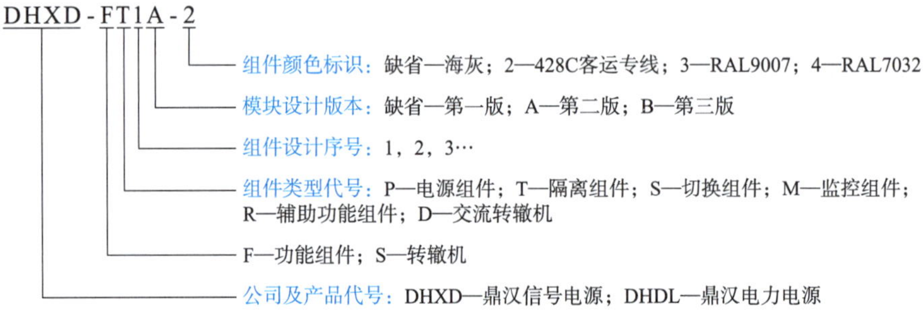

图 2-8　鼎汉电源屏 DHXD-TE1 模块组件的命名规则

以 DHXD-FS1 组件为例，主要由前面板、机箱和盖板等部分组成。模块的前面板（图 2-9）上有模块供电指示灯（绿）、直供供电指示灯（红）和操作把手等。各部分作用说明见表 2-3。

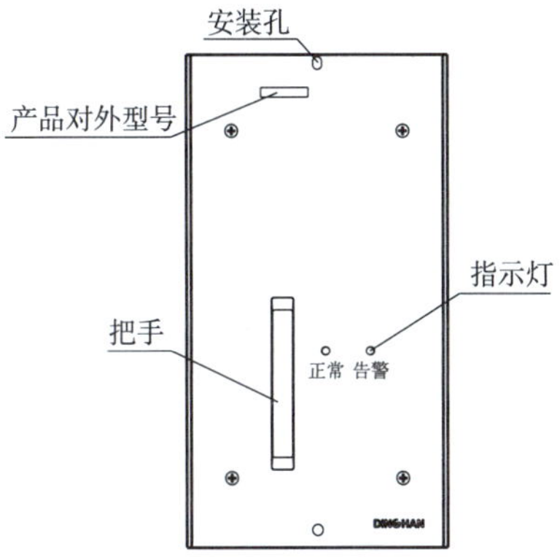

图 2-9　DHXD-FS1 组件面板

表 2-3　DHXD-FS1 面板各部分作用

名　称	作　用
模块供电指示灯	模块供电时，该指示灯亮
直供指示灯	系统输出由模块转市电直供时该灯亮
操作把手	用于模块在整机系统组装、拆卸

信号系统电源模块多采用“1+1”“$N+M$”($M>N/3$)的并联冗余工作技术，确保系统的高可靠性，电源模块故障时一般可采用热插拔进行更换，模块间一般采用无主切换方式，即先上电的模块主用，后上电的模块备用，模块故障时，自动切换，切换时间小于 150 ms。

常用 S 系列、T 系列模块冗余简图如图 2-10、图 2-11 所示。

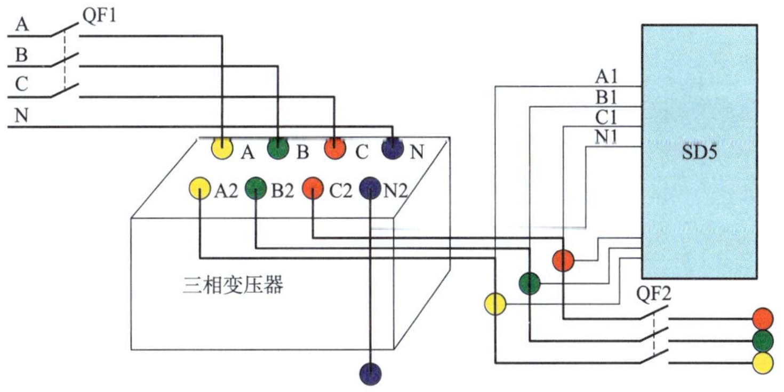

图 2-10　DHXD-SD5 模块 1+1 热备冗余

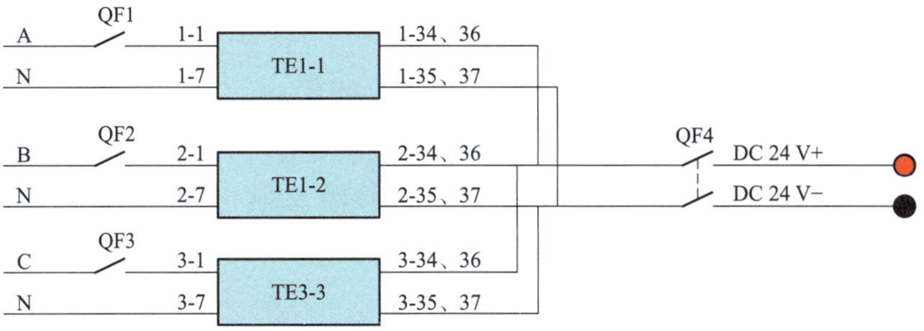

图 2-11　DHXD-TE1 模块 2+1 热备冗余

(三)防雷系统

信号电源屏输入/输出都采用了比较完善的防雷系统,在电源屏的输入端和向室外信号设备供电的输出端设置不少于 20 kA 通流容量的防雷器件;防雷器件应设置在输入断路器之前、输出断路器之后,尽可能地靠近输入和输出端子;防雷器件接地端与柜体的防雷接地输出端子之间连线选择黄绿双色绝缘导线,导线截面积不少于 4 mm^2;防雷器件具有阻断续流的功能。

某信号电源防雷系统部署示意如图 2-12 所示。

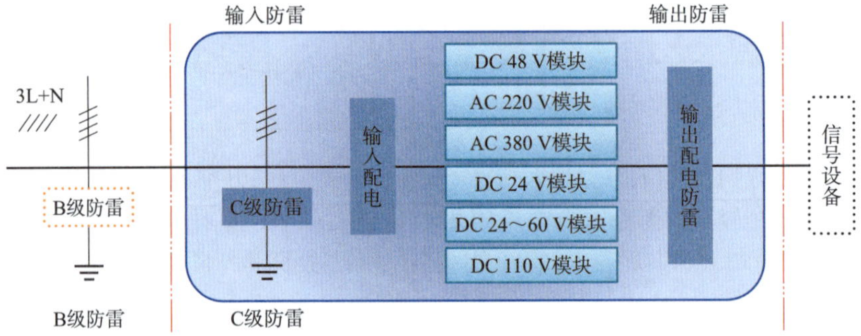

图 2-12　电源防雷系统部署示意

(四)监控系统

电源屏监控系统采用三级集散式监控体系,各级监控自成体系,下级监控保证在上级监控故障或不存在时能独立工作,产生告警信息;上级监控可以对下级监控的工作状态和数据进行汇总处理。第一级监控为模块监控和配电监控,主要监测模块信息和系统配电信息;第二级监控为监控单元与电源系统的人机交互接口,对第一级监控数据进行汇总显示和故障定位;第三级监控为全线电源的信息汇总。具体情况如下:

1. 第一级监控(图 2-13)

信号智能电源系统具有智能监控单元,实现输入/输出电压、电流过欠压、断相/错相监测报警、电源模块故障报警及故障信息记录并在相应的维护工作站上显示,同时报警信息应传至控制中心、综合维修中心;实现电源对地漏泄电流状态监测。每个电源模块都是一个智能单元。

每个电源模块内部都含有一块模块监控 CPU 板。该板的功能有:①采集模块的输出电压、电流值。②采集电源模块的工作状态,包括保护、故障、工作/备用。③显示该模块的保护、故障告警信息。④通过 RS-485 接口与监控模块通信。

配电监控对整个系统的配电状态进行监测,完成输入/输出配电的数据采集,干接点输出控制,声光报警及通信等功能。

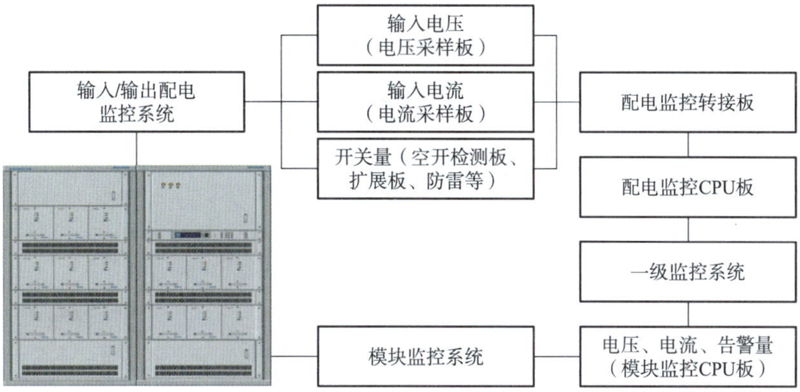

图 2-13　第一级监控系统结构

2. 第二级监控(图 2-14)

(1)显示与设置功能:监控模块主机采用电阻触摸显示屏,能实时显示电源系统的各项运行参数、运行状态、告警状态、设置参数、系统配置数据。界面友好,全触摸操作,具有在线帮助功能。

(2)告警与记录功能:监控模块可根据采集到的数据对系统故障进行声光报警,产生相应的动作,同时能上报到后台主机。用户可查阅历史告警记录和当前记录,历史告警记录包括告警类型名、发生时间、结束时间,当前记录中则只有告警类型名和发生时间,显示顺序按发生时间的先后来显示。历史告警记录按循环存储方式保存,超出存储条数则自动清除最旧的告警记录。

(3)通信功能:监控模块具有与后台主机和下级设备通信功能。与后台主机的通信支持 RJ-45、RS-232、RS-485、RS-422 等方式,与下级设备的通信支持 RS-485、RS-232 方式。

(4)干接点输出功能:监控单元具有 6 个干接点信号输出,用户可根据需要设置成其中一个干接点信号输出。

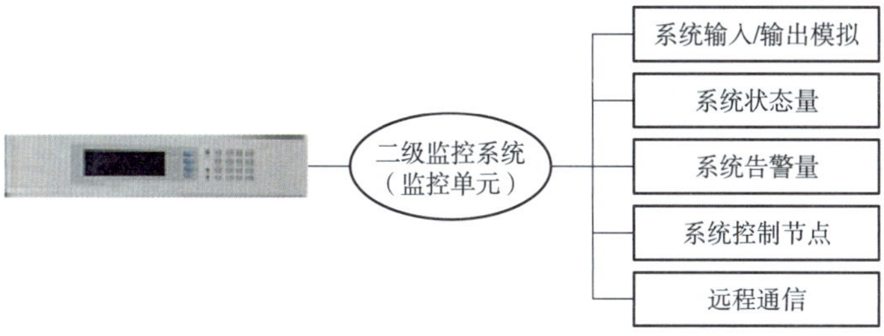

图 2-14　第二级监控系统结构

3. 第三级监控(图 2-15)

电源系统采用 RJ-45 接口,进行集中组网监测。控制中心集中监测系统工作站对全线智能电源屏的工作情况进行远程实时动态监测和管理。

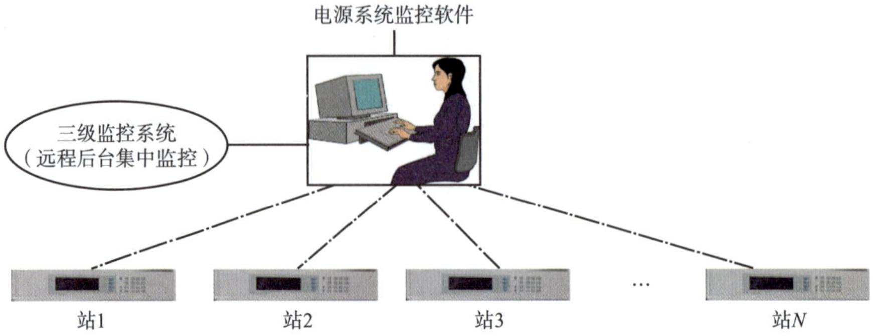

图 2-15　第三级监控系统结构

三、UPS

（一）集中站 UPS

集中站 UPS 系统是连接在输入电源和负载之间，为重要负载提供不受电网干扰、稳压、稳频的电力供应的电源设备。在市电掉电后，UPS 可将电池能量逆变给负载，继续提供一段时间供电，采用带输出隔离变压器的高频双变换结构和先进的全数字控制技术，输出稳定、洁净、不间断的电源，具备完备的网络管理功能。系统主要包括由整流模块(REC)和逆变模块(INV)组成的 AC-DC-AC 变换主回路、由反向并联的晶闸管组成的旁路静态开关、维修旁路空开 Q3BP、输出隔离变压器和逆变静态开关、蓄电池组以及输入空开 Q1/输出空开 Q5 等。集中站 UPS 工作原理框图如图 2-16 所示。

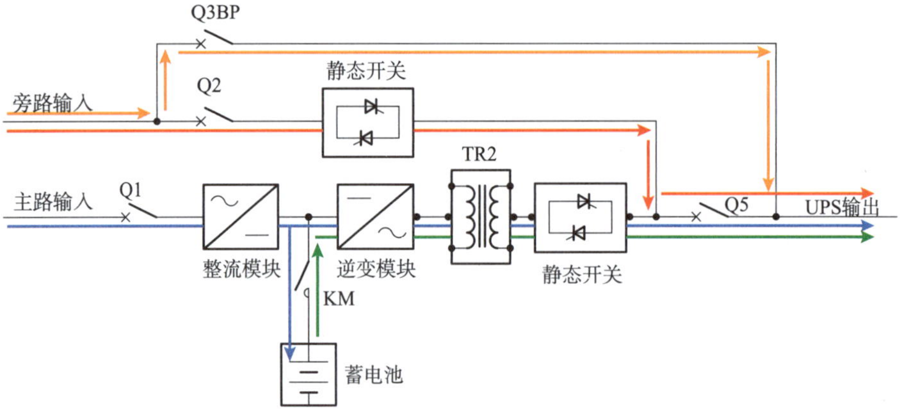

图 2-16　集中站 UPS 工作原理框图

工作模式分四种：正常工作模式（市电逆变工作模式）、电池工作模式、静态旁路工作模式、维修旁路工作模式。

正常工作模式（图 2-16 中蓝色线条所示）：在主路市电正常时，UPS 一方面通过整流器、逆变器给负载提供高品质交流电源；另一方面通过整流器为电池充电，将能量储存在电池中。

电池工作模式(图 2-16 中绿色线条所示)：当主路市电异常时，系统自动无间断地切换到电池工作模式，由电池通过逆变器输出交流电向负载供电。市电恢复后系统自动无间断地恢复到正常工作模式。

静态旁路工作模式(图 2-16 中红色线条所示)：旁路工作方式有两种，一种能自动恢复到正常工作模式；另一种需人工干预才能回到正常工作模式。在逆变器过载延时时间到、逆变器受大负载冲击等情况下，系统自动无间断切换到静态旁路电源向负载供电。过载消除后，系统自动恢复正常供电方式。当用户关机，或主路市电异常且电池储能耗尽，或发生严重故障等情况下，逆变器关闭，系统会切换并停留在旁路工作模式。此后若需恢复到正常工作模式，则需要用户重新开机。

维修旁路工作模式(图 2-16 中橙色线条所示)：对 UPS 系统及电池进行全面检修或设备故障维修时，可以通过闭合维护开关 Q3BP，将负载转向维修旁路直接供电，以实现对负载不停电维护。维修时需要断开 UPS 内部的主路输入开关 Q1、旁路输入开关 Q2 和电池输入开关 QF1 以及输出开关 Q5，实现 UPS 内部不带电而对负载仍然维持供电的维修工作模式。

(二)非集中站 UPS

非集中站 UPS 由市电输入、输入/输出滤波器、整流/PFC、DC/DC 升压、逆变器、旁路、内置充电器、电池输入和 UPS 输出等功能模块组成。市电正常时，闭合旁路及市电空开，UPS 上电。在 UPS 开机前，输出电压为零。开机后，电子转换开关将负载与逆变输出相连，市电经过整流/PFC 电路后输出直流电给逆变电路，经过逆变电路变换输出纯净的正弦波交流电，通过电子转换开关提供给负载。市电异常时，电池电压经过整流/PFC 电路升压后输入给逆变电路，经过逆变电路变换输出纯净的正弦波交流电，通过电子转换开关提供给负载。市电恢复正常后，UPS 自动从电池供电模式切换回市电逆变供电模式，市电仍然经过整流/PFC 电路后输出直流电给逆变电路，通过电子转换开关提供给负载。非集中站 UPS 工作原理框图如图 2-17 所示。

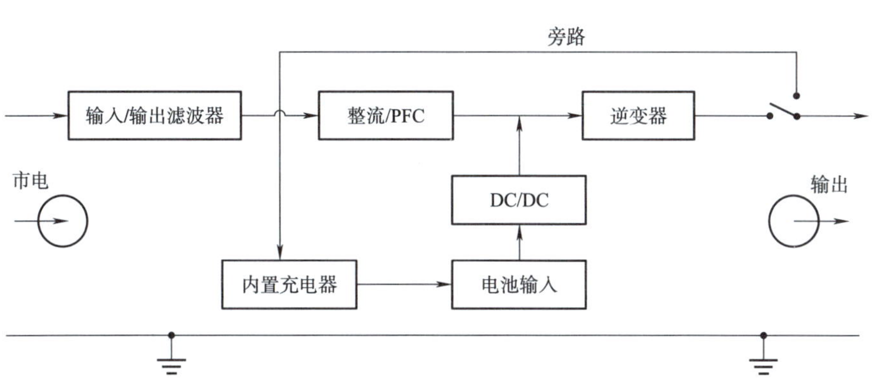

图 2-17　非集中站 UPS 工作原理框图

UPS状态及运行模式可分为市电逆变供电模式、旁路供电模式、电池供电模式、ECO模式和故障模式。

市电逆变供电模式：UPS安装完毕，按下开机/消音键1 s以上，听到“嘀——”鸣叫之后，启动完成，UPS进入市电逆变供电模式或电池供电模式。当输入市电和输出负载在正常范围内时，负载所需的电源由市电通过整流器、逆变器提供，同时内置充电器对电池模块进行充电，交流输入指示灯和逆变器指示灯亮。

旁路供电模式：UPS运行中出现输出过载、故障等情况时，负载所需的电源由市电输入直接经旁路提供；同时内置充电器对电池充电，旁路指示灯亮。

电池供电模式：在市电掉电、整流器过载或市电电压超出范围（AC 120～288 V）时，整流器和内置充电器停止运行，电池通过逆变器向负载提供电源。电池指示灯和逆变器指示灯亮，并伴有每3.3 s一次的“嘀——”声，向用户发出电池供电的告警。

ECO模式：在ECO模式下，当旁路电压在AC 220 V±22 V、频率在50 Hz±2 Hz范围内时，负载由旁路供电，旁路指示灯亮。ECO模式是一种经济运行模式，对电网质量要求不高的用电设备，用户可选择ECO模式通过旁路供电，减少电能损耗。当旁路电压正常时，逆变器处于空载运行状态，负载由旁路供电，旁路指示灯亮。

故障模式：在市电逆变供电模式下，若出现逆变器故障、机内温度过高等情况，UPS将转为旁路供电；在电池供电模式下，若出现逆变器故障、机内温度过高等情况，UPS将关机，输出中断。一旦UPS发生故障，故障指示灯变亮，蜂鸣器长鸣，相应的故障指示灯闪烁。

第二节　电源设备基本组成与常见故障处理

一、电源设备组成

电源设备一般由电源屏、稳压器、UPS、蓄电池等部件组成，见表2-4。

表2-4　电源设备组成

序号	设备名称	主要组成部件
1	电源屏	前面板（输入配电单元、模块单元、输出配电单元、智能监控单元），电源模块有T系列模块、S系列模块，防雷模块、隔离变压器、交流切换控制板、交流切换电源板、辅助电源板、同步时钟板、空开检测板、交流采样板、配电监控板等
2	稳压器	补偿变压器（主变）、补偿电压调节电路（副变）、晶闸管模块及驱动电路、智能控制电路、操作及显示电路等
3	UPS	非集中站UPS：LED显示面板（操作键、指示灯）、后面板（程序升级拨码开关、并机拨码开关、并机接口、旁路开关、电池接口、USB接口、通风孔、SNMP卡插槽、REP零接口、10 A外置充电器控制接口、输入/输出接线排和旁路接线排）。 集中站UPS：整流模块、逆变模块、辅助电源、输入/输出配电、监控系统、并机控制、防雷和EMI系统、风扇制冷系统、输入/输出隔离滤波系统等
4	蓄电池	蓄电池、连接线、电池空开

二、常见故障处理

根据是否影响电源设备的正常运行，电源设备故障主要可分为电源屏故障与 UPS 故障（含蓄电池故障）。稳压器作为电源后备回路的构成单元，故障时不会直接影响信号电源的正常运行。电源屏故障主要分为通信中断类故障、电源输出断类故障和空开跳闸类故障。UPS 故障主要分为电池供电类故障、旁路供电类故障和蓄电池故障。

电源系统常见故障处理见表 2-5。

表 2-5　电源系统常见故障处理

<table>
<tr><th>设备名称</th><th>故障部件</th><th>故障类型</th><th>故障原因</th><th>预防和维护措施</th></tr>
<tr><td rowspan="6">电源系统</td><td rowspan="6">电源屏</td><td>空开倒置导致跳闸</td><td>1. 信号上级开关（如抽屉开关）的容量小于电源配电箱空开的容量；
2. 信号系统设备侧的空开容量、组合柜侧的空开容量以及电源屏侧空开容量设置时，容量大小排序不对，空开倒置</td><td rowspan="6">1. 定期测量模块电压；
2. 定期紧固空开固定螺丝；
3. 检查防雷单元完好；
4. 各部位地线紧固良好；
5. 新线建设阶段，重点关注上下级空开不一致问题；
6. 夏季高温天气，重点关注双切箱、配电箱等处的冷凝水情况，外电网Ⅰ、Ⅱ路电进入信号设备室尽量采用下进下出的接线方式，避免从室外进入时形成冷凝水滴入设备导致空开跳闸；
7. 尽量使用防火包封堵，避免防火泥夏季滴油导致空开跳闸；
8. 板卡使用防静电袋存放</td></tr>
<tr><td>外部环境导致的空开跳闸</td><td>1. 机房渗漏水、通风口冷凝水滴落至电源屏内部或电源配电箱内部导致跳闸；
2. 夏季防火泥漏油滴落至电源屏内部或电源配电箱内部导致跳闸；
3. 鼠患、灰尘等导致空开跳闸</td></tr>
<tr><td>电源屏相关板卡故障</td><td>1. 板卡插接部位接触不良、板卡松动等；
2. 板卡腐蚀氧化；
3. 板卡硬件故障</td></tr>
<tr><td>接触器故障</td><td>1. 接触器触点粘连；
2. 接触器触点氧化；
3. 接触器安装松动；
4. 接触器连接线接触不良；
5. 硬件故障</td></tr>
<tr><td>空开断路器故障</td><td>1. 空开内部触点氧化；
2. 空开安装螺丝松动；
3. 硬件故障</td></tr>
<tr><td>交、直流模块故障</td><td>1. 模块插接部位接触不良；
2. 模块接插件、元件氧化；
3. 模块硬件故障；
4. 模块安装松动；
5. 模块通信故障；
6. 模块输出电压超限；
7. 模块无输出；
8. 模块误报警；
9. 模块保护</td></tr>
</table>

续上表

设备名称	故障部件	故障类型	故障原因	预防和维护措施
电源系统	电源屏	监测模块故障	1. 模块插接部位接触不良； 2. 模块接插件、元件氧化； 3. 模块安装松动； 4. 模块插头松动； 5. 模块通信故障； 6. 模块误报警	1. 定期测量模块电压； 2. 定期紧固空开固定螺丝； 3. 检查防雷单元完好； 4. 各部位地线紧固良好； 5. 新线建设阶段，重点关注上下级空开不一致问题； 6. 夏季高温天气，重点关注双切箱、配电箱等处的冷凝水情况，外电网Ⅰ、Ⅱ路电进入信号设备室尽量采用下进下出的接线方式，避免从室外进入时形成冷凝水滴入设备上导致空开跳闸； 7. 尽量使用防火包封堵，避免防火泥夏季滴油导致空开跳闸； 8. 板卡使用防静电袋存放
		通信中断报警	模块故障，地址码错误	
		隔离变压器故障	1. 端子接触不良； 2. 隔离变压器故障	
		开关类故障（拨动开关、系统切换按钮）	1. 安装接插件接触不良； 2. 开关故障； 3. 接点氧化	
		报警装置故障（蜂鸣器、指示灯、防雷单元、断路器报警触头）	1. 接触不良； 2. 硬件故障； 3. 接点氧化	
		电流互感器故障	1. 安装接插件接触不良； 2. 电流互感器硬件故障； 3. 接插件接头氧化	
		线缆故障	1. 线缆断线、受损、虚接、接触不良； 2. 绝缘材料劣化； 3. 接线端子氧化、材质不良； 4. 万可端子线缆插接不良	
		漏流报警	接地、短路、防雷故障	
		Ⅰ、Ⅱ路断电报警	输入空开跳闸、外电网断电	
	UPS	整流器故障	设备材质、设备老化	1. 日常巡视工作环境的温湿度情况，保证温湿度符合管理要求； 2. 检修时对设备内部灰尘进行清扫； 3. 电池着火后后果严重，建议建设阶段或技改时将电池电压、温度、内阻等纳入监测系统进行全方位监测，定期巡视发现不良后立即更换。如无监测系统，建议定期测试电池内阻，巡视时关注蓄电池状态； 4. 巡视时重点关注 UPS 风扇声音、风量，观察指示灯状态，清理防尘网等，查看监测报警信息，定期检查风扇状态良好；
		逆变器故障	设备材质、设备老化	
		电池故障	1. 蓄电池电压、内阻不良； 2. 蓄电池破损、爆裂、漏液、发胀、变形、发热； 3. 蓄电池接线柱短路、接地； 4. 蓄电池空开故障； 5. 蓄电池线缆松动、破损、绝缘不良	
		板卡故障	1. 板卡插针、插槽接触不良； 2. 板卡元器件、线路氧化、失效； 3. 板卡元器件故障； 4. 板卡插接松动	
		接触器故障（直流接触器、交流接触器）	1. 接触器内部接点氧化接触不良； 2. 接触器元器件、线路损坏	

续上表

设备名称	故障部件	故障类型	故障原因	预防和维护措施
电源系统	UPS	电容元件故障	外观不完整形变，出现发胀、爆裂或漏液	5. 严禁检修人员擅自改变设备参数，擅自安装软件、程序，使用未经允许的存储设备复制日志等
		其他	1. 保险管损坏； 2. 防雷损坏； 3. 接线端子氧化、材质不良、虚接、开路、短路； 4. 风扇设备材质不良、设备老化等导致故障； 5. UPS 内部旁路静态开关故障； 6. UPS 模式转换功能不可用	

第三节 电源设备故障案例分析与处理

案例 1：电源屏的两路电上电后，接触器出现乱跳

故障现象：某站电源屏在设备停电再来电后，交流接触器乱跳，分别断开Ⅰ路或断开Ⅱ路均不能恢复正常供电，合任何一路电，都会造成对应交流接触器乱跳现象。

临时措施：为了紧急供电，从一路输入端子处直接取(3 火 1 零)电跨到切换后的黑色接线端子上，恢复供电。

故障分析：从电源屏的交流接触器跳动现象来看，是典型的三相电零点漂移现象，但是该案例和其他零点漂移故障不同的是：KM1、KM2 在分别上Ⅰ、Ⅱ路电的时候都发生接触器频繁跳动的问题，说明两路三相电的零线可能都有问题，发生这种情况的概率很低。

经过实地测量，发现外电网输入的Ⅰ、Ⅱ路三相电零线都没有问题，在低压配电箱内的外电网端子上测量三相电压很平衡。于是还是将故障点锁定在电源屏内部。经查看现场配线，发现此站电源屏输入Ⅰ、Ⅱ路内部零线接在同一个端子，如图 2-18 所示。

经过检查，发现电源屏内部两路外电网零线在接线端子到铜排上的接线存在虚接，形成单点瓶颈故障，造成两路三相电同时缺零，出现零点漂移。

故障处理：外电网至电源屏内部零线铜排接线方式应按图 2-19 所示的方式正确连接。

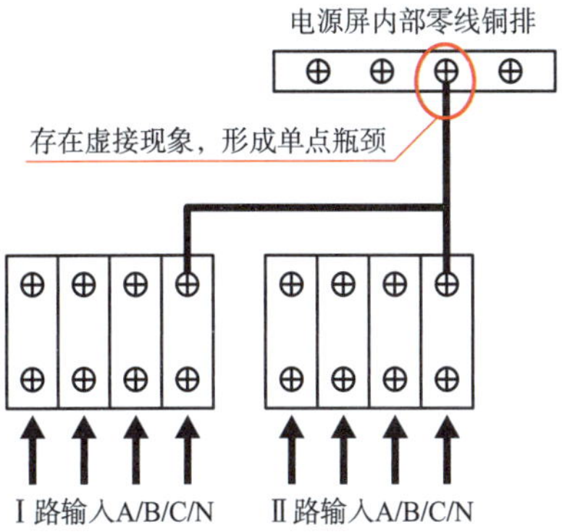

图 2-18 外电网至电源屏内部零线故障连接示意

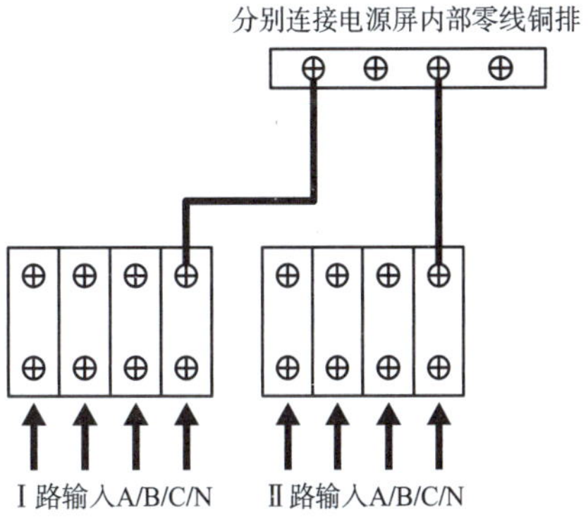

图 2-19 外电网至电源屏内部零线正确连接示意

将两路外电网的零线接在电源屏内部零线铜排上的不同端子上，能够大大降低由于共用零线出现问题导致两路电都不能使用的情况发生，从而避免单点瓶颈故障发生。所以本故障的处理方法是将两路零线在零线铜排上的接线改成两点接法。

故障小结：电网零线虚接往往会造成电源屏设备不能正常使用，严重时会烧毁电源屏设备。零线虚接的最大特点是空载时三相电电压平衡，一旦带载，三相电电压极不平衡，有的很高，有的很低，都临界于交流接触器切除动作电压。零线虚接时电源屏的故障现象是：在逐渐加大模块或负载时，交流接触器会瞬间动作，引起其他模块断电。严重时，交流接触器会在上电后不停动作。

案例 2：并联均流直流模块单模块保护

故障现象：某站发现电源屏 2 第三块 TE3-3 电源模块受保护灯亮，监控单元显示 2/4 路输出电压为 6.1 V，电源屏 2 第四块 TE3 模块（冗余模块）工作正常，负载设备运行正常。

故障分析：TE3 模块冗余工作，同组模块采取并联均流方式为负载供电。TE3 模块两模块并联输出，当一个模块故障时不影响另一模块工作。TE3-3 模块受保护灯亮及故障代码如图 2-20 所示。

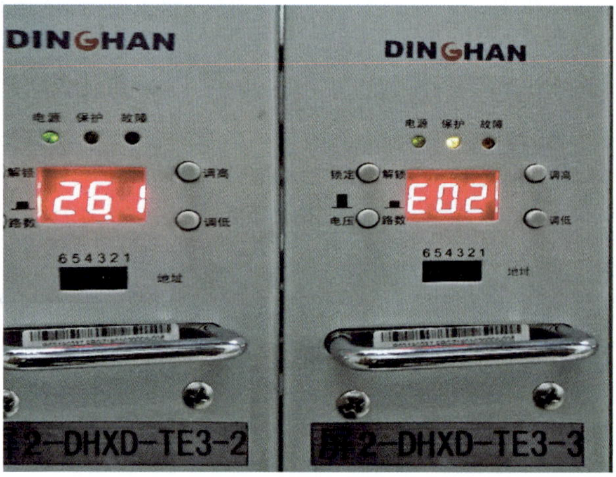

图 2-20　TE3-3 模块受保护灯亮及故障代码

故障报警代码 E02：模块内部输出异常保护代码。因第四块模块正常工作且负载设备正常运行，可排除负载导致模块保护的情况。

将故障模块换下来后分两步进行测试。

测试步骤一：测试时发现模块显示正常、输出正常、通信正常、带载测试正常。其输出电压与现场并联模块比较见表 2-6。

表 2-6　故障的 TE3 模块与同组正常模块电压对比表

实际输出	一路	二路	三路	四路
返回模块（带载 2.5 A）	25.7 V	25.7 V	26.0 V	25.6 V
现场同组模块（带载 0.15 A）	25.9 V	25.9 V	26.1 V	25.8 V

调整各路电压差均不大于 0.2 V（TE3 模块与同组模块电压差标准是不大于 0.2 V），该模块满载运行 12 h，模块输出一直正常。

测试步骤二：人为将该 TE3 模块输出电压降低，当两个模块差值大于 5 V 时，使其告警 E80（2 路输出电压异常的故障代码），模块会出现保护情况；模块电压偏差逐渐减小后模块保护问题恢复，模拟了现场模块工作时处于保护告警，更换后单独上电没有问题的现象。

经现场了解，当年更换过同组的 TE3 模块，更换时没有对设备断电，带载更换使两个模块实际输出电压存在大于 0.2 V 的偏差，长时间使用造成模块保护告警。

故障处理：将备件模块调整至与其并联使用的模块，电压值差值在标准的 0.2 V 范围内，然后用其更换故障模块，并将故障模块转为备件备用。

案例三：UPS 旁路反灌故障

故障现象：在某站信号电源设备年检过程中，执行系统切换测试时，UPS 发出“UPS 无输出”和“旁路反灌”告警，如图 2-21 所示，UPS 负载设备掉电。对 UPS 重启后恢复正常。

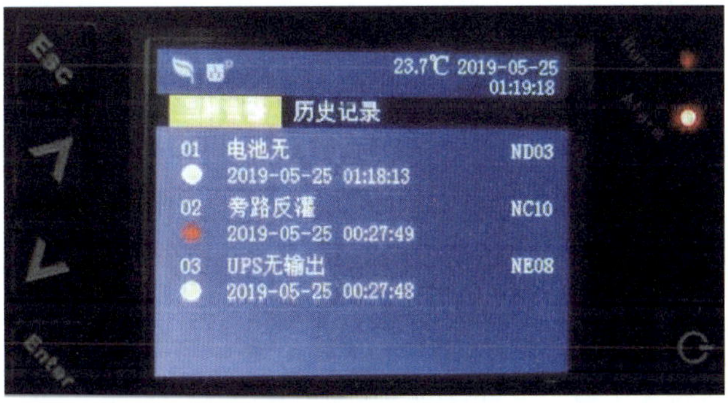

图 2-21　“UPS 无输出”和“旁路反灌”告警

故障分析：该厂家产品旁路反灌告警，有软件和硬件两种判断逻辑。软件判断条件是：当旁路来电时，旁路与逆变重合 50 个周期（1 s），即判为旁路反灌；硬件判断条件是：硬件检测到旁路异常，逆变电压实际反灌进入旁路。

现场 UPS 旁路配备了晶闸管稳压器，经稳压的 UPS 旁路电压比较稳定，且电源屏在进行两路市电切换时，掉电时间短（约 40～70 ms），频率稳定，切换成功后，旁路来电瞬间，旁路和逆变电压重合度高。当旁路与逆变重合小于 50 个周期，软件不报警；当旁路与逆变重合大于 50 个周期，软件会认为是逆变输出的电压反灌进入旁路，就会执行安全逻辑命令，切断输出，此时硬件并未检测到实际的旁路反灌电压。

故障处理：通过修改 UPS 内部软件来取消旁路反灌软件判据，保留硬件检测判断，如果真的发生旁路反灌，硬件也能检测出来，同样会执行切断 UPS 输出的安全操作，达到保护系统设备的目的。

案例四：电力空开越级跳闸

故障现象：某站电源屏在输入Ⅰ、Ⅱ路倒换过程中，经常发生墙上电力空开跳闸情况，电源屏内部输入空开不跳，引起全站停电。电力空开越级跳闸故障现象如图 2-22 所示。

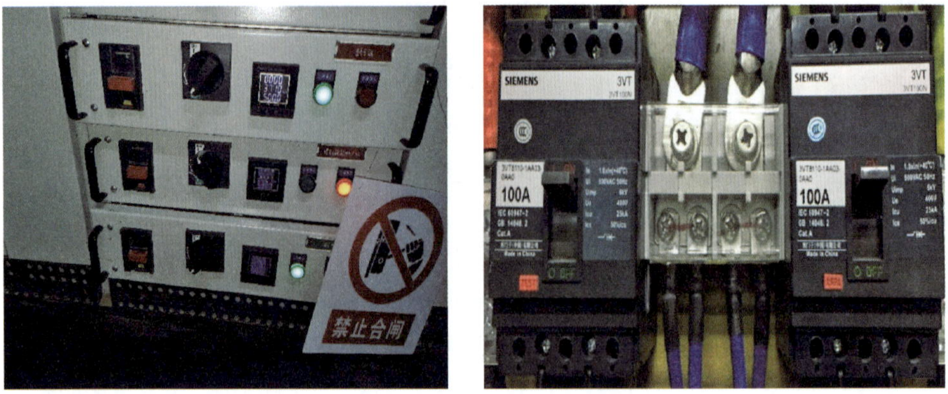

图 2-22　电力空开越级跳闸故障现象

故障分析:此问题在电源屏的日常使用过程中经常出现,问题原因大概分以下几种。

(1)开关容量不够。根据铁道行业标准的相关规定:“按照被保护电路的额定容量、负载性质以及选择性配合来确定断路器的额定保护电流和延时特性,输入三相电源还应考虑负载不平衡度的因素。断路器额定保护电流的容量选择,输入回路宜不大于额定电流的 2 倍,输出回路宜大于额定电流的 1.5 倍。”

城市轨道交通的 ZDJ9 系列电动转辙机电源隔离变压器采用 R 型变压器,启动时冲击电流较大。如果将开关容量强制缩小,可能会发生在电源屏整体启动或者Ⅰ、Ⅱ路输入电源切换时,由于开关容量或脱扣特性不匹配造成开关被瞬间冲掉的问题发生。如果站场电力配电箱电力开关容量不符合上述标准,建议更换开关,加大开关容量或者增强过载冲击延时特性。

(2)空开的延时特性不够。虽然有的前级空开配置的容量很大,但是依然在电源屏输入Ⅰ、Ⅱ路转换过程中发生后级不跳前级跳闸的情况。说明前级的空开过载延时不够,信号电源屏内部使用总输入空开一般是 ABB 塑壳开关,此开关具有“过载长延时+短路瞬间脱扣”二段保护功能(类似于 D 特性),具有较强的抗冲击能力。对于微型断路器,按照延时特性划分一般具有以下几种类型:

脱扣特性 A,脱扣电流为(2～3)I_n:快速脱扣,用于有限的半导体保护及特长导线和电缆的保护。

脱扣特性 B,脱扣电流为(3～5)I_n:较快速度脱扣,用于住宅、建筑物中电气安装系统的电缆及线路保护。

脱扣特性 C,脱扣电流为(5～10)I_n:脱扣速度一般,除了用于电缆及线路保护外,也适用于大型照明及部分电动机的保护。

脱扣特性 D,脱扣电流为(10～20)I_n:脱扣速度慢,用于保护强启动冲击电流的特殊性负载,如变压器、电磁阀、电容器等。

各类空开的脱扣特性曲线如图 2-23 所示。

如果后级开关选用的是 D 型空开,前级开关选用的是 C 型空开,那么在电源屏切换过程中,很容易发生因为切换瞬间冲击电流的影响造成 C 型空开先跳的问题发生。

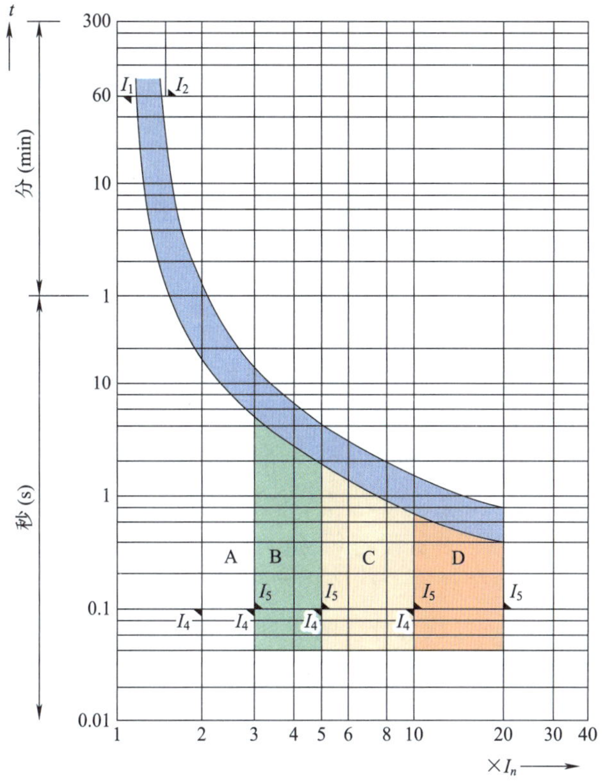

	电流特性	A	B	C	D
t	I_1 ($t \geq 1$ h)	$1.13 \times I_n$	$1.13 \times I_n$	$1.13 \times I_n$	$1.13 \times I_n$
t	I_2 ($t < 1$ h)	$1.45 \times I_n$	$1.45 \times I_n$	$1.45 \times I_n$	$1.45 \times I_n$
m	I_4 ($t \geq 0.1$ s)	$2 \times I_n$	$3 \times I_n$	$5 \times I_n$	$10 \times I_n$
m	I_5 ($t < 0.1$ s)	$3 \times I_n$	$5 \times I_n$	$10 \times I_n$	$20 \times I_n$

用于直流时，瞬时空开电流限制（I_4、I_5）应乘一个系数K（K=1.2）

t：脱扣延时时间；
I_1：约定的不脱扣（或大于或等于1 h脱扣）电流值；
I_2：约定空开1 h内必须脱扣的电流值；
I_4：约定瞬时空开不脱扣（或大于或等于0.1 s脱扣）的电流值；
I_5：瞬时空开小于0.1 s脱扣的最小电流值。

图 2-23　各类空开的脱扣特性曲线

故障处理：发生此类故障，大多数是电力开关和信号开关选择不匹配造成。电力开关为保护电力变压器，通常采用较小容量瞬断开关，而信号设备则按照铁道行业标准多采用2倍冗余大容量延时开关，两者之间存在一定的矛盾。可根据实际情况重新选择空开类型，或更换电源屏输入空开容量来满足电力开关需求，达到分级防范的目的。

第四节　电源设备故障处理总结

由于维护监测技术的不断创新，一旦监测到电源系统设备出现故障征兆，维护监测设备会发出预警。当设备发生异常，监测设备会准确报出具体的故障设备。在日常电源设备预防及处置上，维护人员的标准化作业和维护监测设备发挥的积极作用，使信号电源设备异常在很大程度上能够避免，而发生重大故障的概率更小。

一旦发生信号电源设备故障，维护人员应立即赶往车控室或信号楼，向车站/信号楼值班人员详细了解设备发生故障的过程，并观察控制台或显示器上的显示内容，查询报警提示信息。

根据故障现象初步判断其是否会影响接发车或调车作业，如果影响则还应该办理设备停用手续。

按照各种设备的故障处理程序进行故障排除工作。在处理过程中应遵循故障处理的一般原则，并随时保持通信联络的畅通。

在进行故障排查时，需根据现场实际情况选择相应的分析方法，如选用排除法，核心要求是维护人员具有能根据经验和故障现象判断、列举出可能产生故障的原因的能力，列举完毕后，一一排除确认，锁定故障原因。列举的原因越全面，就越有助于故障的解决。选用类比法，就是借用过去的经验和周边同类电源屏的设备状态，进行对比，针对异常部分分析原因，锁定疑似板卡或模块等设备后，进行替换尝试，进一步锁定故障原因。选用指示灯状态分析法，就是根据状态指示灯的状态，判断故障产生的部位，分析故障产生的原因。要求维护人员具备指示灯状态分析的能力，需要详细了解设备各种单板指示灯的含义。除此之外，还有反推法，故障现象分析，告警、通知和日志分析，仪器仪表测试分析等方法。

第三章 >>>

继电电路设备故障处理

城市轨道交通信号系统最底层设备主要为继电电路设备，它是信号系统搭建的基础，轨旁的继电电路设备基本均由信号联锁子系统进行管理，继电电路设备一旦发生故障（由于设备材质、设备老化等问题导致），就有可能直接影响行车。本章主要包括城市轨道交通信号专业中继电电路介绍、组成部分、故障分析处理等内容，通过案例分析和实际经验分享，使读者深入了解故障处理的经验和解决方案。

第一节　继电电路通用设备介绍

城市轨道交通信号系统继电电路设备主要包含有转辙机、轨道电路、计轴、信号机、信标、紧停、站台门、自动折返、发车计时器、IBP 接口电路等设备。它们的共同特点是一般均由继电电路、实现设备功能的硬件设备、驱动采集各类电路的板卡等组成，其中驱动或采集的电路一般由继电器组成。因驱动或采集电路故障后一般直接影响行车，因此继电电路通用设备对故障处理人员业务要求较高。

一、继 电 器

信号继电器用于接通和断开电路，是一种电励开关，用以发布控制命令、反映设备状态以及进行逻辑运算，以构成自动控制和远程控制电路；能以极小的电信号来控制执行电路中相当大功率的对象，能同时控制数个对象和数个回路；具有动作可靠、性能稳定、使用寿命长等特点。城市轨道交通信号 AX 继电器按照工作特征分为有极继电器、整流继电器、有极继电器、偏极继电器四种。

不同或相同型号的继电器通过不同的排列、排序沟通不同的继电电路。城市轨道交通行业常用的继电器名称及型号、继电器名称解析、常用继电器相关信息、继电器接点间隙及压力、常用继电器图形符号标识见表 3-1～表 3-5，继电器的插座及编号如图 3-1 所示。

表 3-1　常用继电器名称及型号

序号	缩　写	全　称	继电器型号	图示标识
1	ATBCFAJ	自动折返按钮触发继电器	JWXC-1700	
2	ATBJHAJ	自动折返按钮激活继电器	JWXC-1700	

续上表

序号	缩　写	全　称	继电器型号	图示标识
3	DJ	灯丝继电器	JZXC-H18	
4	LXJ	列车信号继电器	JWXC-H340	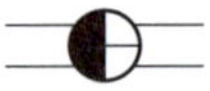
5	2DJ	第二灯丝继电器	JZXC-H18	
6	YXJ	引导信号继电器	JWXC-H340	
7	ZXJ	正线继电器	JWXC-H340	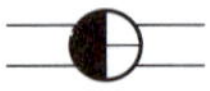
8	DDJ	点灯继电器	JWXC-H340	
9	LXFJ	列车信号复示继电器	JWXC-1700	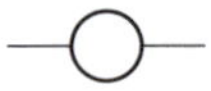
10	DDJF	点灯复示继电器	JWXC-1700	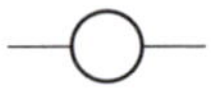
11	GMJ	站台门关门继电器	JWXC-H340	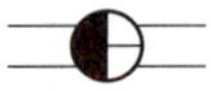
12	KMJ	安全门开门继电器	JWXC-H340	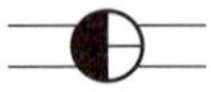
13	PDKJ	站台门门关好继电器	JPXC-1000	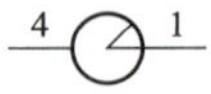
14	PDQCJ	站台门门旁路继电器	JPXC-1000	
15	ESBJ	站台紧急关闭继电器	JWXC-1700	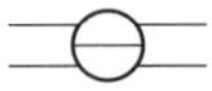
16	RDBJ	熔丝断丝报警继电器	JWXC-1700	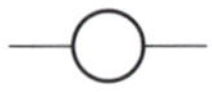
17	DSBJ	灯丝报警继电器	JWXC-1700	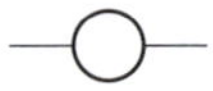
18	QDBJ	切断报警继电器	JWXC-1700	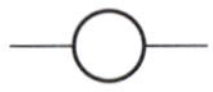
19	ESBBJ	紧急关闭报警继电器	JWXC-1700	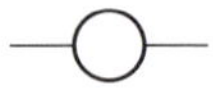
20	DPSAJ	灯泡试验按钮继电器	JWXC-1700	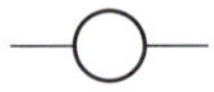
21	ATBAJ	列车自动折返按钮继电器	JWXC-1700	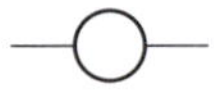
22	DCJ	道岔定位操纵继电器	JPXC-1000	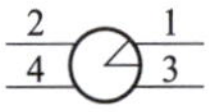
23	FCJ	道岔反位操纵继电器	JPXC-1000	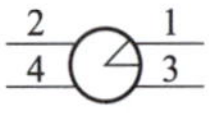

续上表

序号	缩　写	全　称	继电器型号	图示标识
24	SJ/DCQDJ	锁闭继电器	JWXC-H340	
25	ZDBJ	道岔总定位表示继电器	JPXC-1000	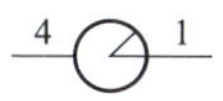
26	ZFBJ	道岔总反位表示继电器	JPXC-1000	
27	ZBHJ	道岔总保护继电器	JWXC-1700	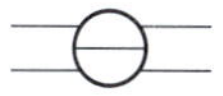
28	QDJ	切断继电器	JWXC-1700	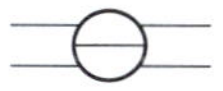
29	1DQJ	一道岔启动继电器	JWJXC-H125/80 JWJXC-H125/0.44	
30	2DQJ	二道岔启动继电器	JYJXC-160/260	
31	DBJ	道岔定位表示继电器	JPXC-1000	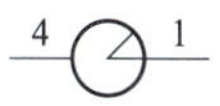
32	FBJ	道岔反位表示继电器	JPXC-1000	
33	1DQJF	一道岔启动复示继电器	JWJXC-480	
34	BHJ	道岔保护继电器	JWXC 1700	
35	ZDYJ	主电源工作继电器	JPXC-1000	
36	FDYJ	副电源工作继电器	JPXC-1000	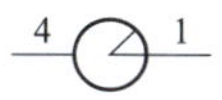
37	KZKFJ	KZ、KF 电源监督继电器	JPXC-1000	
38	FWJ	计轴区段复位继电器	JWXC-1700	
39	GJ	计轴区段轨道继电器	JWXC-1700	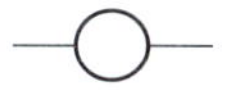
40	ZYFWJ	计轴区段总预复位继电器	JWXC-1700	
41	ZCJ	照查继电器	JWXC-H340	
42	DYBJ	电源报警继电器	JPXC-1000	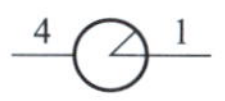
43	J	各种监测类继电器	JWXC-1700	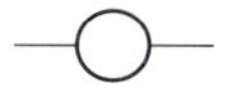

表 3-2　继电器名称解析及示例

代号	含　义	代号	含　义	代号	含　义
X	信号	P	偏极	Z	整流
C	插入	Q	动合接点(前接点)	Y	有极
H	缓放、缓动、动断接点(后接点)	W	无极	J	继电器、加强接点

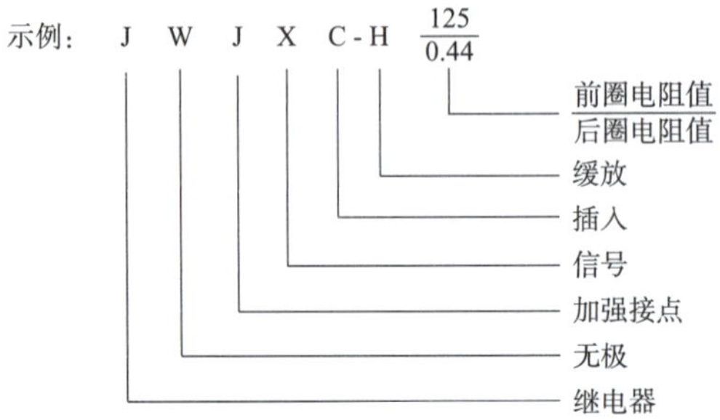

表 3-3　常用继电器相关信息

序号	继电器名称	继电器型号	鉴别销号码	接点组数	线圈连接	电源片连接方式	
						连接	使用
1	无极继电器	JWXC-1000	11,52	8QH	串联	2,3	1,4
2		JWXC-1700	11,51				
3		JWXC-2000	12,55	2QH			
4	无极加强接点继电器	JWJXC-480	15,51	2QH 2QHJ			
5	无极缓放继电器	JWXC-H340	12,52	8QH	串联	2,3	1,4
6	无极加强接点缓放继电器	JWJXC-H125/0.44	15,55	2QH 2QJ 2H	单独	—	1,2 3,4
7		JWJXC-H125/80	31,52				
8	整流继电器	JZXC-480	13,55	4QH 2Q	串联	1,4	7,8
9		JZXC-H18	13,53	4QH	串联	1,4	5,6
10	有极加强接点继电器	JYJXC-160/260	15,54	2DFJ 2DF	单独	—	1,2 3,4
11	偏极继电器	JPXC-1000	14,51	8QH	串联	2,3	1,4

表 3-4　继电器的接点间隙及压力

继电器	接点间隙/mm		普通接点压力/mN		加强接点压力/mN		托片间隙/mm		备　注
	普通	加强	动合或定位	动断或反位	动合或定位	动断或反位	普通接点	加强接点	
标准	≥1.3	≥2.5	≥150	≥150	≥400	≥300	≥0.35	0.1～0.3	
JWXC-1700	≥1.3	—	≥250	≥150	—	—	≥0.35	—	
JWXC-H340	≥1.3	—	≥250	≥150	—	—	≥0.35	—	

续上表

继电器	接点间隙/mm		普通接点压力/mN		加强接点压力/mN		托片间隙/mm		备 注
标准	普通	加强	动合或定位	动断或反位	动合或定位	动断或反位	普通接点	加强接点	
	≥1.3	≥2.5	≥150	≥150	≥400	≥300	≥0.35	0.1～0.3	
JZXC-H18	≥1.3	—	≥250	≥150	—	—	≥0.35	—	
JWJXC-480	≥3	≥5	≥150	≥150	≥400	≥300	≥0.35	0.1～0.3	
JPXC-1000	≥1.3	—	≥250	≥150	—	—	≥0.35	—	
JWJXC-H125/80	≥1.3	≥2.5	≥150	≥150	≥400	≥300	≥0.35	0.1～0.3	
JYJXC-160/260	≥4.5	≥7	≥150	≥150	≥2 200	≥2 200	≥0.35	0.1～0.3	保持力不小于 4 N

表 3-5 常用继电器图形符号

名 称	图形符号	名 称	图形符号		
			形象图	工程图	原理图
无极继电器（两线圈串接）	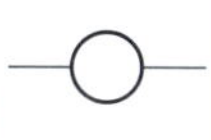	前接点闭合	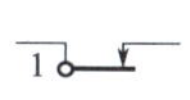	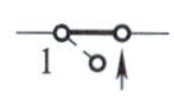	
无极继电器（两线圈分接）	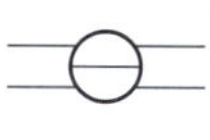	前接点断开	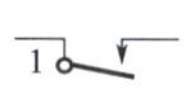	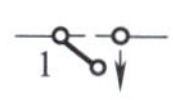	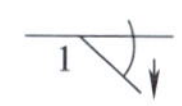
无极缓放继电器（两线圈串接）	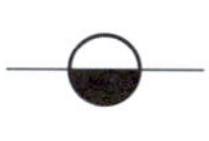	后接点继开	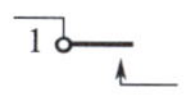	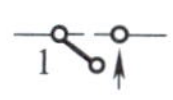	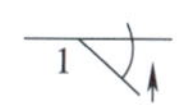
无极缓放继电器（两线圈分接）	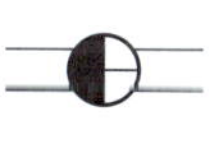	后接点闭合	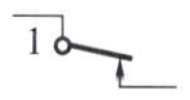	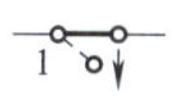	
加强接点缓放继电器	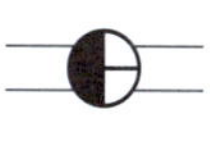	极性定反位接点组（定闭合，反断开）	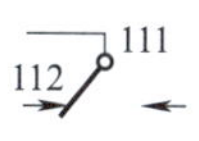	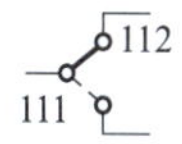	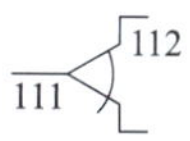
有极加强继电器		极性定反位接点组（定断开，反闭合）	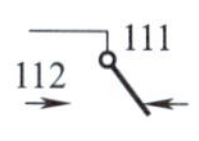	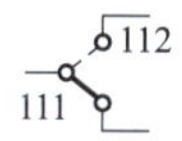	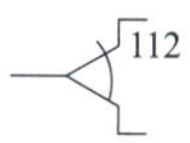
极性保持加强接点继电器	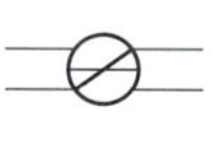	非自复式按钮下闭合接点	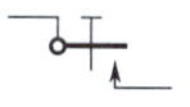		
偏极继电器	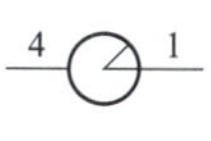	非自复式按钮拉出闭合接点	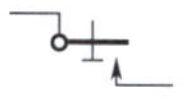	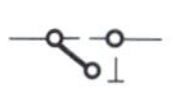	
整流式继电器		自复式按钮按下闭合接点	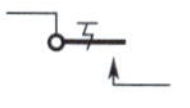	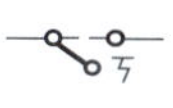	
半导体时间继电器	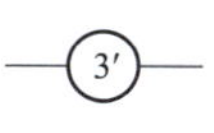	电气连接与端子	• 与 ⌀		

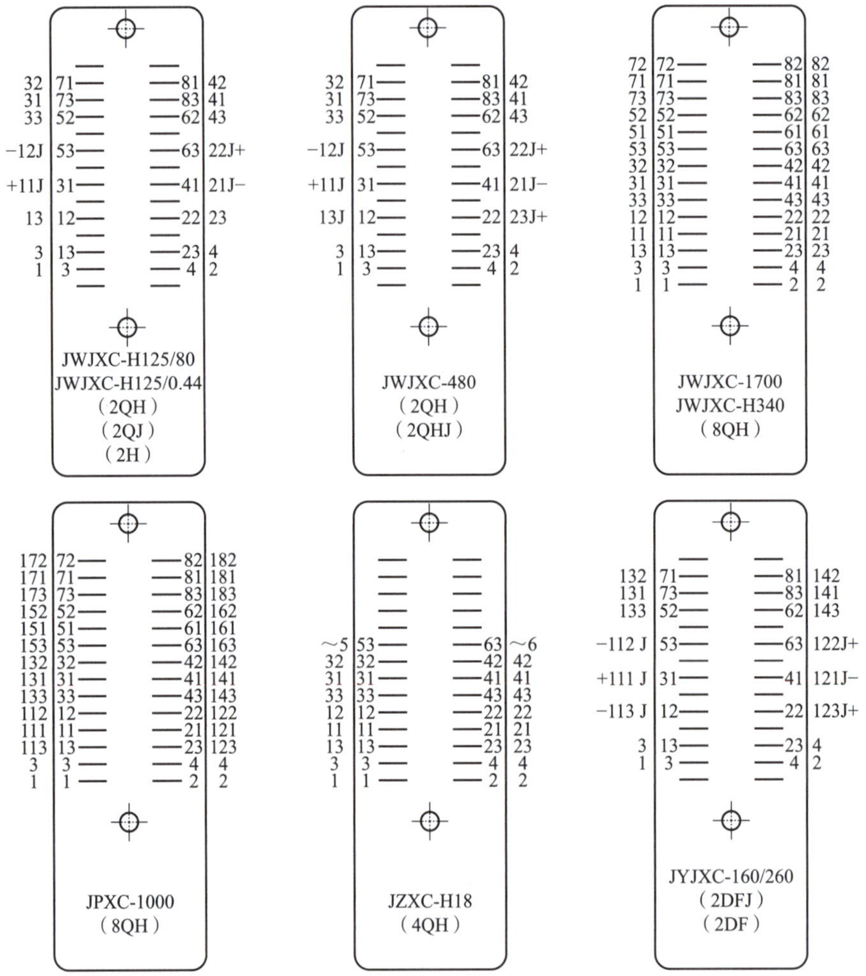

图 3-1　继电器的插座及编号

(一)JWXC-1700 型继电器

JWXC-1700 型继电器分为前线圈和后线圈，前线圈为 3、4 接点，后线圈为 1、2 接点，在转辙机、信号机、轨道电路等大多数继电器电路中都有使用。一般电路中使用 1、4 接点，将 2、3 接点短接。通电后，两线圈串联使用，通过直流电共同励磁继电器。在继电器故障情况下，通过测量 1-4 线圈电阻来排查点继电器是否故障，正常情况下两线圈串联测量值接近 1 700 Ω，单线圈测量值约为 850 Ω。如万用表显示无穷大，需要进一步排查是前线圈故障、2-3 短接线故障还是后线圈故障。如线圈故障则更换继电器；如 2-3 短接线故障则重新焊线。

在紧急关闭电路中，两线圈分接使用。在取消紧停支路使用了 1-2 线圈，自闭电路使用了 3-4 线圈。故障处理时通过测量 1-2 线圈或 3-4 线圈来排查是否为继电器故障，正常情况下线圈电阻约为 850 Ω，如测量值为无穷大，则为线圈开路，更换继电器。其他 ZBHJ、QDJ 等也为分接使用，均可采用此方法判断故障原因。

(二)JWXC-H340 型继电器

该类型继电器常用于联锁输出电压后励磁用的继电器。如 ZDJ9 系列电动转辙机电路中 DCQDJ/SJ，信号机电路中 DDJ、ZXJ、LXJ、YXJ，站台门电路中 KMJ、GMJ 等。两个线圈采用分连，一般由联锁验证条件后直接供电励磁。以锁闭继电器 DCQDJ/SJ 为例，联锁的 A、B 机一般同时励磁。

JWXC-H340 型继电器分为前线圈和后线圈，前线圈为 3、4 接点，后线圈为 1、2 接点，在转辙机、信号机、站台门电路等大多数继电器电路中都有使用。继电器使用 1、4 接点，将 2、3 接点短接，24 V 情况下缓放时间不小于 0.5 s。通电后，两线圈串联使用，通过直流电共同励磁继电器。在继电器故障情况下，通过测量 1-4 线圈电阻来排查继电器是否故障，正常情况下两线圈串联测量值接近 340 Ω，单线圈测量值约为 170 Ω。如万用表显示无穷大，需要进一步排查是前线圈故障、2-3 短接线故障还是后线圈故障。如线圈故障则更换继电器；如 2-3 短接线故障则重新焊线。

(三)JZXC-H18 型继电器

该继电器为整流缓放继电器。通过桥式整流，将交流电转化为直流电。JZXC-H18 型继电器整流原理及内部接线如图 3-2 所示。该类型继电器常用于信号机 DJ、2DJ 继电器。DJ 是用来监督红灯、绿灯和一黄灯的点灯情况；2DJ 是用来监督二黄灯和白灯的点灯情况。点灯后，DJ 处于吸起状态，这时由 DJ 来监督灯丝是否完好，一旦主副灯丝均断，DJ 落下，切断 LXJ 继电器的励磁电路，使 LXJ 落下。在信号机采集电路中，使用 11、12 接点和 21、22 接点表示点灯状态。在信号机点灯电路的公共部分电路中，使用 5-6 线圈，在故障时可以通过测量室内部分电阻确定继电器是否完好。

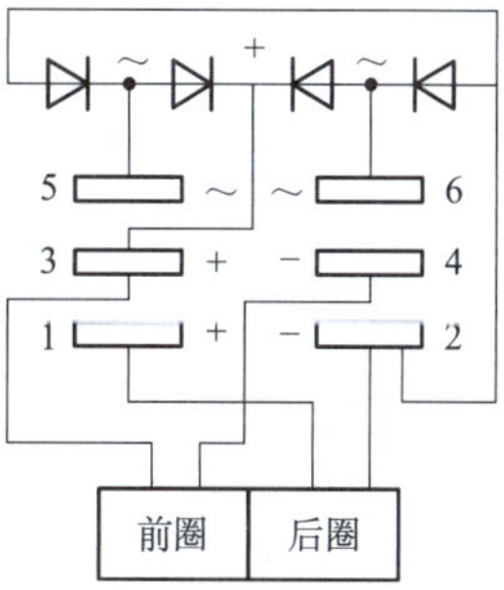

图 3-2　JZXC-H18 型继电器整流原理及内部接线

在定型组合中将 1、4 接点短接，在电路使用 5、6 接点，18 Ω 线圈电阻串入电路中。当电路将电压送至室外，信号灯点亮电流达到 105 mA±5 mA。在 LED 正常工作时，灯丝继电器电流在 100～135 mA(不同的距离，调整室外点灯变压器的不同输出电压)，保证 JZXC-H18 型继电器可靠吸起。LED 光源灭灯时，灯丝继电器回路电流小于 40 mA，保证 JZXC-H18 型继电器可靠落下，为联锁电路提供断丝条件。

在信号机点灯电路故障时，可通过测量接点 2、3 阻值是否为 18 Ω 左右排查线圈及接线开路或短路故障。

(四)JPXC-1000 型继电器

该继电器为偏极继电器。偏极，就是其衔铁的吸起与线圈中电流的极性有关系：按照设计规定方向通过电流时，继电器衔铁才作用吸起，而电流通过方向相反时，继电器衔铁保持不动作。偏极继电器的工作特点确保电路接线正确，直流电压或者电压的直流分量数值及极性正确。该类型继电器常用于转辙机的表示和控制电路，如 ZDJ9 系列电动转辙机控制和表示电路中的定操、反操、定表、反表继电器，联锁主电源、副电源工作继电器，KZ、KF 电源监督继电器及电源报警继电器，站台门门关好继电器、站台门门旁路继电器。

在道岔控制电路中，联锁驱动 SJ、DCJ(FCJ)，后续接通道岔 1DQJ 励磁电路。若该部分出现故障，故障现象为：双机均无动作，仍然有表示，无继电器动作，通常测量操动时 1DQJ 励磁电路中是否有电，联锁驱动 SJ、DCJ(FCJ)励磁电路故障情况下只有正电无负电。在道岔表示电路中，表示继电器使用 1-4 线圈沟通励磁电路，若该部分出现故障，故障现象为：道岔操动正常，但无表示，表示继电器不吸起，通常在分线柜测量电压，断路故障情况下两路交流电压为 68 V 左右，直流电压为 35 V 左右。

表示继电器、站台门电路中使用串联形式，组合内短接 2、3 接点，使用 1、4 接点，通过万用表测量静态电阻为 1 000 Ω 左右，若有故障，测量 1、4 接点电阻为无穷大。DCJ(FCJ)继电器在组合中一般使用分接形式，分别使用 1-2 线圈和 3-4 线圈，单个线圈 500 Ω 左右，若有故障，则测量线圈电阻为无穷大。

(五)JWJXC-480 型继电器

该继电器为无极加强型继电器。该类型继电器常用于 ZDJ9 系列电动转辙机的控制和表示的 1DQJF。两组加强型接点用于作为 1DQJ 的复示继电器，较小的电阻有利于快速吸起，因在动作电路中，相关接点通过 380 V 交流电，因此使用加强型接点。非加强型的两组接点用于 2DQJ 转极电路中。

道岔控制电路中该继电器使用串联形式，组合内短接 2、3 接点，使用 1、4 接点，通过万用表测量静态电阻为 480 Ω 左右，若有故障，测量 1、4 接点电阻为无穷大。

(六)JWJXC-H125/80 型继电器

该继电器为无极加强缓放继电器。该类型继电器常用于 ZDJ9 系列电动转辙机的控制、动作电路和表示电路中的 1DQJ，第一组加强型接点作用于 380 V 动作和表示电路的切换，第二组加强型接点作为表示电路共用部分，第三组非加强接点用于 1DQJF 的励磁电路和 1DQJ 的自闭电路，A 机 1DQJ 第四组非加强接点用于 B 机的 1DQJ 励磁电路。

在道岔控制电路中，该继电器 3-4 线圈沟通励磁电路，电阻为 80 Ω，若该部分出现故障，万用表测量电阻为无穷大。该继电器 1-2 线圈沟通自闭电路，电阻为 125 Ω，若该部分出现故障，万用表测量电阻为无穷大。也可以通过电压法处理故障。电压法处理时需要一边操纵道岔，一边在故障点两侧测量电压，若测量电压为 24 V，证明线圈开路。

(七)JWJXC-H125/0.44 型继电器

该继电器为无极加强缓放继电器。该类型继电器常用于 ZD6 系列电动转辙机的控制、动作和表示电路中的 1DQJ，与 ZDJ9 系列电动转辙机的 1DQJ 类似，第一组加强型接点作用于 380 V 动作和表示电路的切换，第二组加强型接点作为表示电路共用部分，第三、四组非加强接点用于 2DQJ 的转极电路。

在道岔控制电路中，该继电器 3-4 线圈沟通励磁电路，电阻为 0.44 Ω，若该部分出现故障，万用表测量电阻为无穷大。也可以通过电压法处理故障。电压法处理时需要一边操纵道岔，一边在故障点两侧测量电压，若测量电压为 24 V，证明线圈开路。该继电器 1-2 线圈沟通自闭电路，电阻为 0.44 Ω，工作额定值为 2 A，后圈电流由 5 A 降至 1.5 A，断电时缓放 0.3 s。若该部分出现故障，万用表测量电阻为无穷大。也可在操作中测量电压，在故障点两侧电压约为 DC 220 V。

(八)JYJXC-160/260 型继电器

该继电器为有极加强继电器。该类型继电器常用于 ZDJ9 系列和 ZD6 系列电动转辙机的控制和表示电路的公共部分。第一、二组加强型接点作用于动作和表示电路，第三组普通接点作为表示电路共用部分，第四组普通接点用于 1DQJ 的励磁电路。

在道岔控制电路中，2DQJ 定操转极使用该继电器 3-4 线圈沟通励磁电路，电阻为 260 Ω，若该部分出现故障，万用表测量电阻为无穷大。2DQJ 反操转极使用该继电器 1-2 线圈沟通励磁电路，电阻为 260 Ω，若该部分出现故障，万用表测量电阻为无穷大。也可以通过电压法处理故障。电压法处理时需要一边操纵道岔，一边在故障点两侧测量电压，若测量电压为 24 V，证明线圈开路。

二、转 辙 机

转辙机主要功能是转换道岔位置，改变道岔开通方向，完成道岔的解锁、转换、锁闭，反映道岔位置。其电路由主要室内控制电路、保护电路、启动电路、表示电路等组成。目前，城市轨道交通信号系统中主用转辙机为交流三相制 380 V 五线制 ZDJ9 系列电动转辙机，段场主要用四线制 ZD6-D165/350 型电动转辙机。

(一)道岔转辙机(ZDJ9)

ZDJ9 系列电动转辙机主要由底壳、盖、电动机、减速器、摩擦联结器、滚珠丝杠、推板套、动作板、锁块、锁闭铁、接点组、动作杆、锁闭(表示)杆、安全开关组、挤脱器(不可挤的不设)、接线端子等组成，如图 3-3 所示。结构采用模块化设计，便于维护和维修。

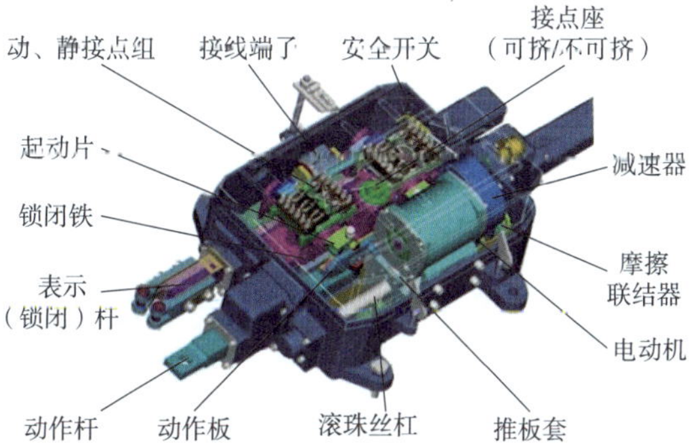

图 3-3　ZDJ9 系列电动转辙机(单机)

1. 主要部件及作用

(1)电动机和减速器

电动机和减速器组成为一体，减速器通过齿轮组把电动机输出的高转速转换为低速，小转矩转换为大转矩输出到摩擦联结器。

(2)摩擦联结器

ZDJ9 系列电动转辙机摩擦联结器采用片式粉末冶金摩擦方式，其作用是使转辙机输出的转换力保持在规定的标准内。当道岔转换阻力小于摩擦联结器的规定值时，电动机转动，摩擦联结器不空转，牵引道岔尖轨转换；当道岔阻力大于摩擦联结器的规定值或受到卡阻时，电动机转动，摩擦联结器打滑空转，保护电动机不烧损。

(3)锁闭杆

ZDJ9系列电动转辙机锁闭(表示)杆分为左、右锁闭(表示)杆,分别与道岔的两根尖轨相连接。若转辙机的表示杆具有锁闭功能,通常情况下称为锁闭杆;若转辙机表示杆不具备锁闭功能,称为表示杆。转辙机的动作杆和表示杆均具备锁闭功能,简称双杆内锁;若转辙机只有动作杆具备锁闭功能,简称单杆锁闭(比如A和C型机是锁闭杆,B和D型机是表示杆)。

(4)挤岔功能

可挤型电动转辙机挤岔时,锁闭铁在动作杆的锁块作用下移动,脱开挤脱柱,同时,锁闭铁上的凹槽推动水平顶杆,水平顶杆推动竖顶杆,竖顶杆推动动接点支架,从而切断表示接点,非经人工恢复锁闭铁,不可以接通表示。

可挤型电动转辙机的锁闭铁是通过挤脱器固定在底壳上,不可挤型转辙机的锁闭铁则直接固定在底壳上。

2. 室内组合设备(表3-6)

表3-6 室内组合表(ZDJ9)

设备名称	断路器排列	继电器位置									
组合类型	0	1	2	3	4	5	6	7	8	9	10
CT		DCJ	FCJ	DCQDJ							
		JPXC-1000	JPXC-1000	JWXC-H340							
TDF1	RD1:5 A RD2:5 A RD3:5 A RD4:0.5 A	BB1	1DQJ	BHJ	2DQJ	1DQJF	DBQ	DBJ	FBJ	QDJ	ZBHJ
		BD1-A7	JWJXC-H125/80	JWXC-1700	JYJXC-160/260	JWJXC-480	DBQ-S	JPXC-1000	JPXC-1000	JWXC-1700	JWXC-1700
TDF2	RD1:5 A RD2:5 A RD3:5 A RD4:0.5 A	BB1	1DQJ	BHJ	2DQJ	1DQJF	DBQ	DBJ	FBJ	ZDBJ	ZFBJ
		BD1-A7	JWJXC-H125/80	JWXC-1700	JYJXC-160/260	JWJXC-480	DBQ-S	JPXC-1000	JPXC-1000	JPXC-1000	JPXC-1000

(二)道岔转辙机(ZD6)

ZD6系列电动转辙机主要由电动机,减速器,主轴,自动开闭器,表示杆,动作杆,齿条块,移位接触器,安全接点,底座、机壳及室内组合设备等组成,如图3-4所示。

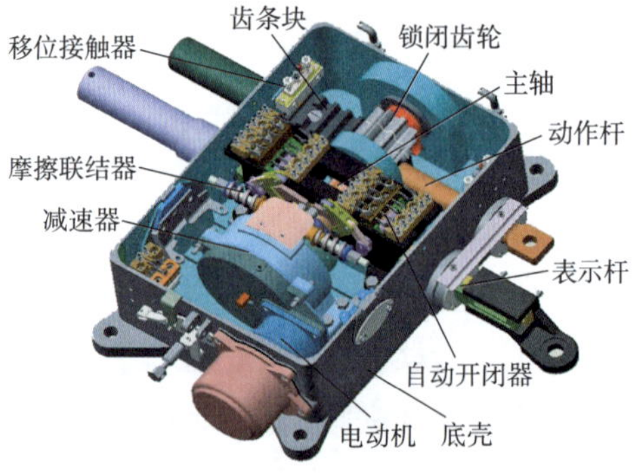

图3-4 ZD6系列电动转辙机

1．主要部件及作用

（1）电动机

电动机是电动转辙机的动力源，要求具有足够的功率，以获得必要的转矩和转速。电动机要有较大的启动转矩，以克服尖轨与滑床板间的静摩擦。道岔需要向定、反位转换，要求电动机能够逆转。

（2）减速器

因体积、质量的限制，转辙机所用电动机功率不可能很大，为了得到较大的转矩来带动道岔转换，必须用减速器把转速降下来。电动转辙机过载时，如道岔内夹有异物，不能使道岔到位时，减速器输出轴不转，而内齿轮可在夹板式联轴器内转动，以保护转辙机。

（3）主轴系统

主轴系统主要由主轴、主轴套、轴承、止挡栓等组装而成。主轴带动锁闭齿轮，通过与齿条块配合完成转换和锁闭道岔。主轴上的止挡栓用来限制主轴的转角，使锁闭齿轮和齿条块达到规定的锁闭角，并保证每次解锁以后都能使两者保持最佳啮合状态，使整机动作协调。

（4）转换锁闭装置

转换锁闭装置由锁闭齿轮和齿条块、动作杆组成，使旋转运动变为直线运动以带动道岔尖轨位移，并最后完成内部锁闭。

（5）自动开闭器

自动开闭器用来及时、正确地反映尖轨的位置，并完成控制电动机和挤岔表示的功能。在解锁过程中，由自动开闭器断开原表示电路，接通准备反转的动作电路；锁闭后，由自动开闭器接点自动断开电动机动作电路，接通表示电路。

（6）动作杆

动作杆和齿条块用挤切销相连，正常动作时，齿条块带动动作杆。挤岔时，挤切销折断，动作杆和齿条块分离，避免机件损坏。

（7）表示杆

表示杆由前、后表示杆及两个检查块组成。表示杆随尖轨移动，只有当尖轨密贴且锁闭后，自动开闭器的检查柱才能落入表示杆缺口，接通道岔表示电路。挤岔时，表示杆被推动，顶起检查柱，从而断开道岔表示电路。

（8）移位接触器

移位接触器用来监督挤切销的受损状态，道岔被挤使挤切销折断时，断开道岔表示电路，给出报警。

（9）安全接点

安全接点用来保证维修安全。正常使用时，遮断接点接通，才能接通道岔动作电路。检修时，断开遮断接点，以防止检修过程中转辙机转动影响维修人员作业。

（10）机壳

机壳用来固定转辙机各部件，防护内部机件免受机械损伤和雨水、尘土侵入，提供整机安装条件。

2. 室内组合设备(表 3-7)

表 3-7 室内组合设备表(ZD6)

设备名称	断路器排列	继电器位置							
组合类型	0	1	2	3	4	5	6	7	8
C1	RD1:3 A RD2:3 A RD3:5 A RD4:0.5 A C:4 μF 500 V R:RXYC-750 Ω	BB1	1DQJ	2DQJ	DBJ	FBJ	SFJ	DCJ	FCJ
		BD1-7	JWJXC-H125/0.44	JYJXC-160/260	JPXC-1000	JPXC-1000	JPXC-1000	JPXC-1000	JPXC-1000

三、信 号 机

(一)信号机设备介绍

LED 信号机主要功能是通过不同的灯光显示向司机提供路面信息,指示列车安全运行,保证进路安全可靠。信号机按照安装位置不同分为进站信号机、出站信号机、通过信号机、阻挡信号机等;按照作用不同分为列车信号机、调车信号机。在城市轨道交通信号系统 CBTC 运营模式下,信号机作为备用设备使用,根据系统设计不同,相关信号机正常情况下为灭灯状态,如图 3-5 所示。

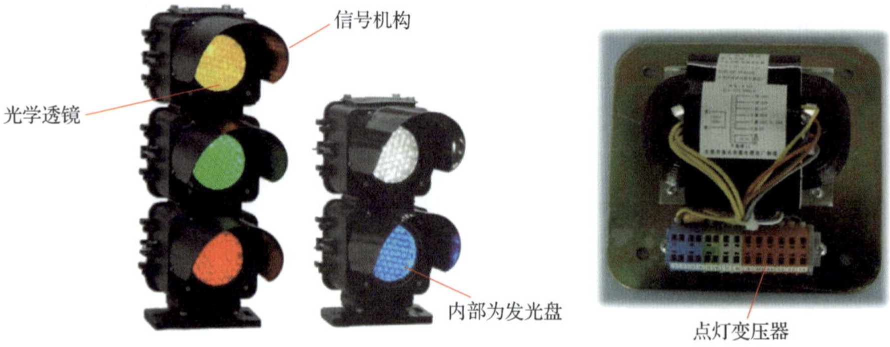

图 3-5 LED 信号机构成

LED 发光管是新型高效发光器件,具有低能耗、长寿命的特点。由 LED 发光管组成的信号光源,与传统的色灯信号机相比,具有显示效果好、寿命长、节能、免维护的特点。LED 信号机由点灯变压器、发光盘、光学系统、信号机构组成。

1. 点灯变压器

由电源屏直接输出 AC 110 V(可以不设室内隔离调整变压器),通过 DJ(JZXC-H18)和室外电缆到达信号机点灯变压器上,经降压后由点灯单元点亮。电源变压器采用高效的 R 型铁芯变压器,所有元器件均经过严格的筛选,确保其可靠性。

2. 发 光 盘

发光盘是信号机的发光主体,通过光学聚焦原理由高亮度 LED 发光二极管阵列而成。发光盘最大的优点就是不需要调焦。

3. 光学系统

光学系统由电源、超高亮度发光二极管矩阵、光学透镜、钢化玻璃前置镜、固定框架等组成。

4. 信号机构

信号机构有灯箱壳、灯箱盖、镜框、底座、挡圈等零件，采用硅铝合金材料浇铸或压铸而成。销轴和标准件均采用不锈钢材料。零件表面采用电泳或喷塑处理，确保在恶劣环境使用期内无须维修。机构具有强度高、质量轻、组合灵活、安装方便、外形美观等优点。

(二)信号机控制电路

信号机所处位置不同，信号机点灯电路不同。如正线有岔区段的信号机，联锁模式下，涉及灯位主要有绿灯信号(一般开放正线直股信号时)、黄灯信号(一般开放正线侧股信号时)、红黄灯信号(一般开放正线引导信号时)、红灯信号(信号未开放时)。信号机点电路如图 3-6 所示。信号机点灯电路原理较为简单，段场信号机又有蓝白灯、蓝灯等灯位。本书以正线有岔区段的信号机为例进行讲解，其他需读者举一反三，融会贯通，不再赘述。

1. 信号机点灯电路

以正线红灯点灯为例(图 3-6)，某信号系统厂商以 DDJ 状态来判断室外信号机是否需要点亮，DDJ 常态化保持吸起，室外信号机所有灯位均为不点亮模式；遇 ZC 等关键设备故障或 RM 等行车模式时，DDJ 落下，室外信号机所有灯位均为点亮模式，本书讨论信号机点亮模式，故 DDJ 处于落下状态。点灯情况详细如下：

信号未开放时红灯模式：LXJ 落下，红灯电路通过 LXJ 的后接点沟通红灯点灯电路，DJ 吸起，红灯信号机点亮。点灯回路：XJZ110—RD1—DDJ11-13—DJ5-6—LXJ31-33—红灯发光盘—LXJ53-51—DDJ33-31—RD3—XJF110。

信号正常开放绿灯信号：联锁驱动 LXJ 吸起，ZXJ 为常态化吸起状态，YXJ 为落下状态，沟通绿灯点灯电路，DJ 吸起，绿灯信号机点亮。点灯回路：XJZ110—RD1—DDJ11-13—DJ5-6—LXJ31-32—ZXJ31-32—绿灯发光盘—ZXJ42-41—LXJ52-51—DDJ33-31—RD3—XJF110。

信号正常开放黄灯信号：联锁驱动 LXJ 吸起，因开通侧股信号，联锁不驱动 ZXJ，ZXJ 变为落下状态，YXJ 为落下状态，沟通黄灯点灯电路，DJ 吸起，黄灯信号机点亮。点灯回路：XJZ110—RD1—DDJ11-13—DJ5-6—LXJ31-32—ZXJ31-33—黄灯发光盘—ZXJ43-41—LXJ52-51—DDJ33-31—RD3—XJF110。

引导信号红黄灯点亮模式：LXJ 为落下状态，正常沟通红灯电路，DJ 励磁，联锁驱动 YXJ 吸起，沟通了引导模式下的黄灯点亮电路。点灯回路：XJZ110—RD2—DDJ21-23—2DJ5-6—LXJ41-43—YXJ31-32—DJ31-32—黄灯发光盘—YXJ42-41—LXJ53-51—DDJ33-31—RD3—XJF110。

2. 信号机驱动电路

正线有岔区段的信号机驱动电路由联锁系统进行控制，联锁系统根据进路排列需要，调整 DDJ、LXJ、ZXJ、YXJ 继电器状态(图 3-7)，满足信号机不同灯位点灯电路条件，进而控制不同的灯位显示。

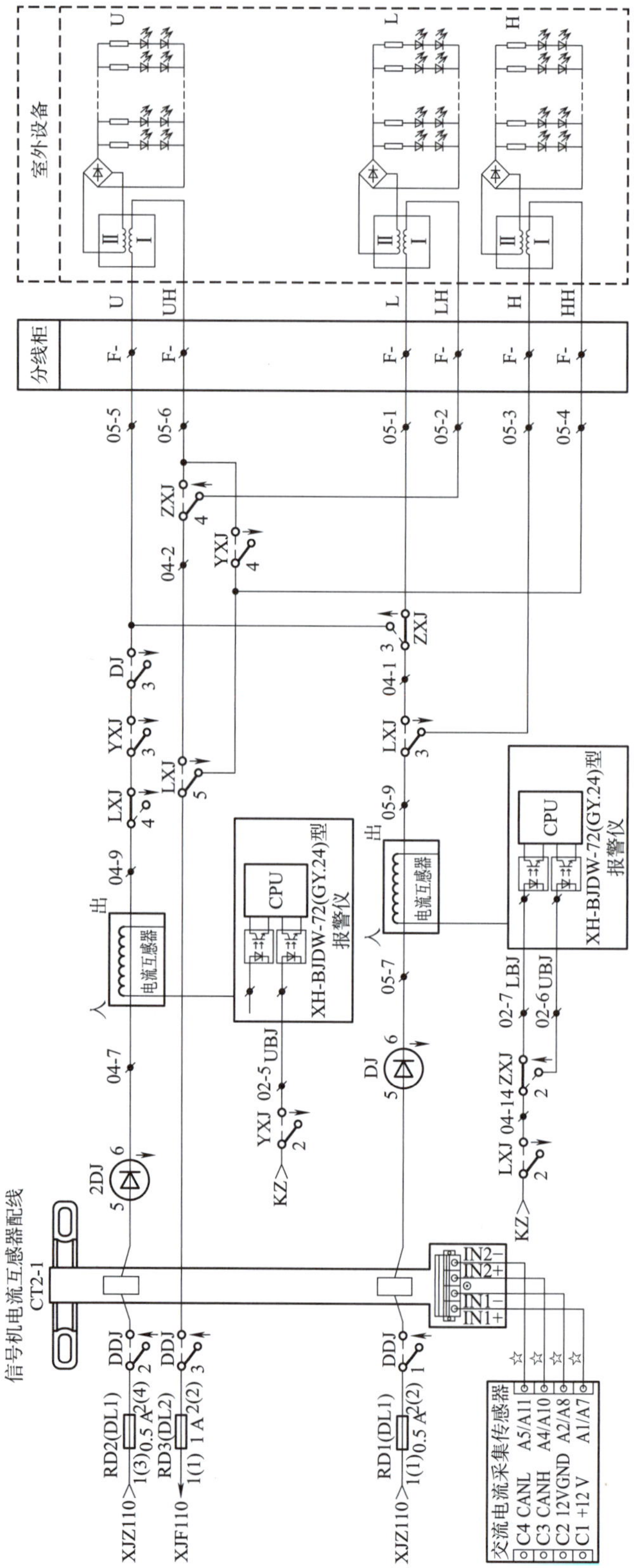

室外设备
U
L
H
UH
LH
HH
分线柜
F-
05-5
05-6
05-1
05-2
05-3
05-4
ZXJ
YXJ
04-2
DJ
LXJ
04-1
04-9
05-9
04-7
05-7
2DJ
电流互感器
出
入
CPU
XH-BJDW-72(GY.24)型
报警仪
02-5 UBJ
02-7 LBJ
02-6 UBJ
04-14
KZ
信号机电流互感器配线
CT2-1
IN2-
IN2+
IN1-
IN1+
DDJ
RD2(DL1)
1(3) 0.5 A 2(4)
RD3(DL2)
1(1) 1 A 2(2)
RD1(DL1)
1(1) 0.5 A 2(2)
XJZ110
XJF110
交流电流采集传感器
C4 CANL A5/A11
C3 CANH A4/A10
C2 12VGND A2/A8
C1 +12 V A1/A7

图 3-6　信号机点灯电路

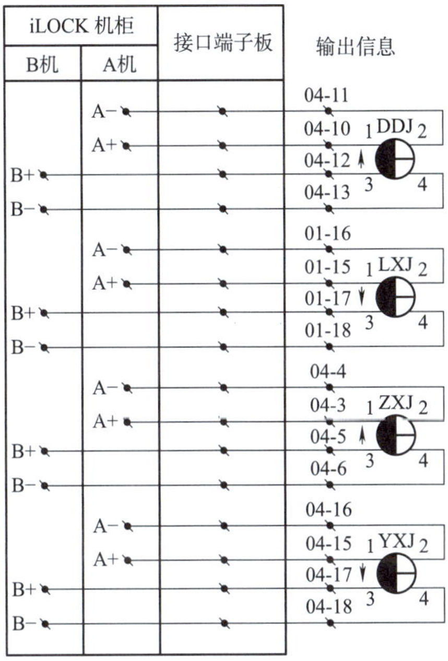

图 3-7　信号机驱动电路

3. 室内组合设备(表 3-8)

表 3-8　信号机室内定型组合

设备名称	断路器排列	继电器位置					
组合类型	0	1	2	3	4	5	6
FX1(1)	RD1:0.5 A RD2:0.5 A RD3:1 A	DJ	LXJ	2DJ	YXJ	ZXJ	DDJ
		JZXC-H18	JWXC-H340	JZXC-H18	JWXC-H340	JWXC-H340	JWXC-H340

四、轨道电路

轨道电路主要指由钢轨线路和钢轨绝缘构成的电路，是利用列车轮对的短路作用自动、连续检测区段占用、空闲状态，以保证行车安全的设备。

轨道电路分类，按照牵引电流方式分为单轨条轨道电路和双轨条轨道电路；按分割方式分为有绝缘轨道电路和无绝缘轨道电路；按电源类型分为直流轨道电路和交流轨道电路。目前，城市轨道交通信号系统中主用轨道电路为 50 Hz 相敏轨道电路。

50 Hz 相敏轨道电路由送、受电端、钢轨绝缘、钢轨引接线、钢轨接续线以及室内轨道继电器、调相防雷器、微电子相敏接收器等部件组成。送电端包括送端电源变压器、变阻器以及断路器，安装在室外的变压器箱内，轨道电源从室内通过电缆送至送电端。受电端包括中继变压器、变阻器、断路器、轨道继电器、电容器、防雷元件等，其中，中继变压器、变阻器及断路器安装在室外的变压器箱内，其他安装在室内的组合架上。

1. 送、受电端

送、受电端视相邻轨道电路的不同组合，有双送、一送一受、双受以及单送、单受等不同情况，包含有送电端变压器 BG_5-B，室内电源送至箱盒降压，提供钢轨送电端电源；受电端中继变压器 BZ-B，由钢轨来的电压升压后送至室内，限流变阻器主要为限流作用，断路器保护电路，遇大电流可靠断开。

2. 钢轨绝缘

钢轨绝缘设于轨道电路分界处，用以隔离相邻的轨道电路。

3. 钢轨引接线

钢轨引接线主要用来沟通送、受电端箱盒与钢轨电源回路。

4. 钢轨接续线

钢轨接续线用来连接相邻钢轨，以减小钢轨接头处的接触电阻。

5. 轨道继电器

轨道继电器主要用来反映列车运行占用轨道区段的实际状态。

6. 调相防雷器

调相防雷器主要起到轨道调相、防雷作用。轨道调相：室内送出的轨道电源与局部电源是同相的，但经钢轨的传输，由于道床的漏泄、分布电容、轨道电路室内外设备等因素的存在，造成相位的偏移，这样就需要轨道调相（电容调相）。轨道防雷：横向防雷用硒堆；纵向防雷用隔离变压器。

7. 微电子相敏接收器

微电子相敏接收器的两套设备中只要有一套能正常工作，就能保证系统正常运行，进一步提高了系统的可靠性；如果一套发生故障，能及时报警，通知维修人员进行维修，而且对其中单套维修时，不影响系统使用，方便维修。

8. 报 警 盒

报警盒主要用来监测轨道接收器工作状态，当任何一个轨道区段的两台 WXJ50-Ⅱ型相敏接收器其中的一台故障（输出不一致）对应的黄灯闪光，表示接收器故障。同时报警继电器 GDBJ（JWXC-1700）吸起，通知维修人员更换设备。

五、计轴系统

计轴系统利用安装在钢轨的闭环传感器实现列车轮对检测，经过室内的运算单元计算实现区段占用、空闲状态检测，保证行车安全。本书以 TAZ Ⅱ/S295 型计轴系统为例。

TAZ Ⅱ/S295 型计轴系统室外电子设备为车轮传感器。室内设备主要包括放大板、计轴板、输出板、复零板和电源板等单元。其中车轮传感器与放大板组成车轴检测单元，计轴板与输出板等组成计轴运算单元。计轴系统功能框图如图 3-8 所示。

计轴机柜，柜内布置电源机箱、监测机箱、放大机箱和计轴机箱各一个，其中放大机箱和计轴机箱根据实际需要增加到相应的数量，如图 3-9 所示。

电源板输入 50 Hz、交流 220 V 电源，输出直流 12 V 和 24 V 电源，为其他板件提供工作电源。

车轮驶过传感器作用区域时，车轮传感器产生轮轴信号，并将该信号输出至放大板。

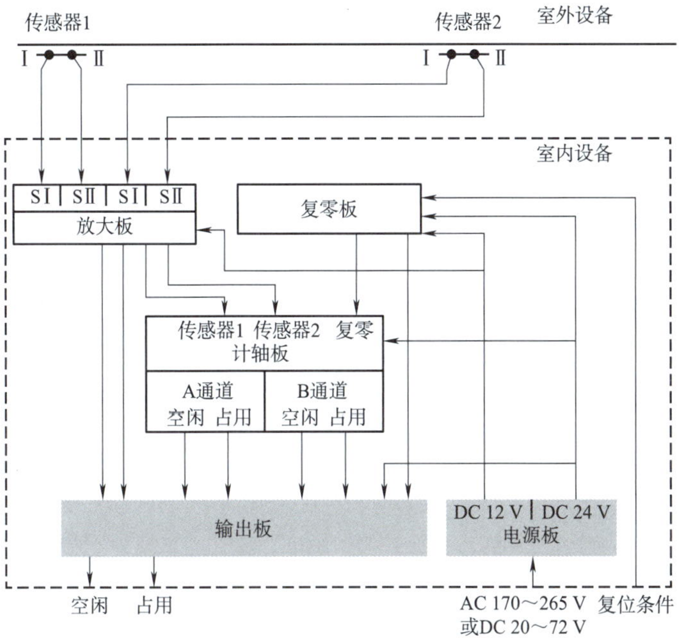

图 3-8　计轴系统功能框图

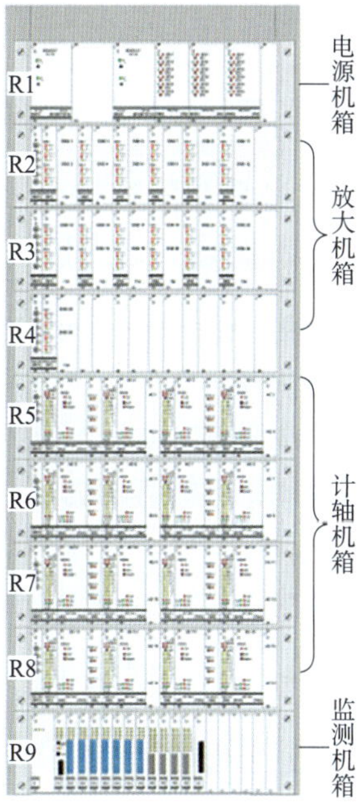

图 3-9　机柜布置

放大板接收到车轴传感器的轮轴信号，经放大和整形，形成轮轴脉冲，为计轴板和输出板提供工作条件。

计轴主机为二取二的安全冗余结构。计轴板有两套独立的计轴运算单元，分别根据放大板传送的车轮传感器信息，判断列车行进方向，并完成经过的列车轴数计入和计出统计，当两套计轴运算单元计算结果完全相同时，才输出空闲信息给输出板。

输出板由 12 个继电器组成，完成车轮传感器的状态输出和区间空闲或占用的条件输出。

复零板执行所属区段计轴电路的复零。

计轴机柜电源板采用“1＋1”冗余配置，每台机柜提供两路 220 V 交流供电，如图 3-10 所示。

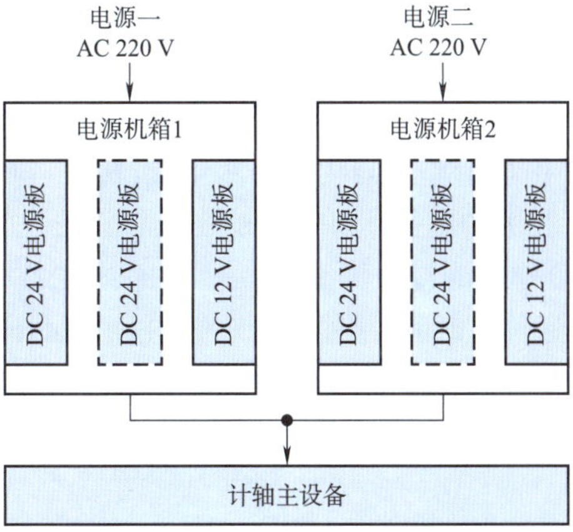

图 3-10　计轴冗余电源框图

电源机箱1与电源机箱2中的电源板互为冗余，其中任一电源板或冗余电源告警板故障，不会影响计轴设备正常供电。电源机箱中电源板的数量可根据工程设计中主设备板卡的数量多少进行增减。

六、紧急停车设备

紧急停车设备是联锁系统的附属设备，主要由紧急停车按钮、紧急停车执行单元与物理电路组成，紧急停车按钮主要设置于站台与综合后备盘(IBP)。联锁设备连续检查车站控制室IBP和站台紧急停车按钮的状态，在紧急情况下，可按下车站控制室IBP上的紧急停车按钮或车站站台上的紧急停车按钮。联锁设备一旦检测到紧急停车按钮被按下，立即关闭相应的信号机，在连续式通信的列车控制级别下，禁止已停在车站的列车出发进入区间；对于已启动而尚未完全离开车站的列车应实施紧急制动停车；对于尚未进入站台区的列车，应禁止其进入站台区。

七、站台门接口设备

站台门接口设备是联锁系统的附属设备，主要由站台门执行单元与物理电路组成。目前主流方式是联锁系统通过中国标准安全型继电器控制站台门的开关命令，监测站台门的工作状态。对于降级/CBTC模式下站台轨有车占用且出站信号机(或信号)已开放，如果相关的站台门被打开时，该信号变为禁止状态。当该站台门再次关闭时，如果其他条件都具备时出站信号能自动重新开放。

八、自动折返设备

自动折返设备主要由自动折返按钮、执行单元与物理电路组成。自动折返设备根据线路设计情况进行布设，主要安装于具备折返条件的正线联锁车站，实现自动折返进路功能。当折返信号机被设置为自动折返模式时，联锁系统能自动设置折返线的折入和折出进路。自动折返进路设置前，若进路已存在，则进路保持不变；自动折返进路命令取消时，不改变已存在进路的状态，在车站具有两条或多条折返线时，各条折返线均具备设置自动折返进路的功能，并具备两条折返线交替的全自动折返进路功能；全自动折返进路按照先进先出原则排列折返进路。

九、发车指示器设备

发车指示器设备主要由显示单元与物理电路组成，接收、执行ATS系统指令。在各车站每个站台与正向运营相关的运行车头侧的适当位置设置发车指示器(DTI)。发车指示器采用发光二极管LED作为光源全屏显示。ATS系统在各车站通过RS-422串行接口连接到DTI，向DTI发送停站时间、跳停和扣车等内容显示，向司机提供发车时机早晚点提示。

十、IBP接口电路

正线各站车站控制室均设置IBP，IBP按照车站站场布置设置有站台紧急关闭/紧急关闭复原按钮、计轴复位按钮(带灯)、道岔定反位分表示灯及报警电铃等。IBP接口电路主要指信号设备紧急停车、道岔表示、计轴复位、扣车等与综合后备盘的接口物理电路。

第二节 继电电路设备基本组成与常见故障处理

一、继电电路设备基本组成

继电电路设备一般由电源、断路器、变压器、供电电缆、信号传输线、接线端子排、电阻、电容、二极管、继电器、电动机、操控按钮、设备状态指示灯、智能控显终端和机械传动装置等部件组成,见表3-9。

表3-9 继电电路设备组成

<table>
<tr><th>序号</th><th>设备名称</th><th colspan="2">设备主要组成部件</th></tr>
<tr><td rowspan="4">1</td><td rowspan="2">ZDJ9系列电动转辙机</td><td>机械传动装置</td><td>底壳、机盖、电动机、减速器、摩擦联结器、滚珠丝杠、推板套、动作板、锁闭铁、锁块、动作杆、锁闭杆(表示杆)、自动开闭器(接点座组)、启动片、速动片、滚轮、安全开关、挤脱装置</td></tr>
<tr><td>电路组成部分</td><td>断路器、表示变压器、一启动继电器、一启动复示继电器、二启动继电器、表示继电器、保护继电器、断相保护器、总保护继电器、切断继电器、整流盒、操纵继电器、断相保护器等</td></tr>
<tr><td rowspan="2">ZD6系列电动转辙机</td><td>机械传动装置</td><td>电动机,减速器,主轴,自动开闭器,表示杆,动作杆,齿条块,移位接触器,安全接点,底座、机壳及室内组合设备等</td></tr>
<tr><td>电路组成部分</td><td>断路器、表示变压器、一启动继电器、二启动继电器、操纵继电器、锁闭防护继电器、整流盒</td></tr>
<tr><td>2</td><td>信号机</td><td colspan="2">信号控制继电器、点灯变压器、LED发光盘、光学透镜、信号机构</td></tr>
<tr><td>3</td><td>轨道电路</td><td colspan="2">轨道继电器、调相防雷器、微电子相敏接收器、电源变压器、变阻器、断路器、中继变压器、电容器、防雷元件</td></tr>
<tr><td>4</td><td>计轴系统</td><td colspan="2">车轮传感器、防雷隔离模块、模数转换器、信号放大器、安全输入单元、逻辑运算单元、安全输出单元、计轴复位单元、电源模块</td></tr>
<tr><td>5</td><td>紧急停车设备</td><td colspan="2">紧急关闭按钮箱、紧急关闭按钮、继电器、表示灯</td></tr>
<tr><td>6</td><td>站台门接口设备</td><td colspan="2">开门继电器、关门继电器、关门且锁闭继电器、切除继电器</td></tr>
<tr><td>7</td><td>自动折返设备</td><td colspan="2">自动折返按钮箱、自动折返按钮、继电器、表示灯</td></tr>
<tr><td>8</td><td>发车指示器设备</td><td colspan="2">机箱、电源板、主控板、LED显示屏</td></tr>
<tr><td>9</td><td>IBP接口电路</td><td colspan="2">接线端子、线缆</td></tr>
</table>

二、常见故障处理

电气设备在使用过程中发生故障时,若不对故障进行及时检修和维护,将导致设备工作效率低,严重时甚至会造成生产事故,因此对电气设备常见故障进行分析研究十分必要。表 3-10 中，总结了继电电路设备常见故障处理方法，在故障发生时能够精准判断故障点位置，缩短故障处理时间，提升故障处理效率。提炼常见部件故障的维护和预防措施，在信号设备进行周期性维检时，可以保证关键部件的维修质量，提升检修水准，保障信号设备的安全性和可靠性。

表 3-10　继电电路设备常见故障处理

设备名称	故障部件	故障类型	故障原因	预防和维护措施
ZDJ9 系列电动转辙机	自动开闭器	动静接点磨损严重	静接点压接片压力过大	1. 定期测量静接点片间隙和接点压力； 2. 动静接点运输、存放过程中避免掉落及相互碰撞； 3. 动静接点检修作业和定期更换时，严格把控动接点打入深度及螺丝紧固程度，并做好防松措施； 4. 按照检修周期对需要注油的活动部位适当注油润滑； 5. 根据使用频次和年限进行定期更换； 6. 动静接点故障率相对较高，可通过技改等方式采用不易磨损的恒压力动静接点
		动静接点虚接、点接触	静接点压接片变形	
		动接点打入深度不达标	动接点打入深度调整螺丝松动	
		拉簧拉力不足	超出转辙机定期更换周期	
		拐轴部位磨卡、不平顺	缺油或异物卡阻	
	断路器	短路	密封不严受潮导致绝缘性能下降	1. 日常巡视工作环境的温湿度情况，保证温湿度符合管理要求； 2. 断路器防护罩安装牢固无松动，密封性良好； 3. 断路器备件按要求放置，谨防跌落； 4. 定期检查辅助触点接触良好
		不脱扣或脱扣延迟	机构卡死、生锈、变形	
		接点阻值过大	压接螺丝锈蚀、触头氧化严重	
		误告警	辅助触点接触不良	
	表示变压器	异响、杂声	高压瞬间冲击、超额定值使用	1. 日常巡视环境温湿度情况，保证温湿度符合管理要求； 2. 设备检修时注意变压器有无异常，如异响、异味、温度上升； 3. 调阅设备参数时记录和保存参数变化，及时发现问题； 4. 新装或更换变压器时插接牢固不松动，引线连接紧固
		表面温度异常升高	超周期运行、周围环境温度过高	
		电压波动大	绕组局部绝缘性能下降	
		无输出	变压器插接松动、引线虚接	
	继电器	开路	脱焊、虚焊，继电器接点电阻过大	1. 新线施工介入和验收阶段，通过监督施工和联锁试验排查线缆脱焊、虚焊等隐患； 2. 日常巡视时，观察继电器接点是否存在拉弧、氧化等不良情况； 3. 规范化继电器采购、检修等环节，加强运输过程中的安全把控，对继电器上道前开展检测；
		短路	接点粘连	

续上表

设备名称	故障部件	故障类型	故障原因	预防和维护措施
ZDJ9 系列电动转辙机	继电器	电磁结构失效	高处坠落、设备碰撞	4. 根据使用频次和年限进行定期更换； 5. 2DQJ 故障率相对较高，需重点观察接点有无发黑、氧化等现象
	整流盒	开路	脱焊、虚焊	1. 施工介入和验收阶段，通过监督施工和联锁试验排查线缆脱焊、虚焊等隐患； 2. 日常巡视时，调阅监测参数变化，重点关注表示电压值，若直流电压变化明显，极有可能为二极管故障； 3. 检修时观察设备外观有无变形、过热、烧焦味； 4. 根据使用频次和年限进行定期更换
		短路	电气击穿	
		性能不良	瞬间电流过大	
	断相保护器	开路	脱焊、虚焊，继电器接点电阻过大	1. 新线施工介入和验收阶段，通过监督施工和联锁试验排查线缆脱焊、虚焊等隐患； 2. 日常巡视时，观察继电器接点是否存在拉弧、氧化等不良情况； 3. DBQ 相较其他设备，故障率较高，对 DBQ 上道前开展检测； 4. 根据使用频次和年限进行定期更换
		短路	接点粘连	
		性能不良	瞬间电流过大	
	维护不当导致的卡缺口、道岔拉力不足问题	滑床板吊板、卡阻，顶铁间隙过小，尖轨变形、爬行、翘头、弓背密贴过紧、反弹等工信结合部问题	道岔安装不方正、长期单边过车等	1. 日常检修时发现工信结合部问题，迅速反馈给工务部门； 2. 工务部门对道岔区域轨距等进行调整时，务必通知信号维护部门做好配合； 3. 长期单边过车道岔重点关注，适当增加检修频次，摸索道岔性能特点
		1. 密贴、缺口调整不当导致的卡缺口、卡阻； 2. 机盒内垫片螺丝松动等（如安全接点下方螺丝松动）掉落至机盒内未及时发现，导致的卡缺口； 3. 表示杆导杆断裂导致缺口内有异物，造成检查柱不落槽等； 4. 摩擦力调整不当导致等； 5. 杆件质量不达标，安装不方正等导致别卡、变形； 6. 锁钩内有异物； 7. 万可端子氧化、材质不良、虚接、虚焊、短路； 8. 继电器底座材质不良、虚接、虚焊、短路	人员业务技能不达标、外部气温变化、设备超期服役引起	1. 对员工开展业务技能达标考核、培训； 2. 寒冬、炎热天气及时根据外部环境变化调整设备状态； 3. 对设备及时开展下道轮修检查等

续上表

设备名称	故障部件	故障类型	故障原因	预防和维护措施
ZD6系列电动转辙机	自动开闭器、断路器、表示变压器、继电器、整流盒等，参考“ZDJ9系列电动转辙机”同类设备内容			
	维护不当导致的卡缺口、转换不到位问题	1. 移位接触器、减速器长期磨损，性能下降； 2. 挤切销断裂，启动片、速动片磨损； 3. 遮断器、摩擦带专用固定螺栓、摩擦联结器性能下降； 4. 道岔整流盒故障	人员业务技能不达标、外部气温变化、设备超期服役引起	对员工开展业务技能达标考核、培训
信号机	断路器、继电器、点灯变压器，参考“ZDJ9系列电动转辙机”同类设备内容			
	发光盘	发光盘局部损坏	电源不稳定、器件老化	1. 设备维护时注意检查发光盘是否存在坏点，发现问题应及时查明原因，并处理；若发现经常性损坏，需考虑电源问题，认真查明原因； 2. 设备维护应以点带面，发现设备故障苗头，应及时评估，及时对到期、器件老化设备进行更换
50 Hz相敏轨道电路	断路器、继电器、BG_5/BZ_4变压器，参考“ZDJ9系列电动转辙机”同类设备内容			
	调相防雷器	相位角不达标	内部元器件损坏、性能下降	1. 日常巡视工作应加强调相防雷器、微电子相敏接收器的检查巡视工作，发现问题及时分析、处理； 2. 设备维护时，加强钢轨绝缘的检查、测试工作，发现问题及时处理； 3. 轨道电路设备维护，应做好季节性重点工作排查工作，加强季节性设备管理工作，在制定设备维护标准与周期时，应统筹考虑季节性气候对设备的影响，开展针对性维护
	微电子相敏接收器	无电压输出	内部元器件损坏、性能下降	
	钢轨绝缘	钢轨绝缘失效	钢轨飞边、季节影响	
计轴	断路器、继电器，参考“ZDJ9系列电动转辙机”同类设备内容			
	计轴输出板故障	内部继电器故障	内部小型继电器性能不良、内部电子元器件故障	1. 日常巡视工作应加强板卡巡视工作，发现问题及时处理； 2. 设备维护时做好板卡功能测试，发现问题应及时查明原因，并处理； 3. 对于同一设备频繁发生故障的，应协同厂家共同开展设备故障深入分析，从设备维护、应急处置等方面制定设备保障措施
	计轴磁头	计轴受扰	外界环境因素造成	1. 明确计轴磁头感应原理，告知相关作业单位，避免施工期间人为造成的计轴设备干扰问题； 2. 加强标准化作业流程的管理与执行，认真做好设备周围环境的检修维护工作

续上表

设备名称	故障部件	故障类型	故障原因	预防和维护措施
紧急停车设备	断路器、继电器，参考“ZDJ9 系列电动转辙机”同类设备内容			
	电源问题	1. 长距离传输线缆压降； 2. 电缆破损、电缆接头处短路		1. 线路开通前做好相关测试实验，确保同一电路中相关设备同时激活后（如上下行紧停及紧停报警切除同时激活），电源到紧急停车继电器两端的电压高于继电器所需的励磁电压，避免电压过低继电器无法吸起； 2. 新线建设阶段避免电缆损伤，有漏流报警时务必查找出根本原因
自动折返设备	断路器、继电器，参考“ZDJ9 系列电动转辙机”同类设备内容			
	按钮	按钮不能正常动作	按钮机械故障	1. 新线施工介入和验收阶段，对设备使用按钮进行鉴定，确保使用认证产品； 2. 设备维护时，认真做好设备功能测试，发现异常及时分析处理； 3. 制定按钮使用规则，避免人为的操作不规范引起设备功能执行不到位； 4. 根据使用频次和年限进行定期评估与更换
		按钮功能失效	按钮内部触点性能不良、设备老化	
发车指示器设备	DTI 转换器	死机	设备长期运行、性能下降	设备维护时，加强对 DTI 转换器的巡视工作，并定期进行设备重启、测试工作
	LED 显示屏	LED 显示屏局部损坏	发光管性能不良、设备老化、环境问题	设备维护时，通过测试加强 LED 显示屏的检查工作，发现局部损坏的及时进行更换
IBP 接口电路	物理电路	开路	线缆断路	1. 新线设备验收时，加强线缆接线质量的检查，确保线缆接线工艺符合要求； 2. 日常设备维护时，要加强线缆接线质量的检查，尤其是在设备更换后，要认真检查线缆接触良好； 3. 日常设备维护时，要注意检查接线端子质量，设备发生故障时，应首先排除接线端子问题；若接线端子发生质量问题，应通过专项排查整治、设备评估更换等方法进行问题处理、整改
			线缆开剥工艺不达标	
			接线端子性能不良	
		短路	线缆短路	
			接线端子性能不良	
站台门接口设备	断路器、继电器，参考“ZDJ9 系列电动转辙机”同类设备内容			

第三节　继电电路设备故障分析与处理

一、信 号 机

(一)故障概括

1. 室内故障

室内故障主要有电源故障、继电器故障、采集板故障、驱动板故障、空开故障以及线缆故障等,影响信号机正常开放。

2. 室外故障

室外故障主要有室外电缆故障、箱盒配线故障、变压器故障、发光盘故障等。

3. 信号机故障分类

(1)影响行车,且无法排列变更进路的故障。

(2)影响行车,但可以排列变更进路的故障。

(二)故障处理原则

(1)无法排列变更进路的信号机故障按照故障处理流程开展应急抢修。根据故障处理流程定位到具体故障设备,建立故障处理方法,快速完成故障处理,恢复正常运营。

(2)可以排列变更进路的信号机故障优先使用变更进路接发列车。根据故障处理流程定位到具体故障设备,建立故障处理方法,快速完成故障处理,恢复正常运营。

(三)故障处理思路

1."看"

(1)利用监测系统和联锁系统,梳理设备故障的顺序,基本确定故障的支路。如正线有岔区段常用的"红、绿、黄"三显示信号机,联锁系统驱动的继电器一般为 DDJ(点灯继电器)、LXJ(列车信号继电器)、ZXJ(正线继电器)和 YXJ(引导信号继电器)。联锁系统采集的继电器一般为 DJ(一灯丝继电器)和 2DJ(二灯丝继电器)。纯联锁模式下,DDJ 常态为落下,ZXJ 联锁驱动常态为吸起,信号机开放绿灯信号时,联锁系统驱动 LXJ、ZXJ 吸起,沟通了绿灯信号机点灯电流,采集的为 DJ,若排列进路后,室外信号机未点亮,应先确认 LXJ、ZXJ 状态,排除联锁驱动问题,后结合电流曲线再排查点灯电路问题。

(2)组合柜继电器:对应的灯丝继电器是否落下;一个灯位点亮对应的是 DJ,开放引导信号对应的是 DJ 和 2DJ;查看 LXJ、ZXJ、YXJ 是否动作正常。

(3)电源设备:信号机相关电源设备是否存在跳闸、输出中断等故障。包含电源屏、组合架零层、组合侧面电源端子或空开。

(4)查看是否存在信号机非正常加封加锁情况。

(5)通过微机监测设备查看信号机灯丝电流值、信号机电源电压等。

2."判"

(1)信号机处于加封加锁状态,使用解封解锁功能处理。

(2)多个信号机故障,检查公共部分,如电源屏输出电源、组合架零层空开等。

(3)灯丝继电器未落下,检查灯丝继电器采集电路。

(4)开放相关进路,对应的 LXJ、ZXJ、YXJ 是否正常励磁吸起。

(5)分线盘测试电压:

①分线盘测试无电压,判断为室内部分开路故障,检查室内电路;

②分线盘测试有 110 V 电压,判断为室外故障,检查室外电路;

③分线盘测试电压为 0 V,甩开室外电缆测试电压为 110 V,判断为室外电路故障,检查室外电路,一般为室外短路故障。

(6)室外信号机检查:

①室外信号机构变压器Ⅰ次侧电压为 110 V,Ⅱ次侧电压为 0 V,判断为室外变压器故障或线缆故障。

②室外信号机构变压器Ⅱ次侧电压为 50 V,信号机不能点亮,判断为发光盘故障。

③室外信号机构变压器Ⅰ次侧电压为 0 V,判断为分线盘至电缆盒或电缆盒至信号机电缆通道故障。

3.“定”

根据判断情况确定故障原因为变压器故障、电源故障、继电器故障、外界影响、人为操作等。

4.“处”

(1)如果电源设备故障,更换电源模块。

(2)如果电源设备配线故障,更换备用电源线缆,后续更换整组电源线。

(3)如果室外变压器、发光盘或其他硬件故障,更换零部件。

(4)室内继电器故障,更换室内相关部件。

(5)线缆故障,更换备用线缆,并视情况更换电缆芯线。

5.“验”

根据“功能验证流程”进行设备恢复验证,确认设备功能恢复正常,交付使用。

(四)故障处理流程

LED 信号机故障处理流程如图 3-11 所示。

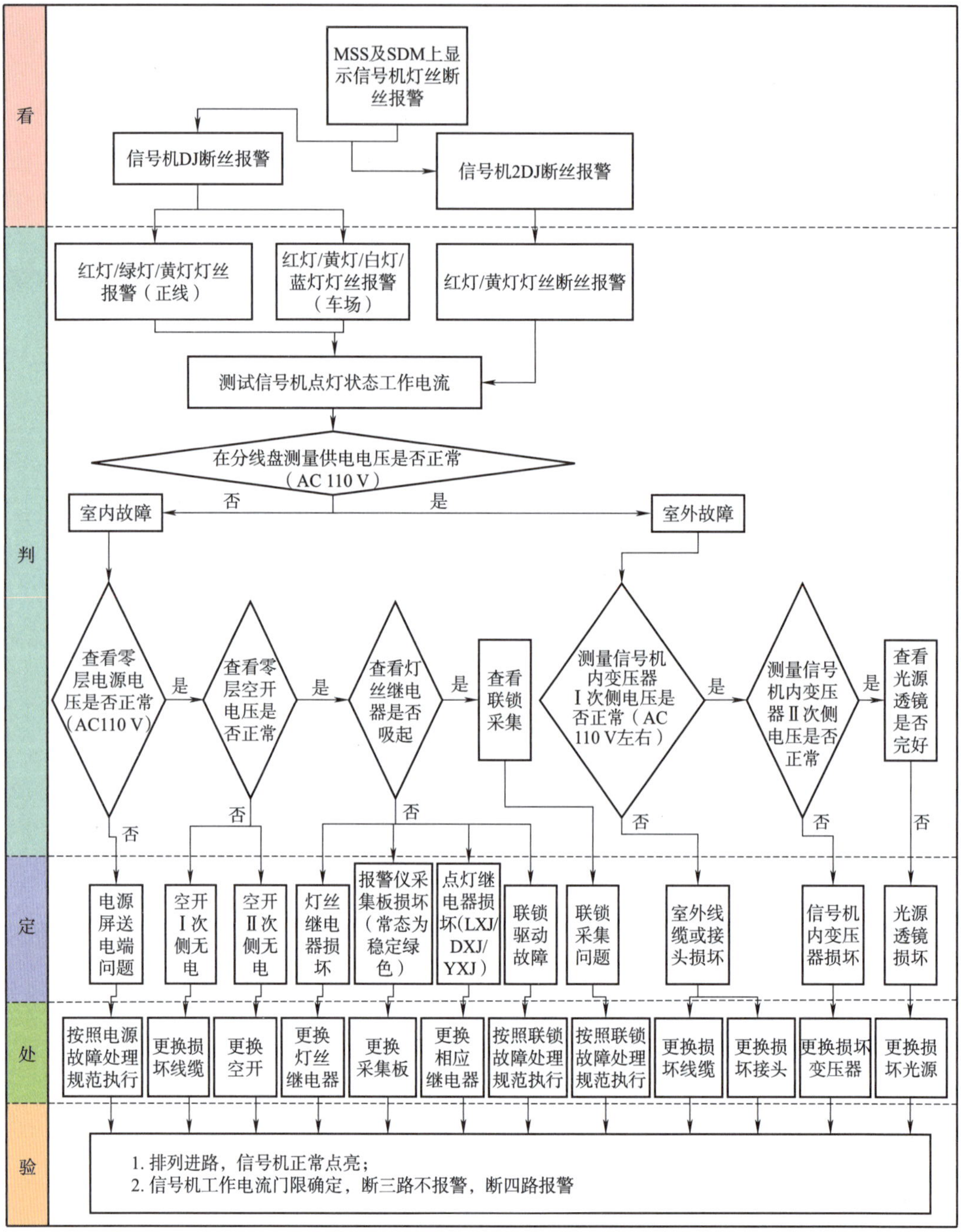

图 3-11　LED信号机故障处理流程

(五)功能验证

故障处理完成后，按表 3-11 对设备进行功能验证。

表 3-11 信号机功能验证表

<table>
<tr><td colspan="4">站名：</td><td colspan="4">检查人：</td><td colspan="3">确认人：</td><td colspan="3">检查日期：</td></tr>
<tr><td>检验项目</td><td rowspan="2">灯位</td><td rowspan="2">变压器Ⅰ次侧电压（AC 85～110 V）</td><td rowspan="2">变压器Ⅰ次侧电流（mA）</td><td rowspan="2">点灯端电压（V）</td><td rowspan="2">Ⅱ次侧电流（mA）</td><td colspan="3">一致性测试</td><td rowspan="2">报警门限值（mA）</td><td rowspan="2">断丝报警测试</td><td rowspan="2">报警复位按钮测试</td><td rowspan="2">接地测试（不大于10 Ω）</td><td rowspan="2">备注</td></tr>
<tr><td>设备编号</td><td>室外-ATS</td><td>室外-报警仪</td><td>室外-DJ</td></tr>
<tr><td rowspan="3">1</td><td>U</td><td></td><td></td><td></td><td></td><td>是□
否□</td><td>是□
否□</td><td>是□
否□</td><td></td><td>是□
否□</td><td>是□
否□</td><td rowspan="3"></td><td rowspan="3"></td></tr>
<tr><td>L</td><td></td><td></td><td></td><td></td><td>是□
否□</td><td>是□
否□</td><td>是□
否□</td><td></td><td>是□
否□</td><td>是□
否□</td></tr>
<tr><td>H</td><td></td><td></td><td></td><td></td><td>是□
否□</td><td>是□
否□</td><td>是□
否□</td><td></td><td>是□
否□</td><td>是□
否□</td></tr>
</table>

填表说明：设备名称及位置按实际填写，测试数据按实际填写，且在备注内注明原因，无此项目划斜杠“/”。

(六)案例分析及处理

案例 1：某车辆段联锁界面显示 SⅡ 出站信号机红闪故障

<u>故障现象：</u>某车辆段联锁界面显示 SⅡ 出站信号机红闪，值班人员通过联锁(ATS)界面和微机监测查看，发现 SⅡ 信号机红闪，DJ 断丝报警。

<u>故障分析：</u>

(1)值班人员查看继电器状态，发现 DJ 落下，故障原因锁定为 DJ 励磁电路，目前为红灯点亮模式，即红灯点灯电路；值班人员用万用表交流挡在分线盘 F101-3、F101-4 处对 SⅡ 信号机的 H、HH 线缆进行测量，无 AC 110 V 电压，初步判断红灯点灯电路室内故障。

(2)值班人员用万用表交流挡在侧面端子 05-3、05-4 进行测量，无 AC 110 V 电压，初步判断为室内故障；值班人员对侧面端子该信号机正、负电进行测量，有 AC 110 V 电压，可以判断侧面电源正常；值班人员借正电对侧面端子 05-4 进行测量，有 AC 110 V 电压，可以判断 XJF 已经送到侧面端子 05-4；值班人员借负电对侧面端子 05-3 进行测量，无 AC 110 V 电压，可以判断 XJZ 电没有送到侧面端子 05-3；值班人员借负电对 RD1 断路器的输入端进行测量，有 AC 110 V 电压，进一步对断路器的输出端进行测量，无 AC 110 V 电压，可以判断为 RD1 断路器故障，如图 3-12 红线所示。

<u>故障处理：</u>

(1)值班人员对 SⅡ 信号机 RD1 空开更换后红灯正常点亮，设备恢复正常。

(2)值班人员联系信号楼值班人员对 SⅡ 信号机各个灯位进行开放验证，ATS 界面和信号机显示正常，可以交付使用。

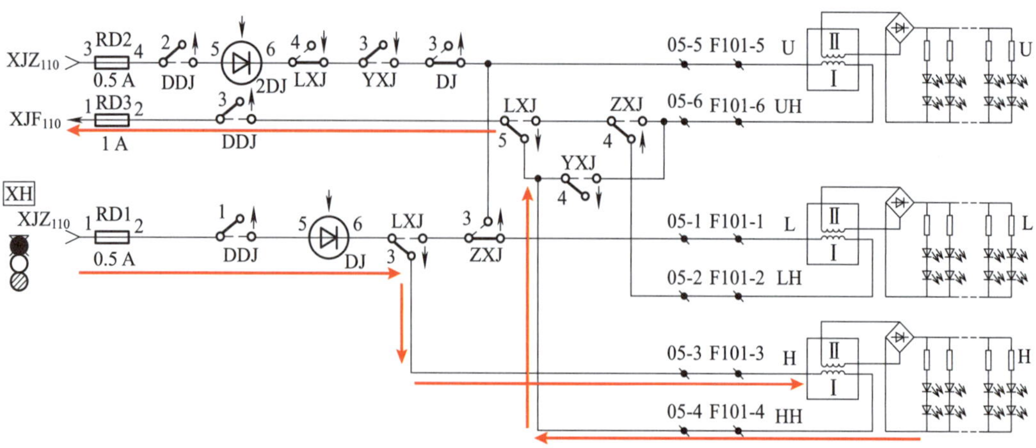

图 3-12 红灯点灯电路

案例 2:某车辆段某信号机引导信号办理后无法开放引导信号

故障现象:值班人员看到报警信息后查看微机监测并且去车控室查看 HMI 显示,发现微机监测显示引导信号故障告警,联锁(ATS)界面无法办理引导信号,HMI 上开放引导后仍然显示红灯。后续查看继电器状态发现引导信号开放后 2DJ 不吸起。

故障分析:

(1)值班人员通过开放引导信号测量分线柜电压,经过测量发现 F101-5 和 F101-6 交流电为 0 V,随后再次开放引导信号,测量侧面端子 05-5 和 05-6 发现交流电依旧为 0 V,由此推断故障点位于室内部分,应为继电器自身问题或者组合内部线路开路导致。故障点缩小至图 3-13 所示位置。

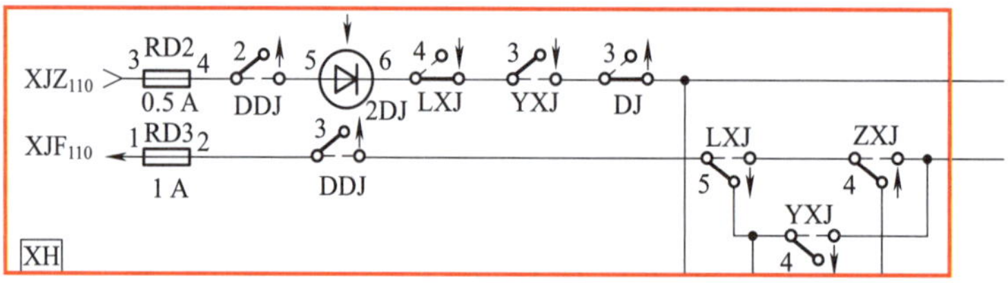

图 3-13 无法开放引导信号故障范围 1

(2)继续开放引导信号,值班人员尝试开放黄灯信号发现可以正常办理,因此故障点可缩小至引导信号的黄灯电路,值班人员利用"借正查负"和"借负查正"法,黑表笔接 05-6、红表笔接 DDJ 的 21(DDJ 的 21 为常供正电)并开放引导信号,发现存在 110 V 电,可知引导信号黄灯负电部分正常,故障点缩小至引导信号正电部分。随后值班人员红表笔接 05-5,黑表笔接 DDJ 的 31(DDJ 的 31 为常供负电)发现交流电为 0 V,可再次证明故障点位于图 3-14 所示框中。

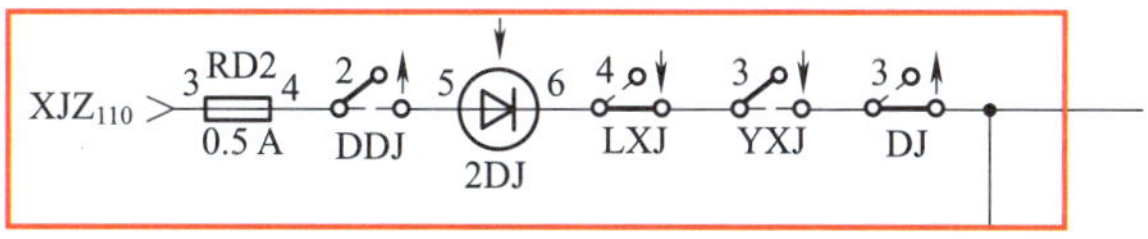

图 3-14　无法开放引导信号故障范围 2

(3)随后值班人员继续将黑表笔接 05-6,红表笔依次接通 2DJ 的 53(又称为 2DJ 的 5)、LXJ 的 41、LXJ 的 43 时都存在 110 V 交流电。但是当表笔接通 YXJ 的 31 测量时交流电为 0 V,由此推断 LXJ 的 43 到 YXJ 的 31 线路开路。开路点位置如图 3-15 红圈所示。

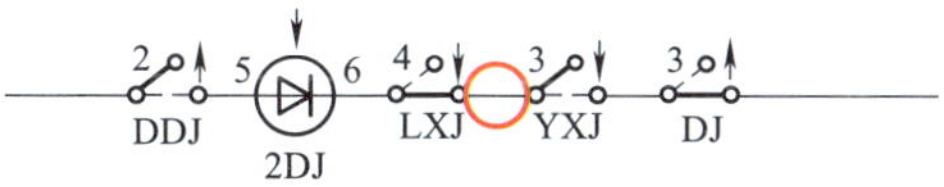

图 3-15　无法开放引导信号故障点

故障处理:

(1)值班人员重新制作新线,将 LXJ 的 43 至 YXJ 的 31 沟通,并且将套管套至新线上,重新进行导通测试,发现新线电阻为 0 Ω,新线正常。

(2)在故障处理完成后,对信号机进行重新点灯实验,引导信号正常开启,同时开放绿灯、黄灯、红灯信号发现信号均正常开放,设备恢复正常,功能验证良好。

二、轨道电路

(一)故障概括

50 Hz 相敏轨道电路故障时微机监测、控制台、ATS 上会出现轨道区段红光带,将导致经过该故障区段进路无法排列,影响正常接发列车等。

(二)故障处理原则

50 Hz 相敏轨道电路故障时应优先建议信号楼使用变更进路接发列车,然后再处理相应区段红光带故障。

(三)故障处理思路

值班人员接到故障后,先询问厂调红光带区段附近有无其他专业作业,段厂常见红光带为工建专业施工造成异物搭在轨道区段造成红光带或者绝缘接头有异物,或者接触网挂地线挂错,地线本应挂在回流线一侧钢轨上而错挂在信号轨上(接触网回流线比信号的钢轨接续线或跳线粗)。

根据故障现象分以下情况:

1. 单个区段红光带

查看监测该区段实时值:

(1)如果交流电压在正常范围内,判断多为室内故障。排查对应组合的空开、接收器、轨道继电器等。

(2)如实时值交流电压小于 10 V,再测量分线盘对应区段,测得有交流 220 V 电压为室外故障，否则为室内故障（排查电源屏和电源线）。在实际工作中，交流电压小于 10 V 的多为室外故障。

室外故障时，到室外对应区段先测轨面电压：

①轨面电压 2 V 左右时不用打开送端轨道箱，从送电端往受电端依次测试经过轨缝、跳线、接续线前后的电压，找到压降较大的位置就是故障点。如果绝缘节处有异物、铁屑或者工务扣件和绝缘夹板螺栓接触会出现轨面降压不明显，回楼电压小于 10 V 左右，此类现象故障点多为绝缘处。

②如果轨面电压为零，打开送电端查看空开是否落下，测试变压器、变阻器是否故障（如故障更换对应元器件），如果正常用轨道测试仪从送电端往受电端排查遇到有报警或者电流突然变大的地方就是故障点。

（3）有些室内故障在设备房一般通过灯位能直接看到，如微电子相敏接收器红灯不亮，一般是熔丝断，拔下来重新更换同型号熔丝，或者微电子相敏接收器红绿灯交替闪烁为局部电源断。

2. 多区段轨道电路红光带

查看电缆径路图和电缆配线图，故障区段是否在同一个方向盒或者故障区段是否为同一电源供电。因一般段厂轨道电源往室外送电为多区段共用一根电缆送到最近方向盒后，从方向盒再依次往后续方向盒送电，所以会造成成片红光带，而回室内的电都是一个个区段回的。故多区段轨道电路红光带，原因多为轨道电源空开断或电缆断。

（1）如果故障区段为同一个方向盒且检测回楼电压小于 10 V，考虑可能电缆故障，询问厂调是否有其他专业在电缆径路附近施工，沿着电缆径路排查有没有电缆挖断的情况，然后查看方向盒电压是否为 AC 220 V 左右。如果电缆断则需要告知厂调合理调整非故障区段行车，准备电缆接续。注意接续前先测线间绝缘和对地绝缘。

（2）故障区段如果为同一电源供电可室内排查电源屏、电源线和分线盘电压是否正常。

（3）调相防雷器故障影响两条对应两个相邻区段红光带。

（四）故障处理流程

通过现场人员不断的实践与总结，轨道电路故障判断及处理流程也可以参考“看”“判”“定”“处”“验”五个步骤进行，找到适合的更快处理故障的方法。轨道电路故障处理流程如图 3-16 所示。

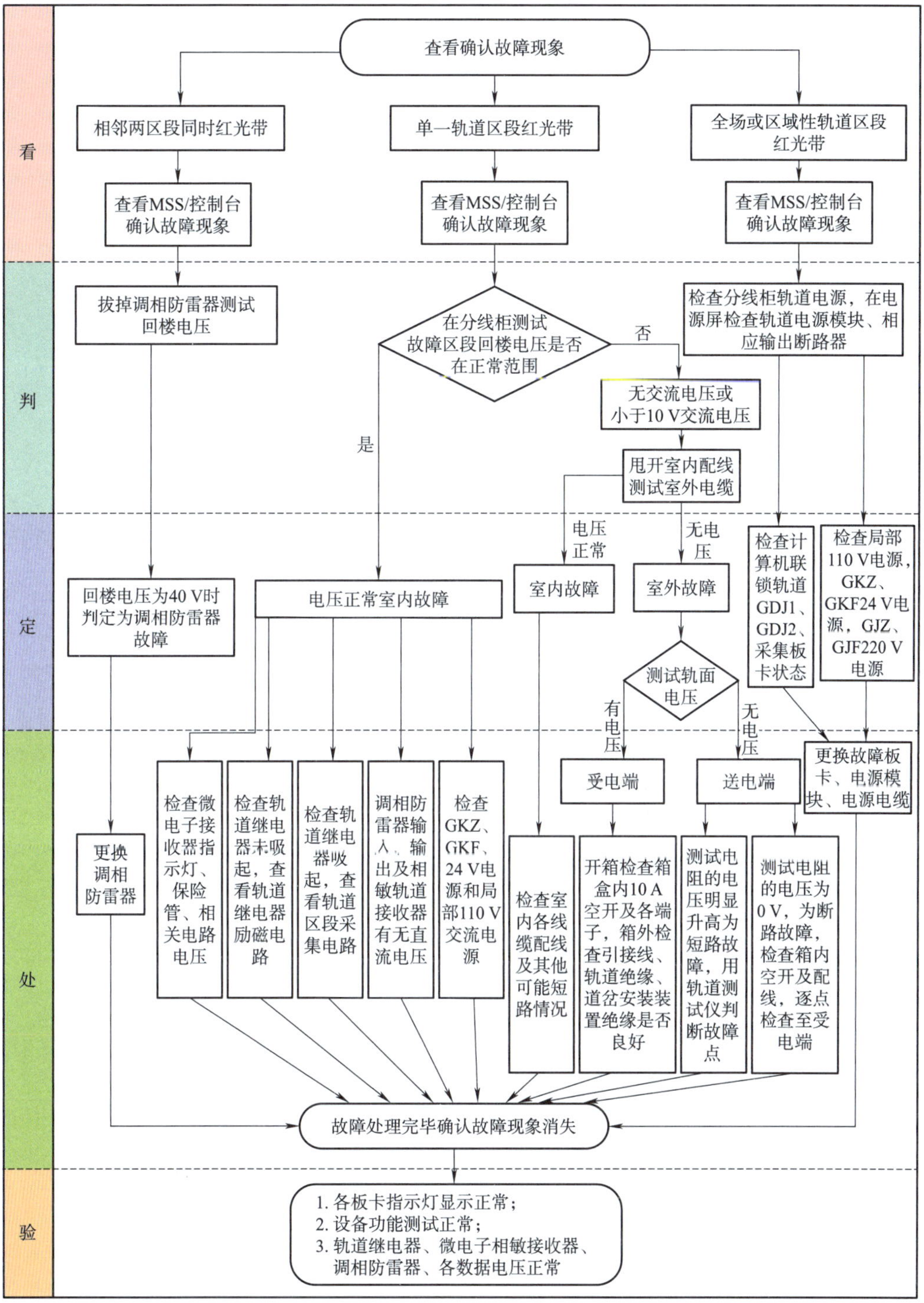

图 3-16　轨道电路故障处理流程

（五）功能验证

故障处理完成后，按表 3-12 对设备进行功能验证。

表 3-12　50 Hz 相敏轨道电路功能验证表

站名：	检查人：				确认人：				检查日期：	
序号	区段名称	HMI 表示			轨道继电器状态				相位角	分路残压
		空闲	分路占用	开路占用	组合位置	空闲	分路占用	开路占用		

(六)案例分析及处理

案例 1：某段场 2020 年 11 月出现 3DG 红光带

故障现象：MSS 终端回楼电压实时值为 6.67 V 左右，现场查看送电端箱盒内变压器Ⅰ次侧电压为 221 V，Ⅱ次侧电压为 3.1 V，限流电阻电压为 2.5 V，轨面电压为 0.6 V。

故障分析：Ⅰ次侧、Ⅱ次侧均有电压，可判断送电端设备正常，Ⅱ次侧电压在无车占用情况下明显低于正常值，可判断为室外故障短路。

故障处理：值班人员迅速赶往 1DG 处，查看 W3 道岔和 W1 道岔中间区域，发现挂了接触网地线，后和接触网专业联系撤掉地线后红光带消失，电压恢复正常。原因为挂地线人员没仔细到轨道电路绝缘节处确认哪根钢轨为回流轨，只是按常识认为钢轨上有粗线的一根为回流轨，刚好施工单位人员把信号跳线和接触网回流线装反所致。

案例 2：某段场 2021 年 10 月出现 16AG 红光带

故障现象：MSS 终端回楼电压实时值为 10 V 左右。

故障分析：现场查看送电端箱盒内变压器Ⅰ次侧、Ⅱ次侧，限流电阻电压、轨面电压和平时相差不大，受电端轨面电压为 1.8 V 左右，初步排除送电端故障。

故障处理：在受电端钢轨绝缘处看到工务扣件螺栓和绝缘夹板螺栓挨着导致短接，值班人员松开后电压回升到 13 V，然后让工务人员松开夹板，用铁锤敲击清理里面的铁锈后，电压恢复到 17.5 V。

案例 3：某段场 2020 年 11 月出现运用库和检修库门口 13/20WG、20-21DG、22-23DG、24DG、25DG、26DG 多处红光带

故障现象：值班人员查看电缆径路图和电缆配线图，故障区段为同一电源供电且在同一个方向盒内。

故障分析：从监测看，室内电已经送出，初步怀疑所使用的电缆有问题。在去室外方向盒逐一排查中发现外单位施工人员野蛮施工导致运用库附属用房一楼电缆引入间房间后面一根至 G4 方向盒的 19 芯信号电缆被挖断。

故障处理：信号人员联系施工单位对电缆接续，并对线间和对地绝缘测试合格后交付使用。

三、计轴设备

(一)故障概括

1. 设备类型

计轴设备由于厂家不同，其型号各有不同，但是对于电路原理部分存在共有特性。本部分以科安达计轴系统为例进行故障处理思路的分析，并分别用故障案例对泰雷兹与科安达计轴故障进行分析处理。

2. 故障划分

计轴故障分为板卡类故障与电路类故障。板卡类故障可通过观察板卡指示灯状态来

区分故障现象，从而更换相应板卡进行故障修复。电路类故障则可以通过测量相关位置的电压、电流、电阻与正常数据进行对照，从而精准定位故障点并完成恢复工作。

（二）故障处理原则

计轴设备故障可划分为四大块：板卡供电故障、计轴系统故障、轨道区段故障以及复位电路故障。

在发生计轴故障时优先观察监测系统相关告警，明确相应的故障类型，并且在处理过程中处理的优先等级为：供电故障、计轴系统故障、轨道区段故障、复位电路故障。

供电作为计轴设备的电源起着类似“心脏”的作用，一旦故障，则整个计轴系统陷入瘫痪，其各部供电负责的整层板卡将全部失电。

计轴系统作为整个计轴设备的“神经中枢”，通过室外磁头与室内放大板的响应动作，将计入/计出轴数反映至计轴板，再通过输出板将占用/空闲状态反馈至轨道区段。一旦故障，轨道区段将反映为占用状态，GJ 落下。因此计轴系统故障和轨道区段故障同时发生时应当优先处理计轴系统故障。

轨道区段作为“面部表情”，直接反映列车占用或者区段空闲状态，当区段空闲但是 GJ 落下时优先考虑轨道区段电路故障。

复位电路作为“后备功能”，负责对轨道区段进行复零操作，其作用与复零板类似，当复零板故障或者需要在 IBP 进行复零操作时启用，该电路独立故障不影响整个计轴系统的正常工作。

（三）故障处理思路

通过现场人员不断的实践与总结，计轴系统故障处理思路按照以下“看”“判”“定”“处”“验”五个步骤进行。

1.“看”

值班人员接到故障后，应立即响应并视情况赶赴故障现场查看故障现象。查看维护监测终端，查看报警信息与现场设备状态。

2.“判”

值班人员应根据现场故障现象，第一时间判断出初步故障原因，并评估对运营的影响，及时与调度进行沟通。

3.“定”

工班值班人员将故障原因上报，同时根据“先通后复”原则，确定故障处理方法。对计轴设备通过观察及测量手段进行排查，根据灯位状态显示和测量到的具体数据，将故障点缩小至具体设备，如板卡无供电，或区段磁头受扰，或板卡自身故障等。

4.“处”

根据“故障处理流程”，快速定位故障原因，迅速完成故障处理。处理结束后确认计轴状态有效。

5.“验”

根据“功能验证流程”进行设备恢复验证，确认设备功能恢复正常，销点、交付使用。

（四）故障处理流程

故障处理流程依照故障处理思路进行划分，通过“故障处理原则”对不同的故障提供不同的处理思路及处理方法，按照“看”“判”“定”“处”“验”五个步骤，为不同的故障提供不同的指导。计轴设备故障处理流程如图 3-17 所示。

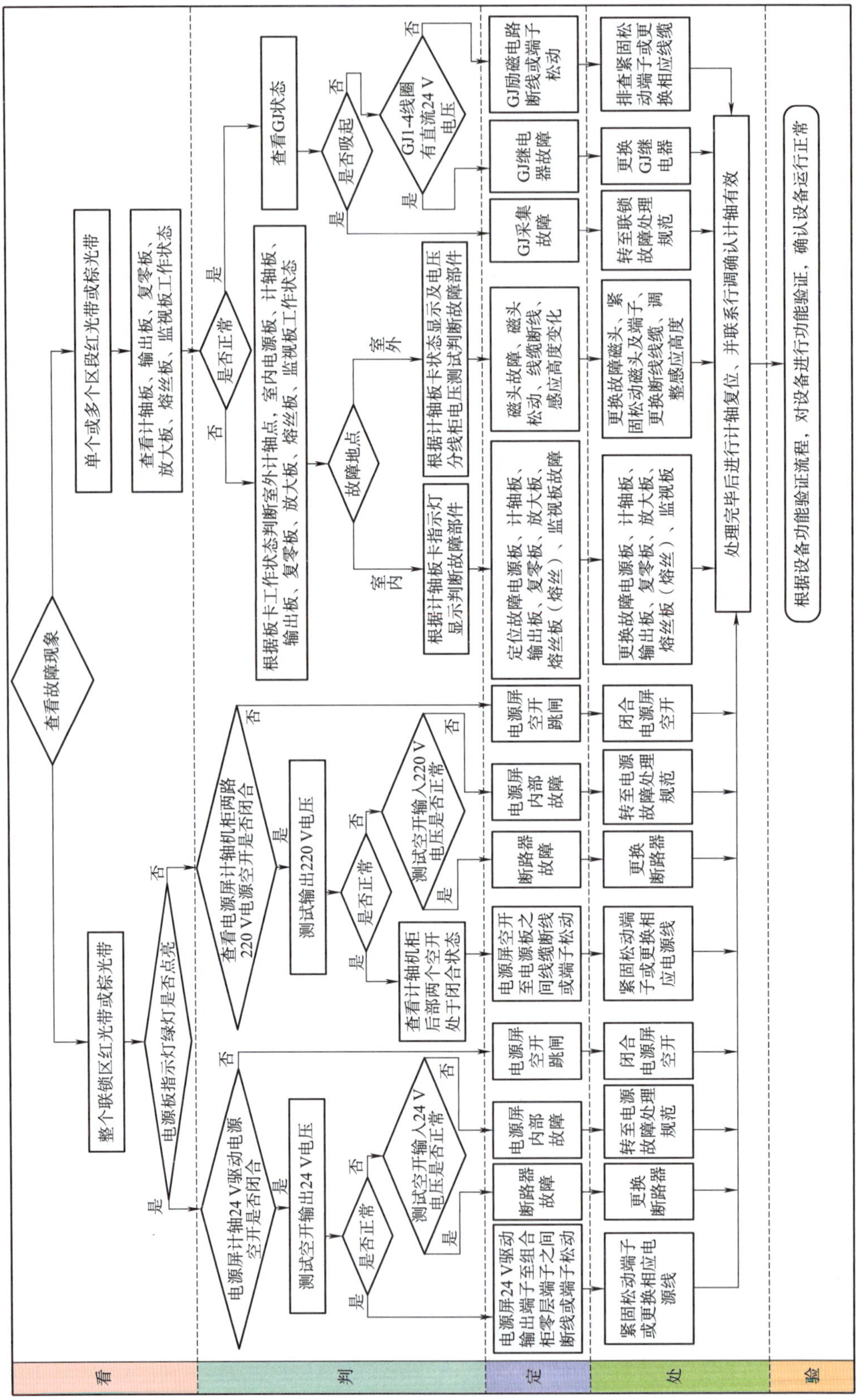

图 3-17　计轴设备故障处理流程

(五)功能验证

故障处理完成后,按表 3-13 对设备进行功能验证。

表 3-13 计轴设备功能验证表

站名:		检查人:	确认人:	检查日期:
序号	验证项目	验证方法及内容	步骤确认	备注
1	通用	检查计轴板显示单元和评估板各指示灯显示正常,排查所动部位线缆插接良好不松动,相应区段 GJ 继电器吸起,相关报警恢复	是□ 否□	
2	电源冗余模块故障	1. 指示灯绿灯点亮	是□ 否□	
3		2. DC 24 V 电压正常(24 V±0.5 V)	是□ 否□	
4	计轴各类故障	计轴各类板卡工作正常	是□ 否□	
5	计轴测试	1. 从左至右模拟行车(SIMⅠ→SIMⅡ);从右至左模拟行车(SIMⅡ→SIMⅠ),相关板卡正常计数	是□ 否□	
6		2. 室外模拟计轴,相关板卡正常计数	是□ 否□	
7	设备确认与恢复	1. 测试完后必须对计轴系统进行复位,确保所有区段处于空闲状态	是□ 否□	
		2. 检查计轴板显示单元和各板卡指示灯工作正常	是□ 否□	
		3. 观察各 GJ 继电器均为励磁状态	是□ 否□	
		4. 观察 ATS 区段光带显示情况,与行调联系确认计轴有效	是□ 否□	
		5. 查看 MSS 系统尤尚未恢复的相关报警信息	是□ 否□	

填写说明:若验证正常在“步骤确认”栏“是”后边打“√”,若验证异常在“步骤确认”栏“否”后边打“×”,并在“备注”栏写明原因。

(六)案例分析及处理

案例 1:2016 年 1 月 14 日 5 时 05 分,ATS 界面显示某站 T001、T003 区段出现红光带故障

故障现象:下载计轴日志分析,故障时预处理通道 1 出现“UART 故障”报警,如图 3-18 所示。

2016-1-14 下午 05:05:42: 预处理器通道1 插槽 0x02; 检测点-传输: UART 故障, 数量: 1
2016-1-14 下午 05:05:45: 预处理器通道1 插槽 0x02; 检测点-传输: UART 故障, 数量: 1

图 3-18 计轴日志

故障分析:

(1)预处理通道 1 代表的是检测点 A001,因此需对检测点 A001 进行故障排查。检测点出现“UART 故障”报警的原因有:①线缆故障,如串口板至 PDCU 线缆、PDCU 到

分线柜线缆、分线柜至室外 EAK 电子盒电缆；②硬件损坏，如串口板、评估板、PDCU 故障。

(2)对室内串口板进行检查，发现串口板指示灯亮绿灯，查看 GDI 软件，串口板工作正常，可以排除串口板故障。

(3)对 PDCU 进行检查，PDCU 的红色 LED 熔断指示灯未点亮，熔丝未熔断，PDCU 工作正常。

(4)值班人员用万用表对分线盘处进行测量，显示直流 110 V 电压，判断室内线缆正常，且电源正常。

(5)抢修人员赶往室外 A001 计轴点处，用万用表在 EAK 电子盒 3、13 端子上能测量到直流 110 V 电压，说明室内电源已经送到 EAK 电子盒上，排除电缆故障。

计轴设备供电链路如图 3-19 所示。

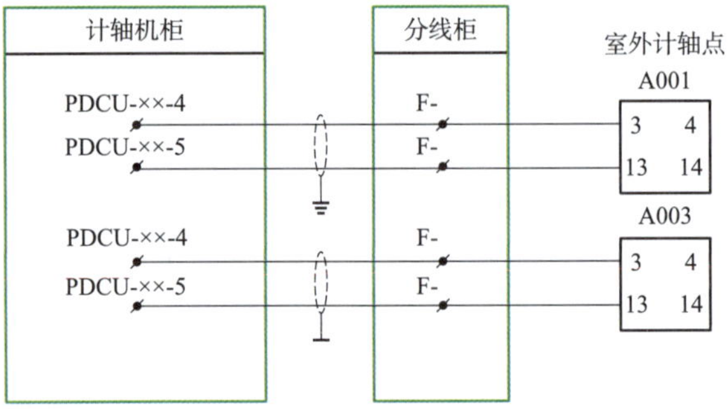

图 3-19 计轴设备供电链路

(6)对评估板进行检查，发现评估板灯位显示异常。

故障处理：立刻对评估板进行更换，更换完成后，室内人员对 T001、T003 并口板进行直接复位，红光带消失，下载计轴日志进行分析，传输异常报警消失，故障恢复正常。

预防措施：

(1)每天运营结束后和运营前检查，下载分析当天的计轴日志，发现异常问题及时处理。

(2)结合设备巡视，加强对室内计轴板卡灯位检查，发现设备有异常及时上报处理。

(3)计轴设备检修严格按照标准化作业执行，加强计轴点参数测量，确保各项参数在标准范围内。

(4)对计轴进行智能监测技术改造，能够通过智能运维平台直接定位至故障板卡，缩短故障处理时间。

案例 2：某站维护监测系统报某轨道区段故障

故障现象：值班人员立即赶赴现场并查看设备状态。发现某轨道区段 GJ 落下，计轴板出现负轴，输出板为故障输出，放大板 SIM Ⅰ 的 out 灯持续点亮。对应计轴板出现负轴，输出板 CLH 灯点亮，查看该轨道区段 GJ 失磁落下。

故障原因：

(1)根据故障现象初步判断，故障为放大板至室外磁头电路开路，或者室外有金属物品等占用单端磁头导致。

(2)值班人员根据计轴区段电路(图 3-20),立即对相关计轴区段的分线柜相应端子电压进行测量,测量点参照计轴主机输入/输出端子表画框位置(图 3-21)。计轴点输出为经过放大板的 10 V 恒流源,经由室外磁头负载降低为正常数值。值班人员使用万用表直流电压挡,将红表笔接通 1F709-1、黑表笔接通 1F709-2,测得数据为直流 10.02 V,对比电压范围数值可知,电压范围属于开路电压(图 3-22),因此判断故障原因为室外磁头开路。

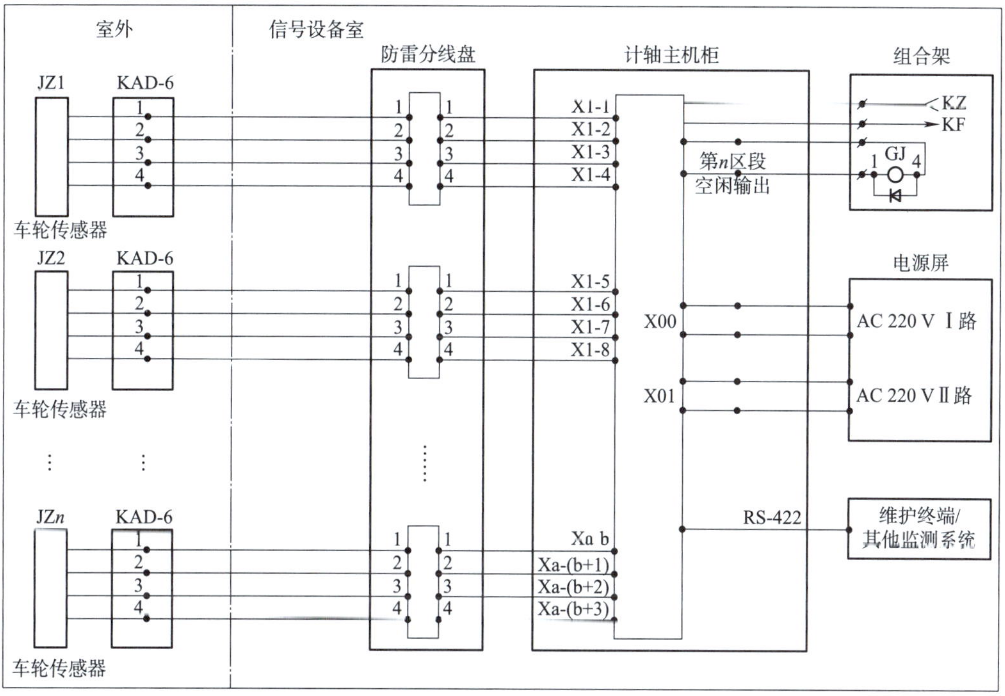

图 3-20　计轴区段电路

计轴主机输入、输出端子表2									
计轴点	芯线名称	防雷分线柜	计轴主机柜端子				轨道继电器		
			位置	放大机箱输入端子	位置	JX1-KZ / JX1-KF / 计轴机箱输出端子 / JX1	区段名称	组合位置	KZ / KF / GJ-1 / GJ-4
JZ××××	1	1F709-1		1X3-1			DG××××	Z6-3(3)	
	2	1F709-2		1X3-2					
	3	1F709-3		1X3-3		1X8-10			03-1
	4	1F709-4		1X3-4		JX1-15			03-2

图 3-21　计轴主机输入、输出端子表测量位置

SⅠ(SⅡ)状态电压指标:
空闲:4.79 V≤U≤8.31 V
占用:8.39 V≤U≤9.96 V
开路:9.75 V≤U≤10.25 V
离轨:0 V≤U≤5.29 V
短路:0 V
测量线间电压,根据以上指标判断故障类型;
检查配线情况;
放大板是否异常;
传感器自身故障。

图 3-22　计轴电压指标

故障处理：

(1)值班人员申请临时检修点，利用行车间隔去轨行区进行排查，经排查发现计轴HZ24电缆盒内部S1棕色线松动，将其重新插入后再次测量电压，空闲电压为直流5.02 V，随后出清现场并进行复位操作。

(2)在处理完成后，下一趟列车经过后计轴设备恢复正常计数，后续列车通过均正常计数，板卡显示均正常，设备恢复正常。

四、道岔转辙机

(一)故障概括

转辙机是指用以可靠地转换道岔位置，改变道岔开通方向，锁闭道岔尖轨，反映道岔位置的重要的信号基础设备。转辙机在保证行车安全的前提下完成列车的轨道转换功能。一旦转辙机发生故障将导致列车无法变更进路，甚至影响行车。本部分以正线使用较广的ZDJ9系列三相交流转辙机为例进行故障的分析与处理。

(二)故障处理原则

转辙机故障分为电路故障和机械故障，其中电路故障又分为控制电路故障、启动电路故障和表示电路故障三类。

针对转辙机故障处理，可根据转辙机的动作时间划分故障的大致类型，针对不同的类型进行相应故障点的排查，通过测量电压值进行故障处理。具体处理步骤参考“故障处理流程”。

(三)故障处理思路

通过现场人员不断的实践与总结，道岔转辙机故障判断及处理流程按照“看”“判”“定”“处”“验”五个步骤进行，具体内容与要求如下。

1.“看”

值班人员接到故障后，应首先区分道岔是静态失表或是动态失表，若静态失表，应确认是列车过后失表或未有列车经过失表，是定位失表或反位失表。若列车过后失表，故障点多半在室外，若值班人员充足，应立即安排至少一名员工携带工器具到达端门处待命处理故障；若值班人员较少，不满足室内室外同时判断故障原因，应进一步调阅监测查看表示电压实测值和表示电压日曲线，调阅联锁系统查看相关驱动继电器、采集继电器信息，进一步确认故障点在室内或室外或再开展下一步工作。若动态失表，应立即对道岔进行再次操纵一至两个来回看道岔能否恢复，若值班人员充足，应立即安排至少一名员工携带工器具到达端门处待命处理故障；若值班人员较少，不满足室内室外同时判断故障原因，需尽快查看道岔动作曲线，通过曲线判断道岔故障原因，进一步区分室内或室外故障。

信号设备故障时，若想快速准确锁定故障原因，除观察故障现象外，必须了解设备故障发生前的所有相关的设备变量信息、外部环境变量、操作命令等，进一步锁定故障原因。ZDJ9系列电动转辙机设备故障以1DQJ的吸起切断表示电路，转换到位后以1DQJ的落下沟通道岔的表示电路，故障判断时除结合道岔动作曲线外，仍需结合联锁采集、驱动的继电器码位，集中监测设备采集的电压、电流情况，继电器状态开关量变化等锁定故障原因。以双动道岔反操为例，常见采集信息示例见表 3-14。

表 3-14　道岔采集信息示例

序号	动作过程	状　态	名　称	来　源	时　间
1	定位表示	0 → 1	P2105＃J1-(H)DBJ	MSS 采集	2023-01-31 04:03:17　131′
2		0 → 1	P2107＃J2-(H)DBJ	MSS 采集	2023-01-31 04:03:17　131′
3		0 → 1	P2105＃J2-(H)DBJ	MSS 采集	2023-01-31 04:03:17　131′
4		0 → 1	P2107＃J1-(H)DBJ	MSS 采集	2023-01-31 04:03:17　138′
5		0 → 1	P2105/P2107-(H)ZDBJ	联锁采集	2023-01-31 04:08:17　238′
6	反操道岔	0 → 1	P2105/P2107-(H)SJ	联锁采集	2023-01-31 04:07:53　44′
7		0 → 1	P2105/P2107-(H)FCJ	联锁采集	2023-01-31 04:07:53　144′
8	1DQJ 吸起	0(↓) → 1(↑)	P2105＃J1-(H)1DQJ	MSS 采集	2023-01-31 04:07:53　336′
9		0(↓) → 1(↑)	P2107＃J1-(H)1DQJ	MSS 采集	2023-01-31 04:07:53　436′
10		0(↓) → 1(↑)	P2105＃J2-(H)1DQJ	MSS 采集	2023-01-31 04:07:53　536′
11		0(↓) → 1(↑)	P2107＃J2-(H)1DQJ	MSS 采集	2023-01-31 04:07:53　636′
12	1DQJF 吸起	0 → 1	P2107＃J1-(H)1DQJF	MSS 采集	2023-01-31 04:07:53　536′
13		0 → 1	P2105＃J1-(H)1DQJF	MSS 采集	2023-01-31 04:07:53　636′
14		0 → 1	P2107＃J2-(H)1DQJF	MSS 采集	2023-01-31 04:07:53　636′
15		0 → 1	P2105＃J2-(H)1DQJF	MSS 采集	2023-01-31 04:07:53　736′
16	DBJ 落下	1 → 0	P2107＃J1-(H)DBJ	MSS 采集	2023-01-31 04:07:53　544′
17		1 → 0	P2105/P2107-(H)ZDBJ	联锁采集	2023-01-31 04:07:53　544′
18		1 → 0	P2105＃J1-(H)DBJ	MSS 采集	2023-01-31 04:07:53　636′
19		1 → 0	P2107＃J2-(H)DBJ	MSS 采集	2023-01-31 04:07:53　736′
20		1 → 0	P2105＃J2-(H)DBJ	MSS 采集	2023-01-31 04:07:53　736′
21	2DQJ 转极	1 → 0	P2105＃J1-(H)2DQJ	MSS 采集	2023-01-31 04:07:53　636′
22		1 → 0	P2107＃J2-(H)2DQJ	MSS 采集	2023-01-31 04:07:53　836′
23		1 → 0	P2105＃J2-(H)2DQJ	MSS 采集	2023-01-31 04:07:53　836′
24		1 → 0	P2107＃J1-(H)2DQJ	MSS 采集	2023-01-31 04:07:53　736′
25	BHJ、ZBHJ 吸起	0 → 1	P2107＃J1-(H)BHJ	MSS 采集	2023-01-31 04:07:53　744′
26		0 → 1	P2105＃J1-(H)BHJ	MSS 采集	2023-01-31 04:07:53　936′
27		0 → 1	P2107＃J2-(H)BHJ	MSS 采集	2023-01-31 04:07:54　36′
28		0 → 1	P2105/P2107-(H)2ZBHJ	MSS 采集	2023-01-31 04:07:54　44′
29		0 → 1	P2105＃J2-(H)BHJ	MSS 采集	2023-01-31 04:07:54　136′
30		0 → 1	P2105/P2107-(H)1ZBHJ	MSS 采集	2023-01-31 04:07:54　144′

续上表

序号	动作过程	状　态	名　称	来　源	时　间
31	BHJ、ZBHJ 落下	1 → 0	P2105＃J1-(H)BHJ	MSS 采集	2023-01-31 04:07:58　35′
32		1 → 0	P2105＃J2-(H)BHJ	MSS 采集	2023-01-31 04:07:58　535′
33		1 → 0	P2107＃J1-(H)BHJ	MSS 采集	2023-01-31 04:07:58　543′
34		1 → 0	P2107＃J2-(H)BHJ	MSS 采集	2023-01-31 04:07:58　735′
35		1 → 0	P2105/P2107-(H)2ZBHJ	MSS 采集	2023-01-31 04:07:58　643′
36		1 → 0	P2105/P2107-(H)1ZBHJ	MSS 采集	2023-01-31 04:07:58　643′
37	1DQJ、1DQJF 落下，FBJ、ZFBJ 吸起（反位表示）	1(↑) → 0(↓)	P2105＃J1-(H)1DQJ	MSS 采集	2023-01-31 04:07:58　835′
38		1 → 0	P2105＃J1-(H)1DQJF	MSS 采集	2023-01-31 04:07:58　835′
39		0 → 1	P2105＃J1-(H)FBJ	MSS 采集	2023-01-31 04:07:58　935′
40		1(↑) → 0(↓)	P2105＃J2-(H)1DQJ	MSS 采集	2023-01-31 04:07:59　335′
41		1 → 0	P2105＃J2-(H)1DQJF	MSS 采集	2023-01-31 04:07:59　335′
42		1(↑) → 0(↓)	P2107＃J2-(H)1DQJ	MSS 采集	2023-01-31 04:07:59　435′
43		0 → 1	P2105＃J2-(H)FBJ	MSS 采集	2023-01-31 04:07:59　435′
44		1 → 0	P2107＃J2-(H)1DQJF	MSS 采集	2023-01-31 04:07:59　435′
45		0 → 1	P2107＃J1-(H)FBJ	MSS 采集	2023-01-31 04:07:59　444′
46		1 → 0	P2107＃J1-(H)1DQJF	MSS 采集	2023-01-31 04:07:59　535′
47		1(↑) → 0(↓)	P2107＃J1-(H)1DQJ	MSS 采集	2023-01-31 04:07:59　535′
48		0 → 1	P2107＃J2-(H)FBJ	MSS 采集	2023-01-31 04:07:59　635′
49		0 → 1	P2105/P2107-(H)ZFBJ	联锁采集	2023-01-31 04:07:59　744′
50	FCJ、SJ 落下	1 → 0	P2105/P2107-(H)FCJ	联锁采集	2023-01-31 04:08:00　742′
51		1 → 0	P2105/P2107-(H)SJ	联锁采集	2023-01-31 04:08:01　242′

常见的交流道岔表示电压采样位置位于分线盘对应道岔组上，其中定位表示电压通过采集 X2-X4、X1-X2 实现；反位表示电压通过采集 X3-X5、X1-X3 实现。转辙机发生故障后，因电路中存在较多设备，需要尽快缩小故障点范围，才能做到快速排查处理故障。在故障分析判断中，主要根据继电器设备动作时序状态、道岔动作电流、表示电压的数值变化，来判断故障点位置，详细的采集原理可通过对应道岔的采集原理图查看，值班人员可通过查询开关量时序状态、道岔表示电压实时值和道岔电流曲线分析故障原因。道岔表示电压值见表 3-15。

表 3-15　道岔表示电压值

序号	设备名称	道岔状态	定位交流	定位直流	定位交流(X1-X2)	定位直流(X1-X2)	反位交流	反位直流	反位交流(X1-X3)	反位直流(X1-X3)
1	P2105＃J1	定位	61.60 V	22.10 V	63.60 V	22.00 V	14.20 V	0.30 V	1.20 V	0.10 V

续上表

序号	设备名称	道岔状态	定位交流	定位直流	定位交流（X1-X2）	定位直流（X1-X2）	反位交流	反位直流	反位交流（X1-X3）	反位直流（X1-X3）
2	P2105#J2	定位	62.20 V	21.80 V	64.30 V	22.05 V	13.90 V	0.25 V	1.15 V	0.15 V
3	P2107#J1	定位	61.25 V	21.60 V	63.00 V	21.90 V	14.05 V	0.45 V	1.15 V	0.45 V
4	P2107#J2	定位	61.80 V	22.35 V	63.65 V	22.10 V	14.15 V	0.60 V	1.15 V	0.90 V

2.“判”

静态失表时值班人员应根据表示电压实时值和定位、反位表示继电器、总定表继电器、总反表继电器状态、表示电压日曲线区分室内外故障后，利用万用表、电阻表、电流表、现场故障现象，第一时间判断出初步故障原因，并评估对运营的影响，及时与调度进行沟通。

如某组道岔定位失表，通过监测和联锁提供的开关量信息，查看该组道岔 A 机定表继电器吸起，B 机定表继电器吸起，但总定表继电器落下，则明显可判断总定表继电器链路故障。

动态失表时应先调阅动作曲线，并结合转辙机动作过程中继电器吸起或落下的顺序来调阅监测、联锁系统的开关量信息，来锁定故障原因，如操纵道岔后，驱动灯位不亮或者 SJ(或者 DCQDJ)、DCJ、FCJ 不励磁，则考虑驱动电路故障。表示继电器无表示则考虑表示电路故障等。

3.“定”

值班人员将故障原因上报，同时根据“先通后复”原则，确定故障处理方法。通过看故障现象与初步判断进行相关测量。

如 1DQJ 不励磁，DBJ 和 SJ 吸起，则排查 1DQJ 励磁电路故障。利用“借正查负”法，借用侧面端子 06-1 的 KZ 电源，操动道岔从 KF 查起，检查电路是否存在 24 V 电压，如果没有说明存在开路。

4.“处”

根据“故障处理流程”快速定位故障原因，通过更换断线或者更换故障继电器等方法，迅速完成故障处理。

5.“验”

根据“功能验证流程”进行设备恢复验证，确认设备功能恢复正常，销点、交付使用。

(四)故障处理流程

为进一步缩短道岔故障处理时间，降低故障对运营的影响，结合表 3-16，按照“看”“判”“定”“处”“验”五个步骤设计道岔故障处理流程。ZDJ9 系列电动转辙机故障处理流程如图 3-23 所示。

表 3-16　ZDJ9 系列电动转辙机道岔表示电路各种状态数据

以道岔定位，1、3 排接点闭合为例，定位表示占用 X1、X2、X4 线，从分线盘及元件上测试的电压来判断表示电路故障的范围																			
名称			电压/V																
			正常情况	室外开路				室内开路			二极管			电阻 R1	电阻 R		电机线圈		继电器
				X1	X2(X3)	X4(X5)	二线	X1	X2(X3)	X4(X5)	开路	半击穿	全击穿	短路	开路	短路	开路	短路	开路
分线盘	交流	X1、X2(X3)	56～60	112	112	70	112	0	0	75	112	40	25	94	112	45	69	56	68
		X1、X4(X5)	1.55	112	0	60	104	0	0	0	0	0	0	0	0	2	60	0	0
		X2(X3)、X4(X5)	56～60	0	112	0	0	0	0	75	112	40	23	94	112	44	0	56	68
	直流	X1、X2(X3)	21～22	7.6	0	40	0	0	0	35	0	11.5	0	10.5	0	42	46	30	45
		X1、X4(X5)	0	0	0	40	0	0	0	0	0	1.5	0	1.6	0	0	46	0	0
		X2(X3)、X4(X5)	21～22	0	0	0	0	0	0	35	0	10.5	0	8.5	0	38	0	30	45
电阻 R1(1 000 Ω/25 W)	交流		50	0	0	48	0	0	0	41	0	66	80	0	0	68	48	50	44
	直流		29	0	0	38	0	0	0	35	0	11	0	0	0	40	38	30	42
继电器(JPXC$_1$-1000)	交流		58	0	112	0	0	0	110	75	112	40	22.5	94	112	42	0	56	75
	直流		21.5	0	0	0	0	0	0	38	0	10	0	10	0	36	0	30	38
电阻 R(300 Ω/50 W)	交流		15	0	0	12.5	0	0	0	12	0	17.5	21.5	44	50	0	14	15	12
	直流		14	0	0	12	0	0	0	11	0	6.5	0	39	54	0	11	14	11
二极管	交流		44	0	0	60	0	0	0	75	105	22	0	56	0	40.3	58	45	64
	直流		43	0	0	54	0	0	0	38	0	18	0	48	0	39.5	50	42	50
HZ24 (7–9)	交流		52																
	直流		32																
继电器状态	0		吸起	落下	落下	落下	落下	落下	落下	落下	落下	落下	落下	落下	落下	吸起	落下	吸起	落下
备注	1. 万用表：MF-14 型或 FLUKE 型；2. 供电电压：交流 220 V，直流 25 V；3. 直流测试时，定位 X1(X4)(＋)–X2(－)，反位 X3(＋)–X1(X5)(－)																		

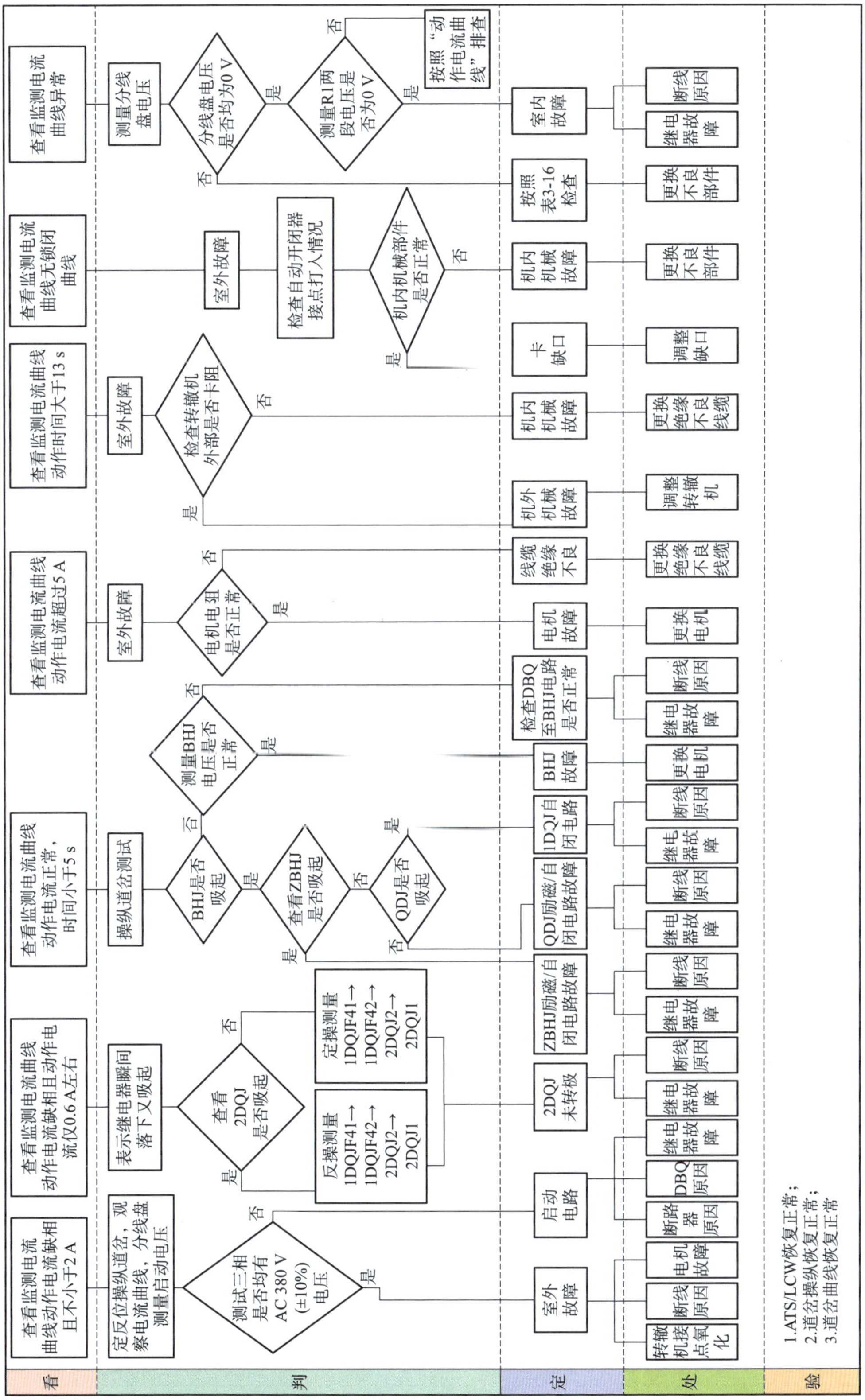

图 3-23　ZDJ9 系列电动转辙机故障处理流程

(五)功能验证

故障处理完成后,按表 3-17 对设备进行功能验证。

表 3-17　ZDJ9 系列电动转辙机设备功能验证表

科室/线路:			日期:					
序号	项目	验证内容及要求	设备编码					
			A机	B机	A机	B机	A机	B机
1	设备上电前检查	室内人员闭合对应转辙机启动、表示空开						
2	结合部检查	1. 尖轨状态良好,爬行不大于 20 mm						
3		2. 道岔宏观密贴良好、无肥边,尖轨与基本轨不应密贴过紧,间隙不大于 0.8 mm						
4		3. 角钢外侧与基坑基础面距离大于 10 mm						
5		4. 单根尖轨前后窜动之和不超过 10 mm						
6		5. 顶铁作用良好,与尖轨间隙小于或等于 1 mm(★)						
7		6. 前三块滑床板作用良好,牵引点滑床板无连续吊板,与轨底缝隙小于或等于 1 mm						
8	设备调试	1. 操纵道岔,确认道岔定反位转换正常(电机反转,机内 D1、D14 线缆对调)						
9		2. 检查转辙机 A/B 机定反位开程:A 机 160 mm±4 mm,B 机 75 mm±5 mm(★)						
10		3. 检查转辙机 A/B 机密贴状态良好:A 机 2 mm 锁闭 4 mm 不锁闭,B 机摩擦试验正常						
11		4. 转辙机 A/B 机额定转换力测试:A 机 2.5 kN,B 机 4.5 kN(★)						
12		5. 转辙机 A/B 机摩擦转换力测试:A 机为(3.8+0.4) kN,B 机为(6.8+0.7) kN(★)						
13		6. 转辙机 A/B 机缺口检查:A 机(2±0.5) mm,B 机(4±0.5) mm(★)						
14		7. 表示电压定/反位　DC(V):表示电压直流 20.4~27.6 V(★)						
15		8. 表示电压定/反位　AC(V):交流电压 54~66 V(★)						
16		9. 动作电压:AC 342~418 V(★)						
17		10. 定位锁闭量测试:A 机大于或等于 35 mm,B 机大于或等于 20 mm(★)						

续上表

序号	项目	验证内容及要求	设备编码					
			A机	B机	A机	B机	A机	B机
18	设备调试	11. 反位锁闭量测试：A机大于或等于35 mm，B机大于或等于20 mm（★）						
19		12. 核对道岔位置、室内外开通方向、ATS工作站显示一致						
20	功能验证	1. 道岔启动试验，分别断开A/B机安全接点K01-K02、K03-K04，道岔不能转换						
21		2. 道岔断表示接点测试： 定位—分别断开A/B机11-12、15-16、33-34、35-36定位失表，反装道岔（2-4接点闭合为定位）断开23-24、25-26、41-42、45-46反位失表，恢复后表示正常； 反位—断开23-24、25-26、41-42、45-46反位失表，反装道岔（1-3接点闭合为定位）断开11-12、15-16、33-34、35-36定位失表，恢复后表示正常						
22		3. 断相保护/多机保护测试：分别断开A/B机单相电源，本机不能转动，另一机不应转换，转换约3.5 s后停转						
23		4. 延时保护测试：A/B机分别做摩擦试验，达到DBQ设计时间（约13 s）后停止转动						
24	设备复查	1. 基础、基础面、电缆箱盒、转辙机机壳，外观良好无破损，固定牢固，无倾斜、锈蚀情况，内部清洁干净，检查引入孔封堵良好，芯线完好无损伤						
25		2. 插接件安装紧固，各部配线整齐无断股，无破皮，无氧化，线头不松动						
26		3. 各部螺栓无松动、作用良好，引入管完好无脱落，加锁装置良好，标记清晰						
27		4. 各部开口销齐全、劈开角度为60°～90°						
28		5. 锁钩锁闭良好，灵活无别卡，外观清洁，各部油润无锈蚀						
29		6. 各部杆件连接牢固无旷动，各部调整丝扣的余量大于或等于10 mm						
30		7. 表示杆旷动量不大于0.5 mm						
31		8. 各种杆件销孔总旷动量不大于1 mm						
32		9. 外锁闭杆与锁闭框间隙应为1～3 mm						
33		10. 短角钢与基本轨平行，其前后偏差各不大于20 mm						

续上表

序号	项目	验证内容及要求	设备编码					
			A机	B机	A机	B机	A机	B机
34	设备复查	11. 道岔解锁、转换、锁闭灵活无异响、卡阻						
35		12. 安全地线检查，外观无破损						
36		13. 外部清扫，活动部位适当注油						
37		14. 表示缺口：定位A机(2±0.5) mm，反位B机(4±0.5) mm(★)						
38		15. 转换道岔试验良好，MSS电流曲线及参数正常，与车站行车值班员确认室内外一致，复查各部良好，加锁完整						
检查时间：								
作业人员：								
复查人员：								
备注：								

填写说明：状态检查结果符合要求打“√”，否则打“×”，相应问题记录在“备注”内；带“★”需填写具体数值。

(六)案例分析及处理

案例1：某站维护检测系统报P××××道岔失表

故障现象：查看微机监测和联锁(ATS)界面相关告警，告警显示道岔失表，调阅道岔曲线发现道岔曲线反位到故障位缺少B相电，观察继电器动作顺序，发现2DQJ转极，DBQ不闪烁。

故障分析：

(1)根据故障现象，推断故障原因。由于此时2DQJ转极，DBQ不闪烁，BHJ不吸起，并且微机监测曲线发现缺少一相电，推断故障原因为缺相导致道岔无法正常转换。

(2)值班人员利用晚上临时检修点进行检修作业，根据微机监测曲线发现A相电正常，因此可排除A相故障。两两测量1DQJ12、1DQJF12、1DQJF22三个接点的电压。经过测量发现均有380 V交流电，由此可知三相电经由DBQ送至1DQJ和1DQJF的接点上，如图3-24所示框选电路正常。

(3)将室外道岔摇至“四开”位置，断开表示电，将万用表调至“Ω”挡，两个表笔接在1DQJF21和1DQJF11上，发现电阻为500 Ω左右，而正常数据为13～17 Ω，可知1DQJF11到1DQJF21经过室外电动机有开路，后续测量1DQJ11和1DQJF21电阻为15 Ω，说明1DQJ11至1DQJF21环路无开路，开路点可缩短至1DQJF11至V线圈电路开路，如图3-25标红线路所示。

(4)后续表笔接分线盘的X2和X1，发现仍然有500 Ω电阻，说明故障点位于室外。

(5)值班人员赶赴室外，测量HZ24的X2和X1，仍然有500 Ω电阻，可知故障点位于转辙机内。

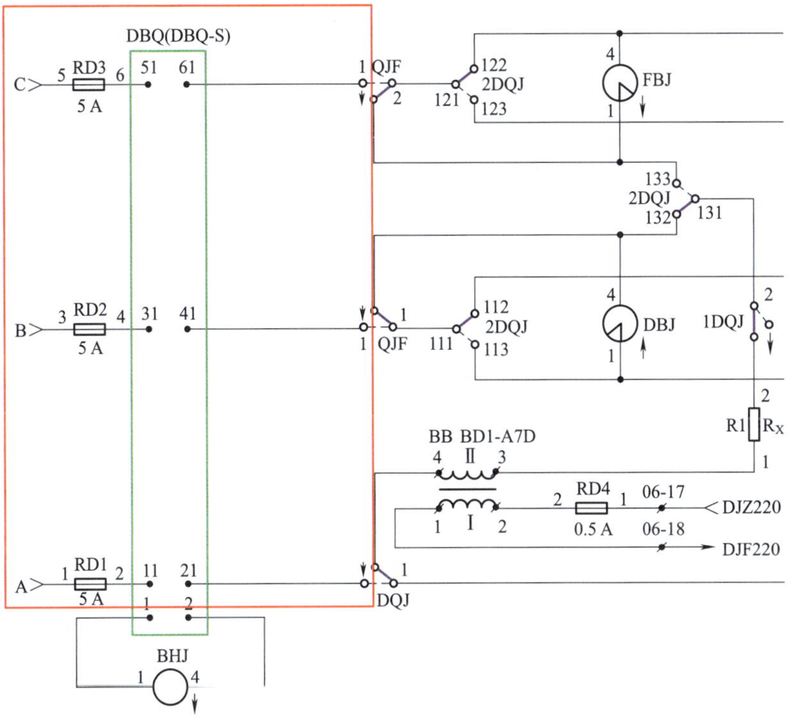

图 3-24 控制电路故障排查范围 1

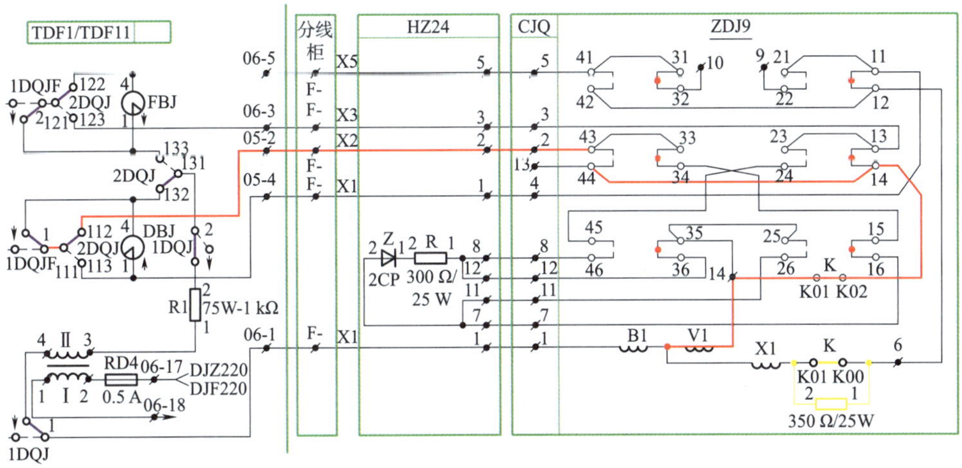

图 3-25 控制电路故障排查范围 2

(6)测量插接器端 1 和端 2 存在 500 Ω，测量端 1 和端 14 为 15 Ω，可知故障点位于端 2 至端 14 之间。随后测量端 1 和安全接点 K01 存在 15 Ω，再测端 1 和 K02 存在 500 Ω，因此证明安全接点 K01 和 K02 之间存在开路，随后两表笔接 K01 和 K02 两端发现为 500 Ω，可进一步证明安全接点存在开路导致道岔启动缺相。

故障处理：

(1)值班人员根据排查到的故障点进行恢复，将 K01 和 K02 之间的断点进行恢复，并且测量恢复后的 K01 和 K02 之间电阻为 0 Ω，随后室内闭合表示电路空开，并恢复现场设备。

(2)值班人员恢复完设备后进行功能验证,操动道岔完成一个完整动作流程,发现故障恢复,无告警产生。随后值班人员将现场出清、销点,并重点观察该设备状态。

案例 2:某站某号道岔失表

故障现象:值班人员立刻赶赴现场查看故障现象,查看微机监测告警显示道岔失表,查看道岔失表时曲线发现功率曲线和电流曲线均正常转换但是无“小尾巴”曲线,查看电压实时值发现定位直流电压为 0 V,定位交流电压为 110 V,查看 2DQJ 状态为吸起,DBJ 和 FBJ 状态均为落下。

故障分析:

(1)值班人员根据故障现象初步判断,由 2DQJ 的状态,分辨此时道岔应当处于定位,观察道岔动作曲线可知道岔已经发生转换,并且持续时间为 5.8 s,则说明道岔正常转换到位。直流 0 V 表示室外二极管没有进行半波整流,交流 110 V 可说明室外定位表示电路支路可能存在开路导致道岔无法正常给出表示。

(2)根据判断,值班人员对该道岔的分线柜端子进行测量。由于初步判断为定位表示故障,定表使用端子为 X1、X2、X4。使用交流电压挡测量 X1 和 X2 之间电压为 110 V,X1、X4 之间电压为 0 V,X2、X4 之间电压为 110 V。由于正常情况下,当道岔有表示时 X1 和 X4 经过室外为等电势点,测得数据也为交流 0 V,可说明 X1 与 X4 之间不存在开路,X1、X2 之间正常情况为 60 V 左右,但是实测数据为 110 V,其原因为二极管没有进行半波整流,并且 X1 和 X2 之间存在开路导致测得数据为表示变压器变压出的 110 V 交流电。后续将万用表调整至直流挡,测得 X1 和 X2 之间为 0 V,可知二极管失去整流作用。综上所述,该故障为室外二极管支路开路导致。

(3)随后值班人员赶赴轨行区对 HZ24 内端子进行测量,使用万用表交流电压挡测量 X1 和 X2 发现仍然为 110 V,随后测量转辙机插接器端 1 和端 2 仍然有 110 V 交流电,由于之前测得 X1 和 X4 之间电压为 0 V,所以 X1 不存在开路,可固定插接器端 1 查端 2 至二极管电路。

(4)值班人员利用二分法,通过取中间节点来快速缩短故障范围,从而更好地查询故障。通过分析电路,将红表笔固定端 1 测量插接器端 7,发现仍然有 110 V 交流电,则故障点在该部分之后,即 X1 至插接器 7 部分无故障,随后借端 1 查插接器端 8 发现交流电压为 0 V,则故障点位于插接器端 7 至端 8 之间,即 HZ24 内。

(5)值班人员借 HZ24 的 X1 查 D7 发现存在 110 V 交流电,D8 交流电为 0 V,测量 D11 有 110 V 交流电,D12 交流电 0 V,由此确定故障为二极管开路。

故障处理:

(1)值班人员更换二极管备件,之后道岔定位恢复表示,室内外位置一致。操动道岔至反位,反位道岔正常转换且室内外位置一致并给出表示。

(2)值班人员操动道岔来回多次发现均可以正常转换并给出表示,观察室内继电器动作均正常,微机监测、联锁(ATS)界面无相关告警信息,动作曲线正常。随后值班人员出清现场、销点,并重点观察该设备状态。

五、信　　标

(一)故障概括

信标主要负责在区间内给列车发送相关信息,无源信标负责接收来自车载 STF-DL

天线的频率信号，该信号为信标工作所需的供电信号，不涉及电路故障。有源信标与LEU连接，用于执行点式模式功能。所谓点式模式是系统的降级模式，即在线路上设置计轴区段，根据运行间隔需求将若干计轴区段作为一个闭塞分区，对每个闭塞分区设置信号机进行间隔防护。LEU将从CBI处获得的信号机和道岔的状态等信息编码，发送给轨旁的有源信标，当列车通过有源信标时，可获得前方信号机和道岔状态的变量信息，列车按来自轨旁有源信标的移动授权运行，当列车没有使用CBTC模式或者CBTC无法行车时，一旦LEU发生故障，可能会直接影响行车。

（二）故障处理原则

1. LEU电源供电故障

此故障会导致整个联锁区均无法建立点式模式，排查过程主要考虑LEU电源24 V供电是否正常，检查空开是否闭合，电源空开是否正常输出24 V电压。

2. LEU接口、自身故障

此故障可导致单个或者多个区段无法建立点式模式，排查过程考虑单个或者多个LEU接口通道是否正常。检查各板卡是否正常。

3. 室外有源信标电路故障

发现单个信标故障时，考虑LEU至单个信标电路故障或者信标自身是否存在24 V电压。

（三）故障处理思路

通过现场人员不断的实践与总结，信标故障处理思路按照如下“看”“判”“定”“处”“验”五个步骤进行。

1.“看”

值班人员接到故障后，应立即响应并视情况赶赴故障现场查看故障现象。查看相关联锁区相关区段显示，并且观察继电器显示状态确定故障为LEU还是相关具体设备。

2.“判”

值班人员应根据现场故障现象，第一时间判断出初步故障原因，并评估对运营的影响，及时与调度进行沟通。

测量相关LEU电压，其对应失表道岔或者灭灯信号机电压是否正常，如果正常点灯或者给出表示，则考虑LEU故障。

3.“定”

值班人员将故障原因上报，同时根据“先通后复”原则，确定故障处理方法。通过测量手段进行排查，根据测量到的具体数据，将故障点缩小至具体链路或具体继电器。

4.“处”

根据“故障处理流程”快速定位故障原因，迅速完成故障处理。

5.“验”

根据“功能验证流程”进行设备恢复验证，确认设备功能恢复正常，销点、交付使用。

（四）故障处理流程

为进一步缩短信标故障处理时间，降低故障对运营的影响，按照“看”“判”“定”“处”“验”五个步骤设计信标故障处理流程。信标故障处理流程如图3-26所示。

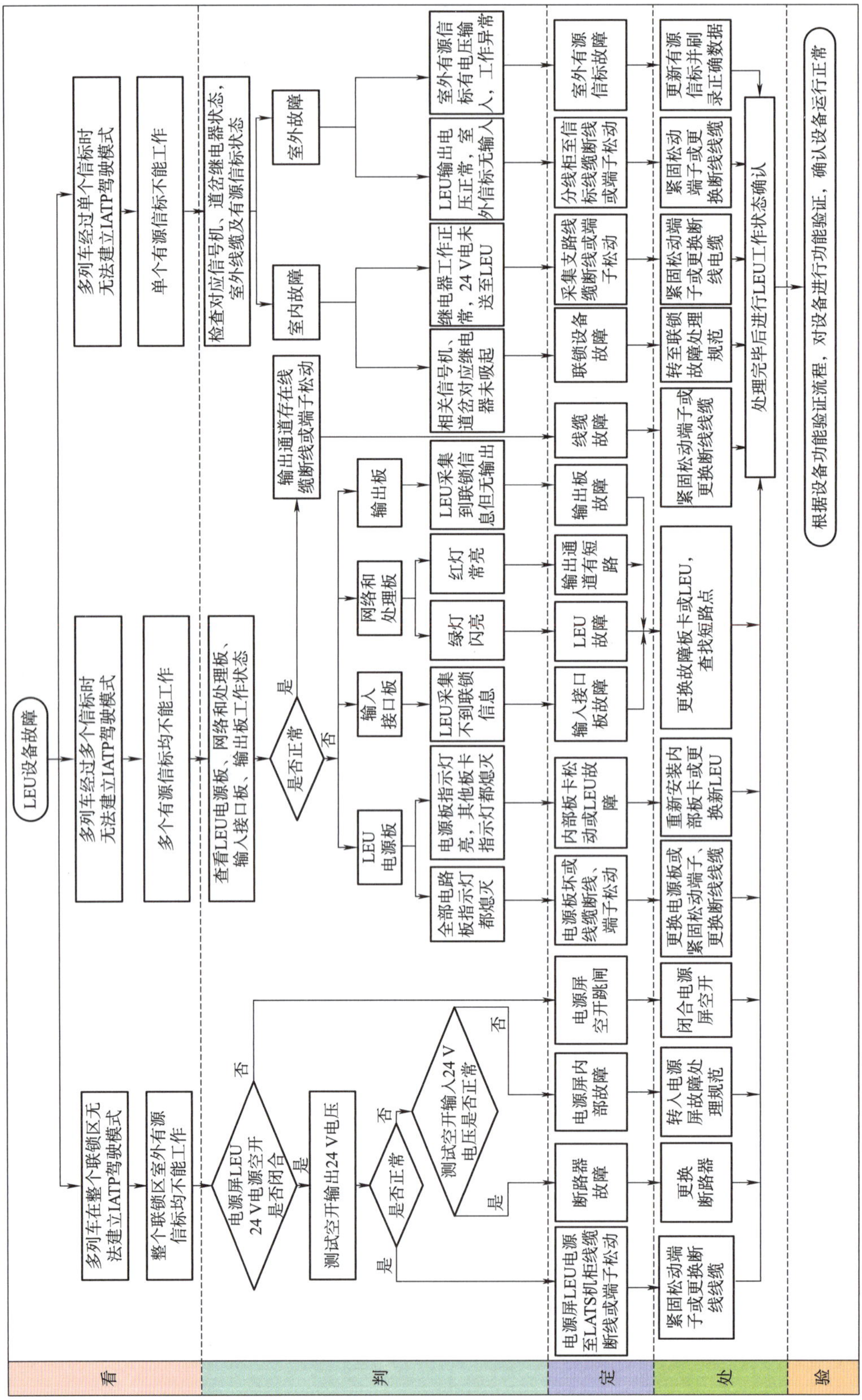

图 3-26 LEU 故障处理流程

(五)功能验证

故障处理完成后,按表 3-18 对设备进行功能验证。

表 3-18 LEU 设备功能验证表

序号	验证项目	验证方法及内容	步骤确认	备注
1	通用	检查 LEU 各板卡指示灯工作正常,排查所动部位线缆插接良好不松动,使用信标读取工具读取相应有源信标默认报文正常	是□ 否□	
2	测试电源屏 LEU 电源无直流 24 V 电压输出	测试电源屏 LEU 电源直流 24 V 电压输出正常	是□ 否□	
3	更换断路器空开	1. 检查断路器安装牢固 2. 合闸、断开断路器功能正常 3. 合上断路器,测试输出电压正常	是□ 否□	
4	更换 LEU 电源板	1. 检查各板卡安装牢固 2. 电源板绿灯常亮 3. 各板卡指示灯工作正常	是□ 否□	
5	更换网络和处理板	1. 正常情况下板卡指示灯绿灯常亮 2. 室外有车经过或用信标读取工具读应答器报文时,红灯闪烁	是□ 否□	
6	更换输入接口板	1. 板卡指示灯显示正常 2. 读取联锁信息正常 3. 室外使用信标读取工具读取相应有源信标默认报文正常	是□ 否□	
7	更换输出板	1. 输出板各输出电压正常 2. 室外使用信标读取工具读取对应四个有源信标默认报文正常	是□ 否□	
8	更换整个 LEU	1. 电源板绿灯常亮 2. 正常情况下网络和处理板指示灯绿灯常亮 3. 室外有车经过或用信标读取工具读应答器报文时,网络和处理板红灯闪烁 4. 室外使用信标读取工具读取对应四个有源信标默认报文正常	是□ 否□	
9	更换有源信标	1. 检查有源信号固定良好,各部螺丝不松动 2. 有源信标外观无破损 3. 室外使用信标读取工具读取对应四个有源信标默认报文正常	是□ 否□	

续上表

序号	验证项目	验证方法及内容	步骤确认	备注
10	线缆开路或短路故障	1. 检查所动部位线缆插接良好不松动	是□ 否□	
		2. LEU 各板卡工作正常		
		3. 室外使用信标读取工具读取对应四个有源信标默认报文正常		

填写说明：若验证正常在“步骤确认”栏“是”后边打“√”，若验证异常在“步骤确认”栏“否”后边打“×”，并在“备注”栏写明原因。

(六)案例分析及处理

案例 1：列车依照点式模式行车，列车运行至某联锁区，紧急制动

故障现象：在列车紧急制动后先联系车载专业赶赴现场，并且拷贝车载日志。查看相关区段发现该联锁区整个区段故障。查看联锁设备发现板卡指示灯正常，查看 LEU 发现板卡电源指示灯灭灯。

故障分析：

(1)根据故障现象，值班人员判断联锁正常工作，查看各个设备状态发现道岔有表示，信号机 LXJ 和 ZXJ 正常吸起，LEU 电源指示灯不亮。说明设备自身均为正常状态，LEU 故障导致列车驶入该区段失去通信。

(2)值班人员使用万用表对 LEU 电压进行测量。使用直流电压挡测量 LEU 的 24 V 空开，发现输入电压为 24 V 直流电，空开输出直流电压为 0 V。判断为空开故障导致无输出电压。

故障处理：

(1)尝试更换 LEU 的 24 V 空开，更换完成后对空开两端进行测试。发现输入电压为 24 V 直流电压，输出电压也为 24 V 直流电压。

(2)尝试重启设备进行功能验证。重启后列车恢复点式模式，发车后列车正常运行通过此联锁区。后续列车也正常通过此区段，LEU 功能正常。

案例 2：列车在点式模式下运行至 WG1504 时发生紧急制动

故障现象：值班人员接到故障后立刻查看相关区段内设备信息，发现该区段对应信号机 S1504 正常点亮，相关设备均正常，考虑其故障可能为有源信标与区域通信产生。

故障分析：

(1)值班人员查看区段图纸，发现该区段存在有源信标 VB02_C，列车在驶入该区段后紧急制动，且信号机 ZXJ、LXJ 正常吸起，室外信号机正常点灯。因此判断为 VB02_C 有源信标通信故障。

(2)值班人员查看有源信标电路图，找到相关信标对应电路，如图 3-27 所示。使用万用表直流电压挡对分线柜 2F-301-3 和 2F-301-4 进行测量，发现存在 24 V 直流电；测量 HZ6 的 1 端子和 2 端子直流电压为 0 V。证明可能存在开路，开路点为分线柜至 HZ6 端子盒。

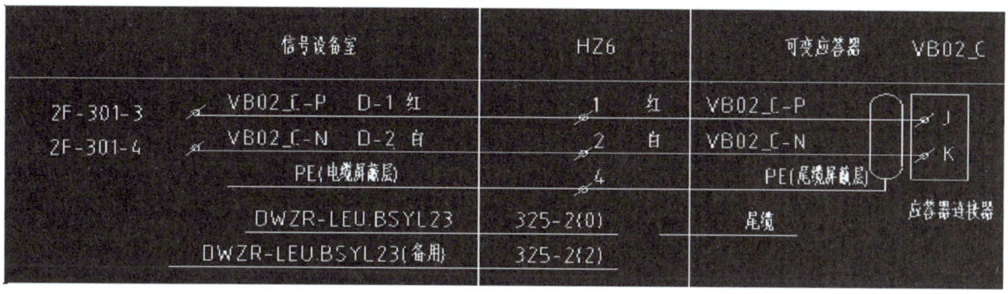

图 3-27　有源信标电路

故障处理：

(1)利用芯线导通测试，甩开分线柜 2F-301-3 和 2F-301-4，将室外两根线进行短接，室内将万用表调整至欧姆挡，电阻为 1 Ω 左右，说明芯线导通正常，检查插接器发现 HZ6 插接器正常。尝试重新插入端子后再测量 HZ6 的 1 端子和 2 端子电压。测量后发现电压为直流 24 V，故障恢复。

(2)故障恢复后列车自动升级为点式模式，并且发车后正常通过该区段。后续列车经过该区段也均正常运行。

六、紧急停车

(一)故障概括

紧停设备故障或触发时 HMI 对应站台区域会有菱形红色图标，微机监测会有弹出式告警，IBP 会有相应的声光报警。正常情况下紧停继电器吸起，当遇突发情况时供车站人员或乘客使用，当突发情况处理后，由车站人员对设备进行恢复。当紧停设备链路或设备发生故障，直接影响站台区域接车、发车进路无法正常排列，影响列车正常进入、出清站台区域。

(二)故障处理原则

根据站台的不同，紧停影响的范围不同。

“岛式站台”紧停设备故障影响本侧站台接、发车进路办理。

“侧式站台”紧停设备故障影响本侧站台及相邻侧站台接、发车进路办理。

紧停设备发生故障后，将影响故障区域内相关接、发车信号开放，信号人员应根据故障影响范围第一时间给出行车建议。

(1)当信号人员发现紧停设备触发后，应第一时间电话询问对应车站是否操作相关设备。查看 PDKJ 等相关继电器状态，确认是否因外部条件变化(如站台门无故打开)导致的紧停被激活。

(2)若为车站人员操作相关设备时，属正常使用，信号人员应及时做好故障预想(设备无法及时复位)，保障至设备恢复正常。

(3)若车站人员未进行任何操作，则要求车站人员确认现场无异常情况后及时报行调对相关紧停进行复位，信号人员安排人员及时赶至故障地点，若复位成功信号人员制定排查方案并做好保障工作，运营结束后排查处理，若不能复位成功，则快速完成故障定位与处理。

(4)联系维调通知综合监控专业人员赶至现场，与信号抢险人员共同协作开展应急抢修。

(三)故障处理思路

通过现场人员不断的实践与总结，紧停系统故障处理思路按照如下“看”“判”“定”“处”“验”五个步骤进行。

1.“看”

值班人员接到故障后，应立即响应并视情况赶赴故障现场查看故障现象。查看紧停的状态，并且调阅微机监测及联锁(ATS)界面，是否存在相关告警信息，随后查看车控室HMI是否有红色菱形指示紧停按压，并且查看此时紧停继电器的状态、联锁采集灯位显示状态。

2.“判”

询问车站是否按压紧停，从而确定为自身故障还是按压导致。后续确定紧停设备各个状态是否正常。按压紧停复位按钮，尝试恢复紧停设备。如果恢复则为误按压导致，如果无法恢复则为紧停设备故障。通过按压紧停复位测量紧停继电器电压，如果存在24 V直流电，ESBJ不励磁，或者测不到24 V电压，则为励磁电路故障，如果按压后ESBJ励磁，松开后ESBJ落下，则考虑ESBJ自闭电路故障。

3.“定”

值班人员将故障原因上报，同时根据“先通后复”原则，确定故障处理方法。通过测量手段进行排查，根据判断的具体电路进行相关测量。根据测量到的具体数据，将故障点缩小至具体链路或具体继电器。

4.“处”

根据“故障处理流程”快速定位故障原因，迅速完成故障处理。

5.“验”

根据“功能验证流程”进行设备恢复验证，确认设备功能恢复正常，销点、交付使用。

(四)故障处理流程

为进一步缩短紧停链路故障处理时间，降低故障对运营的影响，按照“看”“判”“定”“处”“验”五个步骤设计紧停链路故障处理流程。紧急停车故障处理流程如图3-28所示。

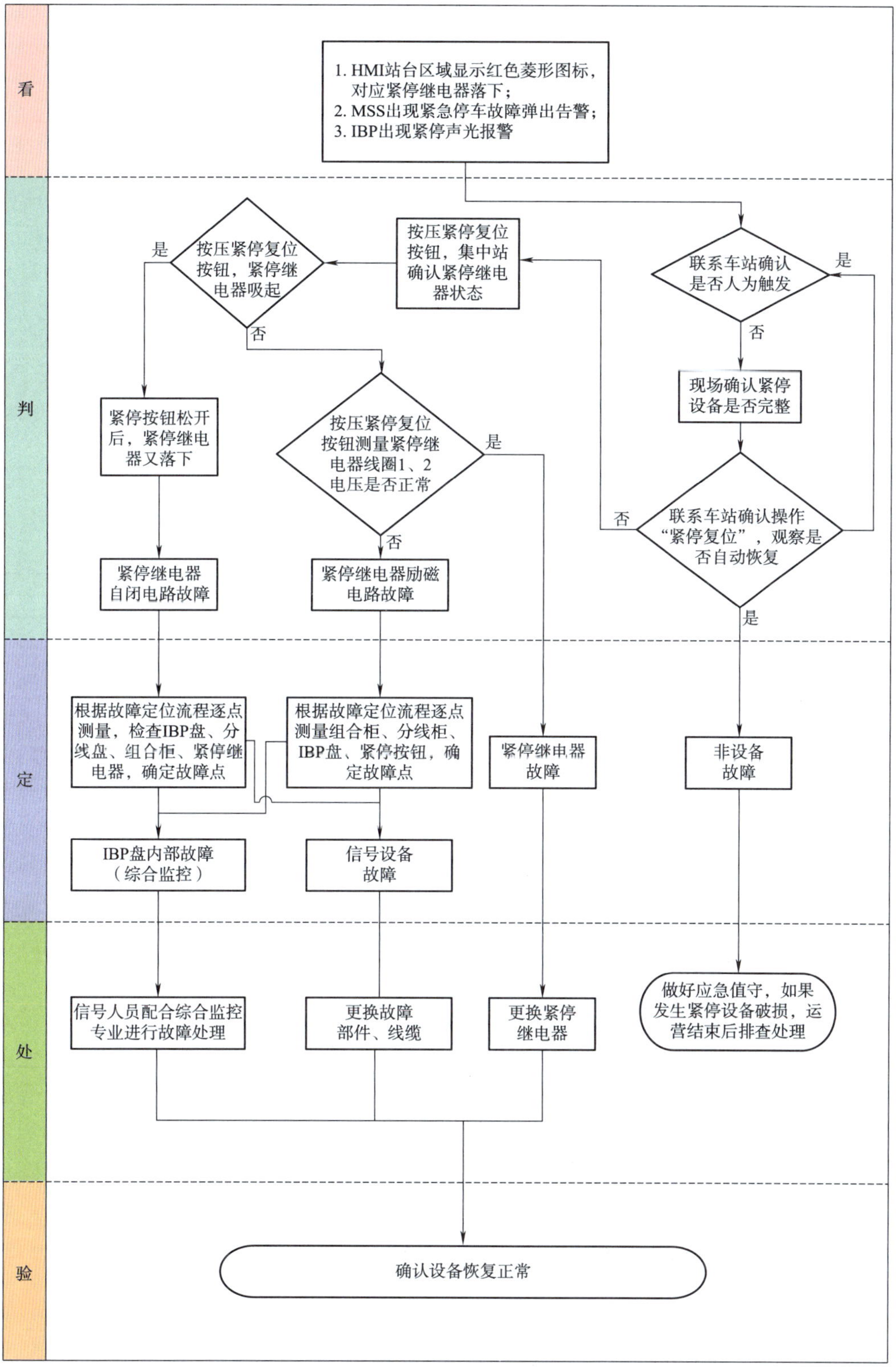

图 3-28　紧急停车按钮故障处理流程

(五)功能验证

故障处理完成后,按表 3-19 对设备进行功能验证。

表 3-19 紧急停车按钮功能验证表

站名:		检查人:	确认人:	检查日期:	
序号	名称	被测状态	测试功能	测试结果是否符合	备注
1	ESB ××××	按压测试灯按钮(试灯按钮)	按压测试灯按钮(试灯按钮),IBP 上、下行 2 个指示灯点亮,站台区域上、下行四个紧停灯点亮,对紧停原功能无影响		
2		紧急关闭按钮(紧急停车按钮)(激活禁停)	按压紧急关闭按钮(紧急停车按钮),ESB 激活,紧急关闭按钮(紧急停车按钮)红灯点亮、警铃鸣响、HMI 出现紧急关闭标识		
3		上、下行分别按压取消紧停按钮	按压取消紧停按钮,ESB 取消,紧急关闭按钮红灯灭,警铃鸣响,HMI 紧急关闭标识消失		
4		上、下行分别按压报警切除按钮	按压紧急关闭按钮(紧急停车按钮)或取消紧停按钮时警铃会一直鸣响,按压警铃切除按钮,警铃停止鸣响,对紧停原功能无影响		

填表说明:设备名称按实际填写,测试结果按实际填写,且在“备注”栏内注明原因。

(六)案例分析及处理

案例 1:某站上行紧停按钮按下,现场人员查看相关设备状态,尝试按压复位发现不能恢复告警(紧停继电器励磁电路故障)

故障现象:进站列车在该站台前方紧急制动,在列车紧急制动后先查看相关报警,发现微机监测显示紧停按压,值班人员立刻前往车控室查看 HMI,发现工作站该站站台上行出现红色菱形,即站台紧停按压故障,查看相关继电器状态发现上行 ESBJ 落下。

故障分析:

(1)根据现象可确定为紧停电路故障,尝试按压紧停复位按钮进行恢复操作,发现无法进行恢复;在按压过程中查看继电器状态,发现 ESBJ 在按压紧停复位按钮后不吸起,则可初步断定为 ESBJ 励磁电路故障。

(2)根据图 3-29 红色框选 ESBJ 励磁电路进一步分析。

(3)按压 SESBFA(上行紧停复位按钮),将万用表调至直流电压挡。图 3-30 中,测量 ESBJ 的 1、2 线圈,没有 24 V 直流电;测量 2F504-1 和 2F504-2 的电压,存在 24 V 直流电,测量 04-5 和 04-6 没有 24 V 直流电,因此故障点位于分线柜至组合侧面端子处。利用“借正查负”法和“借负查正”法对 04-5 和 04-6 进行测量,通过按压下行 ESBFA,借 06-1 (KZ)测量 04-6 存在 24 V 直流电,可知 04-6 存在负电。借 06-3(KF)测量 04-5 没有 24 V 直流电,可知 2F504-1 至 04-5 开路。

故障处理:

(1)尝试更换 2F504-1 至 04-5 线缆进行恢复,更换后再次按压下行 ESBFA,继电器 ESBJ 励磁,松开后 ESBJ 不落下,可知故障恢复正常。

(2)尝试在站台及车控室分别按压紧停按钮进行功能测试,可以正常办理。对紧停尝

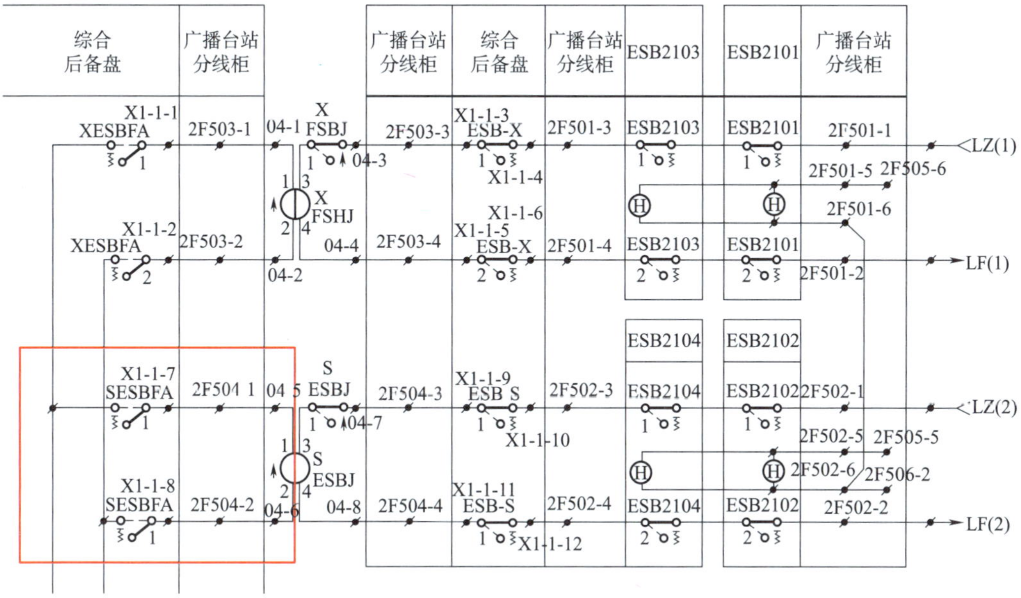

图 3-29　ESBJ 励磁电路

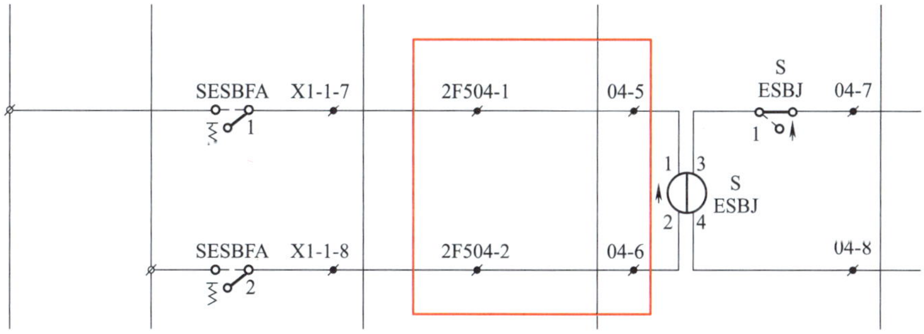

图 3-30　分线柜至组合侧面端子电路

试进行恢复操作，紧停恢复。功能验证良好，后续列车在行至该站时均可正常以 CBTC 模式通过。

案例 2：某站上行紧停按钮按下，现场人员查看相关设备状态，尝试按压复位发现不能恢复告警（紧停继电器自闭电路故障）

<u>故障现象：</u>

（1）在列车紧急制动后先查看相关报警，发现微机监测显示紧停按压，值班人员立刻前往车控室查看 HMI，发现工作站上行出现红色菱形，即站台紧停按压故障，查看相关继电器状态，发现上行 ESBJ 落下。

（2）根据现象可确定为紧停电路故障，尝试按压紧停复位按钮进行恢复操作，发现可以进行恢复，在按压过程中查看继电器状态，发现 ESBJ 在按压紧停复位按钮后吸起，松开后 ESBJ 落下，由此可初步断定故障点为 ESBJ 自闭电路故障。

（3）进一步分析 ESBJ 自闭电路（图 3-31）。

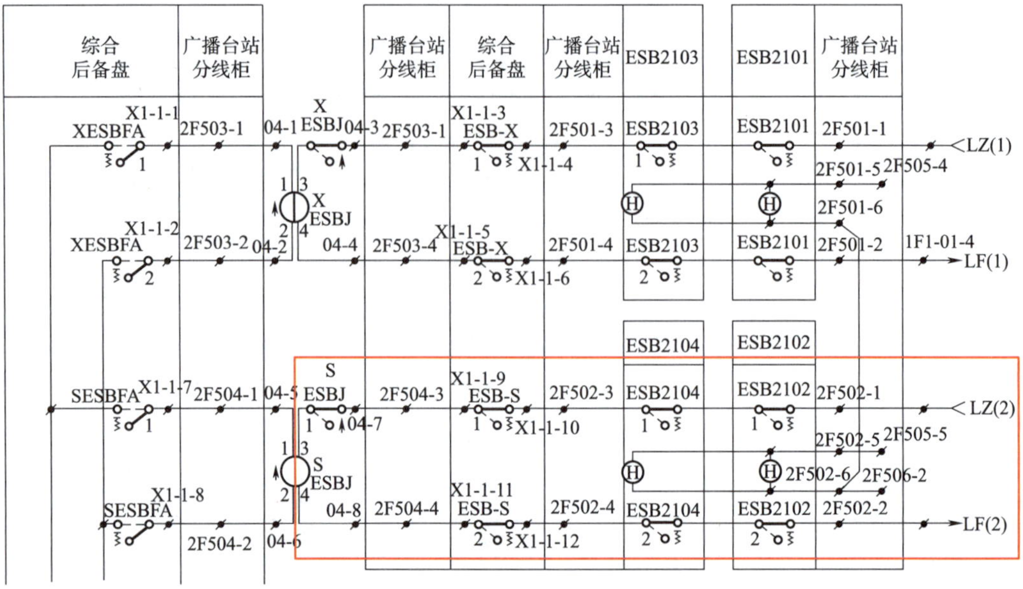

图 3-31　ESBJ 自闭电路

(4)按压 SESBFA(上行紧停复位按钮),将万用表调至直流电压挡。图 3-32 中,测量 ESBJ 的 1、2 线圈,有 24 V 直流电,测量 ESBJ 的 3、4 线圈,没有 24 V 直流电,测量 2F504-3 和 2F504-4 的电压,存在 24 V 直流电,测量 04-7 和 04-8 有 24 V 直流电,因此故障点位于组合侧面至 ESBJ 的 3、4 线圈之间。利用“借负查正”法,通过按压下行 ESBFA,借 04-8(负电)测量 ESBJ 的端子 12 存在 24 V 直流电;固定 04-8 不变,测量 ESBJ 的端子 11 发现直流电为 0 V。可知故障为 ESBJ 内部接点开路导致。

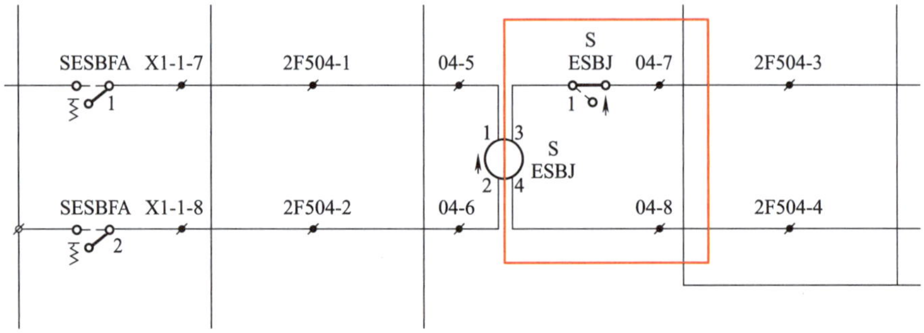

图 3-32　ESBJ 自闭电路故障点

故障处理:

(1)尝试更换 ESBJ,按压 ESBJA 之后测量 ESBJ 的 3、4 线圈存在 24 V 直流电,松开 ESBJA 后 ESBJ 持续吸起。自闭电路故障恢复正常。

(2)尝试在站台及车控室分别按压紧停按钮进行功能测试,可以正常办理对紧停尝试进行恢复操作,紧停恢复。功能验证良好,后续列车在行至该站时均可正常以 CBTC 模式通过。

七、站台门

(一)故障概括

站台门链路是确保列车在 CBTC 模式下或增强型点式下列车能安全进站或离站,同时列车在站台安全停稳且停车误差在 0.5 m 内时,由车载 ATC 子系统生成 PSD 开门命令,实现车门与站台门的联动。当站台门链路发生故障时,会造成列车无法进入站台区域或在进站/出站过程中触发紧急制动,列车作业完毕后无法正常发车。若该链路发生故障,需司机或站台操作员共同完成 PSD 的开、关门操作,会对运营造成一定的影响。

(二)故障处理原则

站台门链路主要由 KMJ、GMJ、PDKJ、PDQCJ 和站台 PSL 盘组成。信号系统负责安全输出关门/开门控制,安全输入 PSD 关闭且锁紧、PSD 互锁解除,这些安全输入/输出均为双断设计。当站台门链路发生故障时,应及时组织司机和站台操作员人工进行开/关站台门。若为信号系统故障导致,则应及时响应维调建议,司机降级至 RM 模式发车,出清站台区域后,恢复 CBTC 模式运行。同时信号人员应开展设备抢修工作,确保设备恢复正常。

(三)故障处理思路

通过现场人员不断的实践与总结,站台门系统故障处理思路按照如下“看”“判”“定”“处”“验”五个步骤进行。

1.“看”

值班人员接到故障后,应立即响应并视情况赶赴故障现场查看故障现象。查看维护监测终端,查看报警信息与现场设备状态。

根据相关告警内容调阅相关继电器的电压、状态(站台门状态告警调阅 PDKJ,无法联动开门调阅 KMJ,无法联动关门调阅 GMJ,互锁解除发车失败调阅 PDQCJ),见表 3-20。

表 3-20　站台门相关继电器动作过程

序号	动作过程	状态	名称	类型	来源	时间信息
1	开门 KMJ 吸起 PDKJ 落下 KMJ 落下	0→1	WG7313-KMJ-SBO	KMJ 状态	联锁	2023-01-28 07:25:14　850′
2		1→0	WG7313-PDKJ-DI	PDKJ 状态	联锁	2023-01-28 07:25:15　670′
3		1→0	WG7313-KMJ-SBO	KMJ 状态	联锁	2023-01-28 07:25:19　731′
4	关门 GMJ 吸起 PDKJ 吸起 GMJ 落下	0→1	WG7313-GMJ-SBO	GMJ 状态	联锁	2023-01-28 07:26:16　342′
5		0→1	WG7313-PDKJ-DI	PDKJ 状态	联锁	2023-01-28 07:26:20　955′
6		1→0	WG7313-GMJ-SBO	GMJ 状态	联锁	2023-01-28 07:26:31　175′

2.“判”

值班人员应根据现场故障现象,第一时间判断出初步故障原因,并评估对运营的影响,及时与调度进行沟通。

注意：

(1)站台门状态告警应先核对 PSL 盘灯位显示是否与正常状态一致，再测量 PDKJ 电压。

(2)PDQCJ 状态正常但无法发车，判断故障为 CC 与联锁通信中断。

3.“定”

值班人员将故障原因上报，同时根据“先通后复”原则，确定故障处理方法。通过测量手段进行排查，根据测量到的具体数据，将故障点缩小至具体链路或具体继电器。

4.“处”

根据“故障处理流程”快速定位故障原因，迅速完成故障处理。

5.“验”

根据“功能验证流程”进行设备恢复验证，确认设备功能恢复正常，销点、交付使用。

(四)故障处理流程

为进一步缩短站台门链路故障处理时间，降低故障对运营的影响，按照“看”“判”“定”“处”“验”五个步骤设计站台门链路故障处理流程，对站台门链路故障处理流程及方法进行梳理，具体内容如下。

1. 故障处理流程

故障处理流程可根据图 3-33 进行分析，当发生站台门故障时及时进行故障判断及处理。

2. 故障处理方法

(1)站台门状态未知

站台门状态未知时，故障发生于站台门专业自身或 PDKJ 接口电路，当 PDKJ 无法吸起时，可根据站台门接口电路图排查信号专业所管辖部分。

接口电路如图 3-34 所示，站台门状态检查条件为站台门关紧且 PDKJ 吸起，即站台门关好且锁闭。

注意：在开门和关门的时候 PDKJ 也会落下，为正常现象。

该电路由于涉及站台门机房内设备，因此信号人员排查过程中需要判断故障点位于站台门机房还是信号机房。以图 3-34 中上行站台门关门且锁紧继电器(S-PDKJ)为例，F1-905-5、F1-905-6 为供电侧(信号送至站台门)电压；F1-202-3、F1-202-4 为站台门送回信号电压，可通过测量分线盘这两处分辨故障点为信号专业还是站台门专业。

(2)站台门未联动打开/关闭

站台门联动打开/关闭原理为计算机联锁驱动开门/关门继电器(KMJ/GMJ)沟通站台门开门/关门命令，确保列车在安全状态下进行开门/关门操作。

发生此类故障需排查两个方面：

①KMJ/GMJ 继电器故障

此故障原因为联锁 A/B 系 KMJ/GMJ 驱动电路或者 KMJ/GMJ 继电器自身线圈故障。

②开门/关门命令电路故障

根据图 3-34 可知，开门/关门命令同时检测 KMJ/GMJ 状态，开门为 KMJ 吸起，GMJ 落下，关门命令为 GMJ 吸起，KMJ 落下。以上行开门命令为例，当开门/关门继电器正常

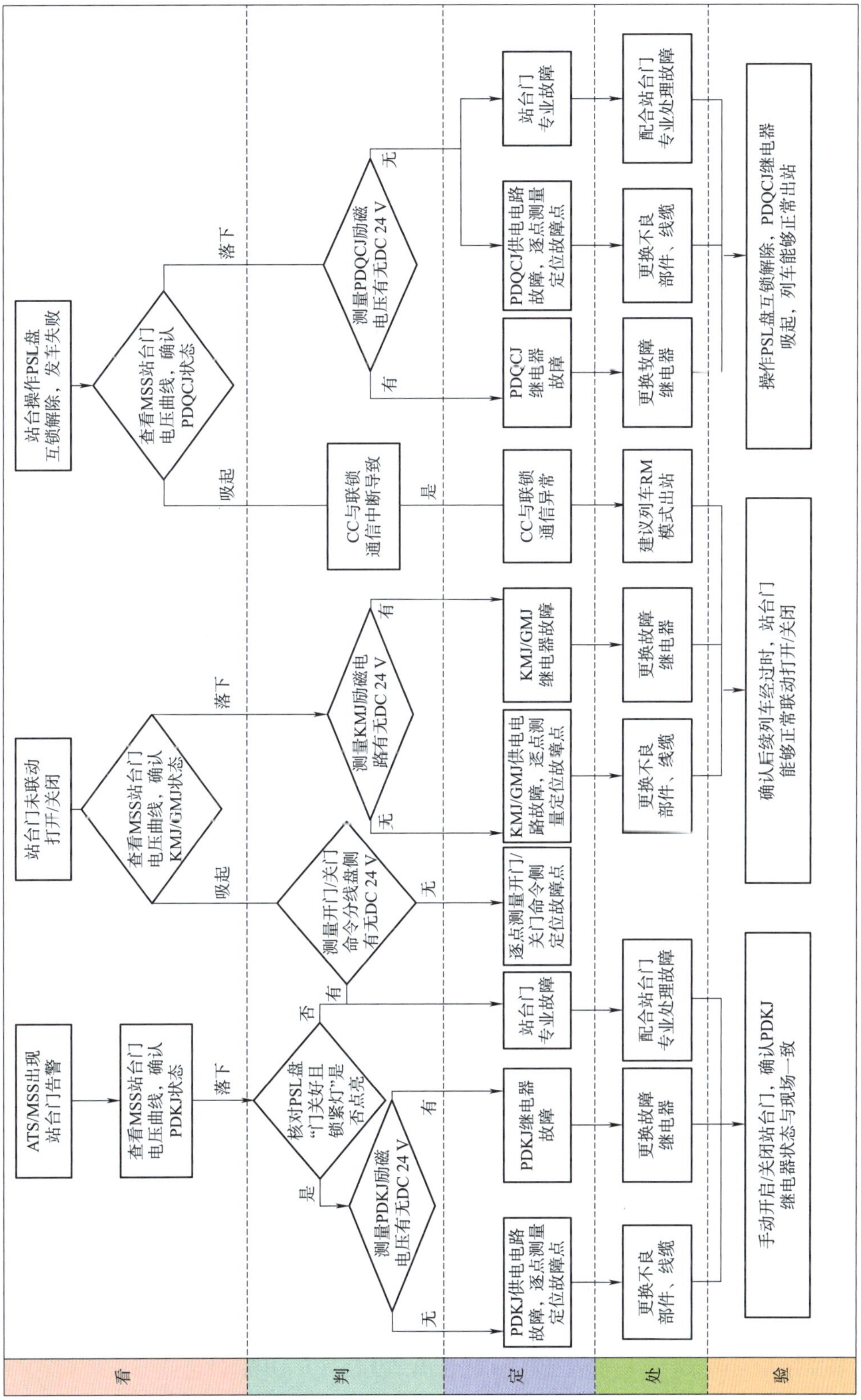

图 3-33　站台门故障处理流程

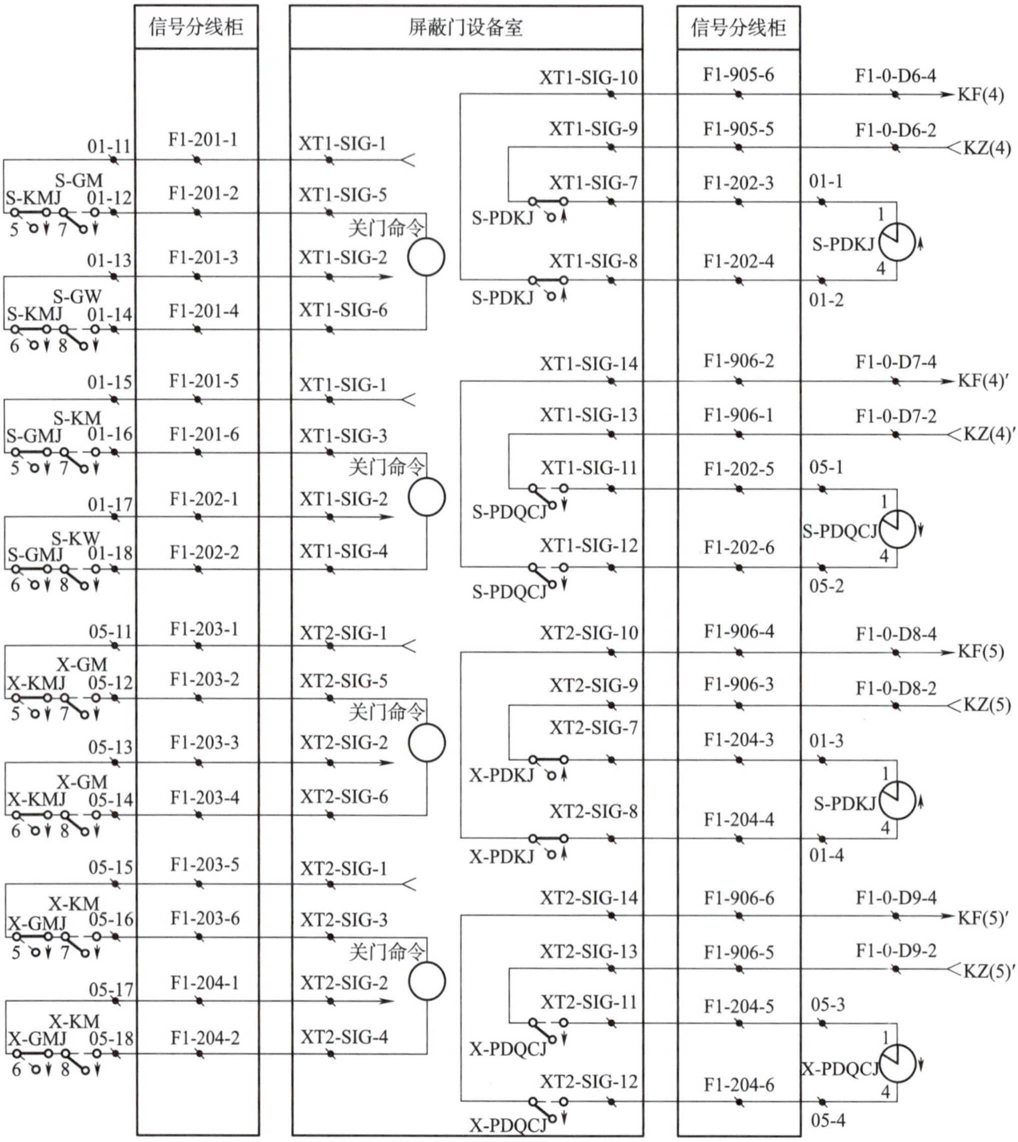

图 3-34 站台门与信号系统接口电路

吸起后，测量 F1-201-1、F1-201-3，无 24 V 直流电则故障点在站台门专业；有 24 V 直流电，再测量 F1-201-2、F1-201-4，无 24 V 直流电则故障点在信号专业；有 24 V 直流电则故障点在站台门专业。

(3)屏蔽互锁解除失效发车失败

在验证站台门功能或站台门无法正常关门时，经常需要使用站台门互锁解除功能。

互锁解除常态落下，当 IBP 互锁解除按下后站台门互锁解除继电器(PDQCJ)吸起，其电路如图 3-34 所示。

若操作互锁解除后互锁解除继电器吸起，但是无法发车，则故障可能为 CC 与联锁通信中断导致，后续分析车载日志进行相关处理。详细步骤参照第四章第三节。

如图 3-34 所示，若操作互锁接触后互锁解除继电器（PDQCJ）仍处于落下，则互锁解除无效，以上行 PDQCJ 为例，测量分线盘 F1-906-1、F1-906-2，有 24 V 直流电则送电端（信号送至站台门）电压正常，无 24 V 直流电则排查信号电源屏送至分线盘链路；若此处正常再测量 F1-202-5、F1-202-6，无 24 V 直流电则为站台门专业故障，有 24 V 直流电则站台门送至信号侧正常，后续依次测量信号分线柜至 PDQCJ 继电器链路及 PDQCJ 继电器电压，锁定故障点。

（五）功能验证

故障处理完成后，按表 3-21 对设备进行功能验证。

表 3-21　站台门功能验证表

站名：			检查人：		确认人：		检查日期：	
序号	名称	被测状态	ATS 工作站显示状态	继电器状态	IBP 表示灯	室外状态	测试结果	备注
		开门	站台显示开门状态	PDKJ↑/KMJ↑GMJ↓	表示灯点亮	站台对应站台门开启		
		关门	站台显示关门状态	PDKJ↑/KMJ↓GMJ↑	表示灯熄灭	站台对应站台门关闭		
		切除	站台门显示红色切除状态	PDQCJ↑		站台对应站台门切除		
		取消切除	站台门仍然显示红色切除状态，但延时一定时间后，红色切除状态消失	PDQCJ↓		站台对应站台门取消切除		
		开门	站台显示开门状态	PDKJ↑/KMJ↑GMJ↓	表示灯点亮	站台对应站台门开启		
		关门	站台显示关门状态	PDKJ↑/KMJ↓GMJ↑	表示灯熄灭	站台对应站台门关闭		
		切除	站台门显示红色切除状态	PDQCJ↑		站台对应站台门切除		
		取消切除	站台门仍然显示红色切除状态，但延时一定时间后，红色切除状态消失	PDQCJ↓		站台对应站台门取消切除		
存在问题：								

（六）案例分析及处理

案例 1：某站维护检测系统报下行站台门故障（非信号设备故障）

故障现象：查看现场维护监测系统，并查看继电器状态，了解故障大致方向。经查看故障为无车时 PDKJ 落下，站台门状态未知。

故障分析：

（1）现场人员核对 PSL（IBP）“门关好且锁紧”灯已点亮，说明站台门自身电路无异常，故障锁定至 PDKJ 励磁电路，信号人员根据此现象进行后续测量。测量 PDKJ 继电器励磁电压为直流 0 V，结合监测信息初步判断此故障为 PDKJ 供电电路故障。

(2)根据判断思路查看站台门接口电路,找到 PDKJ 供电电路。

(3)测量图 3-34 中分线盘 F1-905-5、F1-905-6,直流电压为 24 V,说明送电端(信号送至站台门)电压正常。

(4)测量图 3-34 中分线盘 F1-202-3、F1-202-4,直流电压为 0 V,说明站台门送回至信号分线柜电压异常,站台门机房内部可能存在开路。由此定位故障点为 PDKJ 供电电路经过站台门机房部分开路。

(5)信号专业人员应联系站台门专业人员到达现场,并配合站台门专业对 PDKJ 供电电路故障进行处理。

故障处理:故障处理完成后,信号人员调阅维护监测设备检查 PDKJ 状态是否恢复正常,手动开启/关闭站台门查看 PDKJ 状态是否与现场一致。确认一切正常后安排信号人员进行重点监控。

案例 2:某站维护监测系统报下行站台门故障(信号设备故障)(图 3-35)

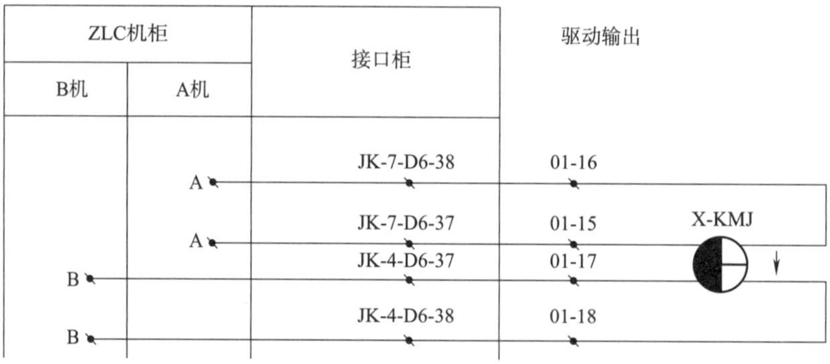

图 3-35　联锁驱动电路

故障现象:查看现场维护监测系统,并且查看继电器状态,确定故障大致方向。经查看关车门时联锁从 A 机直接切换至 B 机,微机监测显示 A 机 KMJ 无法正常驱动。

故障分析:初步判断故障原因为联锁 A 机 KMJ 通道驱动故障。值班人员根据初步判断思路进行处理,将联锁机强制打至 A 机,列车尝试开门,车门开启后 KMJ 并没吸起,测量 KMJ 1-2 线圈无 24 V 电压。同时观察联锁灯位显示 KMJ 驱动灯位没有点亮。待下一趟列车经过时继续尝试开门,测量接口柜仍然无 24 V 电压,由此判断故障原因为联锁 KMJ 驱动板卡故障,更换板卡故障恢复。

故障处理:

(1)值班人员利用临时点更换 A 机站台门通道所在驱动板卡,后续尝试开门,发现开门命令正常发送。

(2)后续尝试进行开关门验证与隔离验证,发现站台门状态均正常,联锁驱动采集灯位正常,微机监测与联锁(ATS)界面均无报警产生,系统恢复正常。

八、自动折返

(一)故障概括

轨旁自动折返链路是列车在折返站实现无人自动折返的主要控制电路,在折返站由司机同时按下站台的ATB触发和ATB激活按钮激活列车无人自动折返模式。自动折返链路故障时，可采用人工折返组织行车。故障期需重新组织司机登车进行人工折返，间接影响列车运营。

(二)故障处理原则

轨旁自动折返链路主要由ATB触发按钮、ATB激活按钮、指示灯和连接电缆组成。

上述按钮按压后指示灯不亮但是可正常触发故障，不影响自动折返，当故障发生后只需注意设备状态即可，不会对行车产生影响。

当自动折返链路发生故障时，列车在折返站无法进行无人自动折返，需及时建议调度组织司机进行人工折返，降低故障对运营的影响，在运营结束后申请临时检修点对链路开展排查处理工作，确保设备恢复正常。

(三)故障处理思路

通过现场人员不断的实践与总结，轨旁自动折返故障处理思路按照如下“看”“判”“定”“处”“验”五个步骤进行。

1.“看”

值班人员接到故障后，应立即响应并查看联锁(ATS)界面上是否存在折返相关继电器的动作命令，并查看联锁机、联锁(ATS)界面上相应采集灯位显示。

2.“判”

询问司机是否按压自动折返按钮，尝试让司机再次同时按压ATB触发和ATB激活按钮。如果仍然无法触发，则选在运营结束后再次按压查看相关继电器状态。

按压后若ATBCFAJ(ATB触发继电器)或者ATBJHAJ(ATB激活继电器)不吸起，则查找其对应继电器励磁电路故障。若按压后ATBCFAJ或者ATBJHAJ都吸起，但是联锁采集相应继电器灯位不亮，则考虑采集电路故障。

若可以正常触发，但是指示灯不亮，则考虑折返指示灯电路故障。

3.“定”

值班人员将故障原因上报，同时根据“先通后复”原则，确定故障处理方法。通过测量手段进行排查，根据判断的故障类型，测量相关电路，找到具体故障点。

4.“处”

根据“故障处理流程”快速定位故障原因，迅速完成故障处理。

5.“验”

根据“功能验证流程”进行设备恢复验证，确认设备功能恢复正常，销点、交付使用。

(四)故障处理流程

为进一步缩短自动折返链路故障处理时间，降低故障对运营的影响，按照“看”“判”“定”“处”“验”五个步骤设计自动折返链路故障处理流程。自动折返链路故障处理流程如图3-36所示。

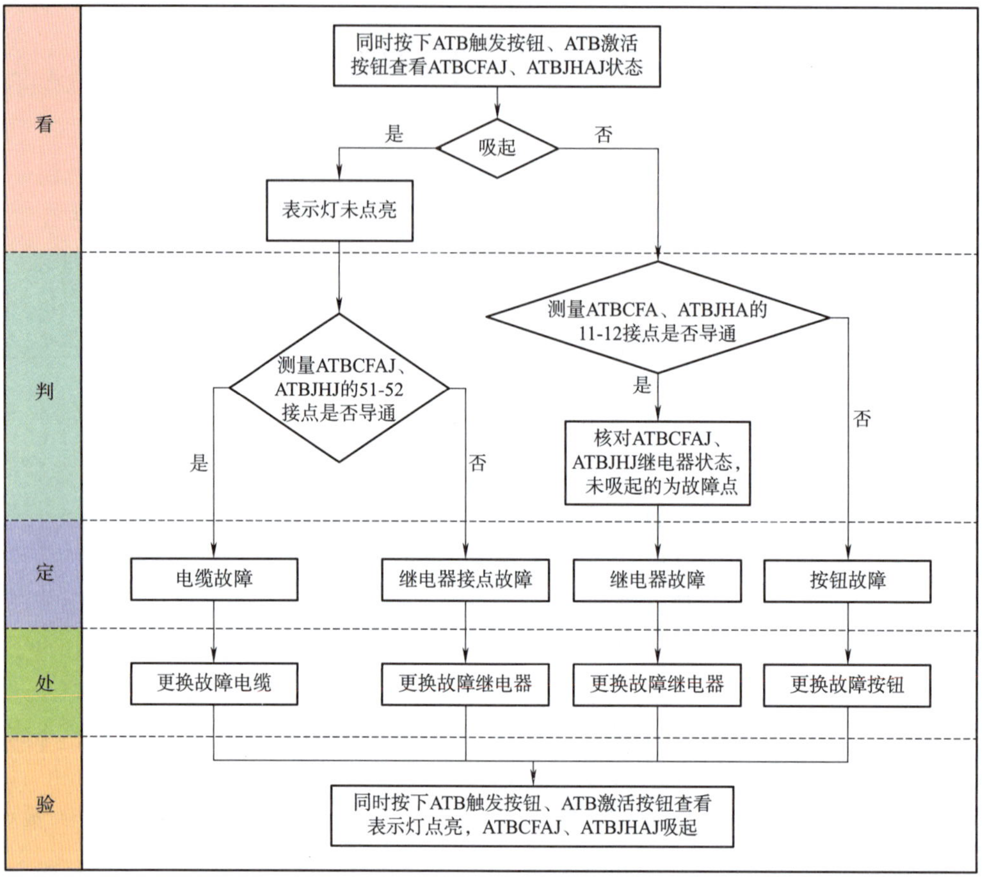

图 3-36　自动折返链路故障处理流程

(五)功能验证

故障处理完成后，按表 3-22 对设备进行功能验证。

表 3-22　自动折返功能验证表

车站：	日期：	验证人员：	
序号	验证内容	验证结果	备注
1	同时按下 ATB 触发按钮、ATB 激活按钮查看表示灯是否点亮	□正常 □异常	
2	查看室内 ATBCFAJ、ATBJHAJ 状态	□正常 □异常	
3	测量 ATBCFAJ、ATBJHJ 的 51-52 接点导通	□正常 □异常	
4	测量 ATBCFA、ATBJHA 的 11-12 接点导通	□正常 □异常	

填写说明：在“验证结果”栏如实勾选，相应问题记录在“备注”栏。

(六)案例分析及处理

案例1:某站行调报折返按钮按压后无法触发(ATBCFJ 励磁电路故障)

故障现象:值班人员接报后立刻查看联锁(ATS)界面上是否存在 ATBCFAJ(ATB 触发继电器)和 ATBJHAJ(ATB 激活继电器)的动作命令;并且查看联锁(ATS)界面上采集灯位相对应 ATBJHAJ 的灯位显示。查看后发现 ATBJHAJ 激活,但是 ATBCFJ 没有激活。

故障分析:

(1)根据现象初步判断故障为 ATBCFJ 没有激活导致无法触发折返。值班人员立刻询问司机是否同时按压 ATB 触发和 ATB 激活按钮,并且在下一趟列车经过时尝试再次按压。下一趟列车经过后值班人员查看继电器状态,当司机同时按压 ATB 触发和 ATB 激活按钮后 ATBCFJ 不吸起,由于 ATBJHJ 可以吸起,则公共部分正常。由此判断故障原因为 ATB 触发继电器励磁电路故障。

(2)进一步分析 ATBCFJ 励磁电路,如图 3-37 红框所示。

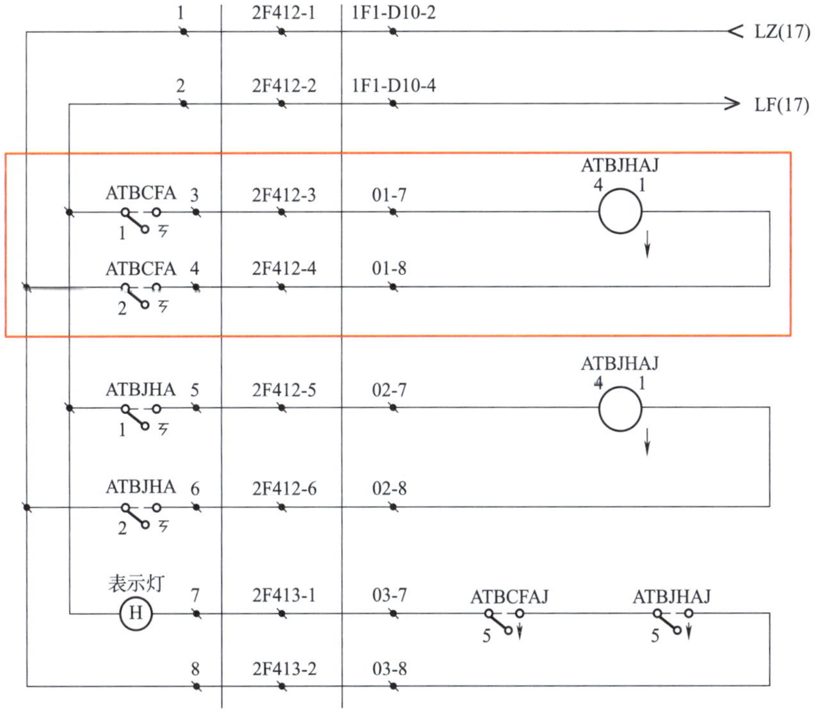

图 3-37　ATBCFAJ 励磁电路

(3)使用万用表直流电压挡测量分线柜 2F412-3、2F412-4 不存在 24 V 直流电压,由此可知故障点位于室外。值班人员立刻去室外测量 ATBCFA(自动折返触发按钮)的按钮接线端子,按钮端子输入端有 24 V 直流电压,随后测量 ATBCFA 的输出端,直流电压为 0 V。证明故障点为 ATBCFA 按钮故障导致触发信号无法送至室内。

故障处理:

(1)尝试更换 ATBCFA,更换后按压 ATBCFA 测量输出端,有 24 V 直流电压,室内

ATBCFJ 吸起，故障恢复正常。

(2)尝试进行自动折返按钮功能测试，排列进路后同时按压 ATBCFA(自动折返触发按钮)和 ATBJHA(自动折返激活按钮)，发现自动折返可以正常办理，功能验证良好，次日列车利用自动折返可以正常进行折返。

案例 2：某站行调报折返按钮按压后无法触发(室内外电缆开路)

故障现象：值班人员接报后立刻查看联锁(ATS)界面上是否存在 ATBCFAJ(ATB 触发继电器)和 ATBJHAJ(ATB 激活继电器)的动作命令；并且查看联锁(ATS)界面上采集灯位相对应 ATBJHAJ 的灯位显示。查看后发现司机按压折返按钮后 ATBJHAJ 和 ATBCFJ 都没有激活。

故障分析：

(1)根据现象初步判断故障为 ATBJHAJ 和 ATBCFJ 都没有激活导致无法触发折返。值班人员立刻询问司机是否同时按压 ATB 触发和 ATB 激活按钮，并且在下一趟列车经过时尝试再次按压。

(2)下一趟列车经过后值班人员查看继电器状态，当司机同时按压 ATB 触发和 ATB 激活按钮后 ATBJHAJ 和 ATBCFJ 都不吸起，故障原因大概率可能为室内送电至室外各个按钮的公共部分故障。

(3)值班人员立即使用万用表直流电压挡对 2F412-1、2F412-2 进行测量，存在 24 V 直流电压，随后对室外紧停箱盒的 1、2 端子进行测量，直流电压为 0 V。由此断定故障点位于室内分线柜至室外紧停箱盒接线端子处，具体故障点如图 3-38 红色框选电路所示。

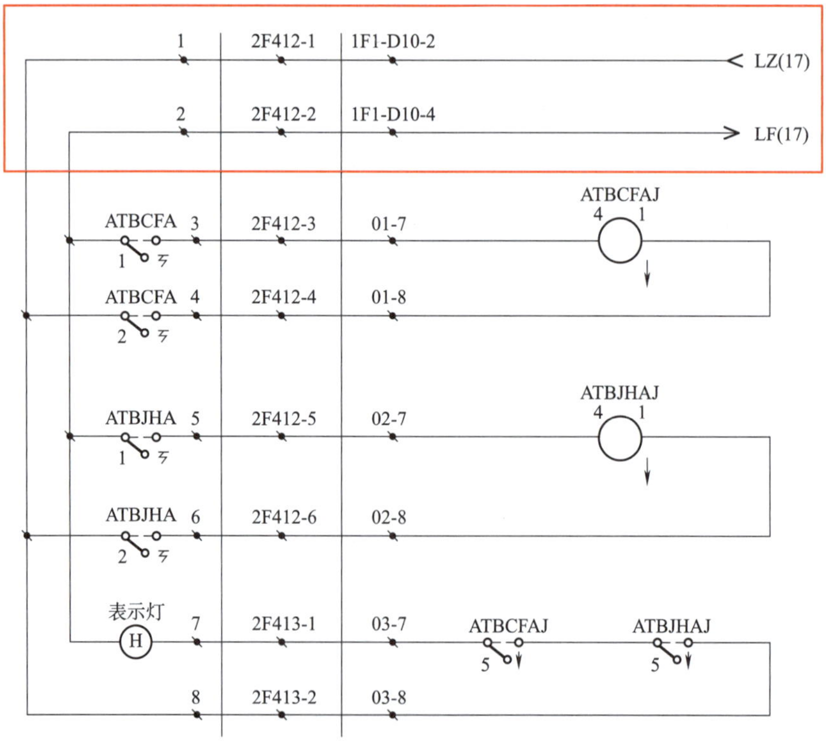

图 3-38　ATBCFAJ 电路疑似故障点

(4)通过观察发现 2F412-1 至室外的接线端子松动。甩开分线柜 2F412-1、2F412-2 至室外的线缆,并且相互短接;室外甩开箱盒内端子 1 和 2 至室内的线缆,用万用表欧姆挡将红黑表笔分别接至 1 和 2,发现线缆电阻为 1 Ω,证明线缆绝缘良好。因此故障点进一步确定为插接端子松动导致公共电路开路造成折返无法触发。

故障处理:

(1)重新将线缆 2F412-1 剥头至 8～9 mm,插入分线柜端子,随后测量室外箱盒 1、2 端子的电压,测得直流电压为 24 V,即故障点恢复完成。

(2)尝试进行自动折返按钮功能测试,排列进路后同时按压 ATBCFA(自动折返触发按钮)和 ATBJHA(自动折返激活按钮),发现自动折返可以正常办理,功能验证良好,次日列车利用自动折返可以正常进行折返。

九、发车计时器

(一)故障概括

发车指示器(DTI)是指能接收 ATS 系统提供的控制命令和信息,为列车司机提供到站停车时间、发车时间、晚点时间等信息显示的设备。发车指示器故障可能影响司机在列车运行时看不到指示器所给出的大屏显示。由于车载 DMI 上也有相关列车到发显示,因此原则上不影响列车正常运行。

(二)故障处理原则

在处理 DTI 故障时,本着不影响正常运营的前提下,利用运营结束后,申请临时检修点,在施工点内进行排查处理。

(三)故障处理思路

通过现场人员不断的实践与总结,发车指时器系统故障处理思路按照如下“看”“判”“定”“处”“验”五个步骤进行。

1.“看”

值班人员接到故障后,应立即响应并视情况赶赴故障现场查看故障现象。查看维护监测终端,查看 ATS 机柜的 COM 灯位显示,随后申请端门点,查看 DTI 上相关列车到站显示。

2.“判”

值班人员应根据现场故障现象,第一时间判断出初步故障原因,并评估对运营的影响,及时与调度进行沟通。

发车指示器故障一般不影响正常运营,并且内部只有屏蔽线缆从 ATS 送至室内分线柜再送至室外,电路相对简单,因此可在运营结束后进行恢复处理。

3.“定”

查看图纸确定该 DTI 对应线缆位于分线盘的位置,通过对分线盘进行测量从而确定故障位于 ATS 机柜至分线盘的线缆还是分线盘至室外线缆。

4.“处”

根据“故障处理流程”快速定位故障原因。通过紧固对应部位端子尝试恢复,若无法恢复,则更换对应部分的屏蔽线尝试进行恢复,由于屏蔽线 4 芯一体,因此若发生故障则全部更换。

5.“验”

根据“功能验证流程”进行设备恢复验证，确认设备功能恢复正常，销点、交付使用。

(四)故障处理流程

为进一步缩短发车计时器故障处理时间，降低故障对运营的影响，按照“看”“判”“定”“处”“验”五个步骤设计发车计时器故障处理流程。发车计时器故障处理流程如图 3-39 所示。

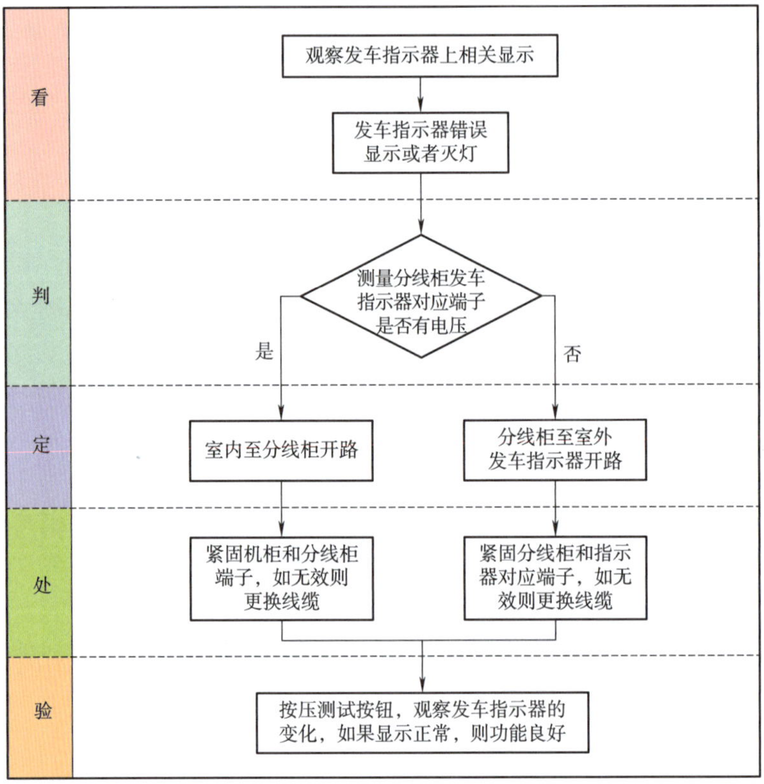

图 3-39　发车计时器故障处理流程

(五)功能验证

故障处理完成后，按表 3-23 对设备进行功能验证。

表 3-23　发车指示器 DTI 功能验证表

站名： 设备名称(位置)： 检查人： 确认人： 检查日期：			
检查内容			备注
外观检查	1. 安装位置正确、固定良好	是□ 否□	
	2. 外观完整、漆面无脱落、锈蚀	是□ 否□	
	3. 门、锁开关良好无别劲	是□ 否□	
	4. 各部螺栓紧固	是□ 否□	
内部检查	1. 端子号标识、配线标识清晰	是□ 否□	
	2. 配线整齐无交叉，内部各部件安装牢固	是□ 否□	

续上表

检查内容			备注
内部检查	3. 门、锁处配线无挤、压	是□ 否□	
	4. 配线插接无松动、脱落、弯折	是□ 否□	
	5. 开、关箱盒锁舌对配线无影响	是□ 否□	
功能验证	1. DTI 上显示跳停、扣车、正计时、倒计时、全显等功能正常	是□ 否□	
	2. 车站 HMI 终端设置本站扣车，查看 DTI 上显示为“H”	是□ 否□	
	3. DTI 显示器 LED 二极管点亮状态，发光二极管矩阵无灭灯	是□ 否□	
	4. DTI 状态为息屏	是□ 否□	
	5. 接口板“DDY”灯稳定红色，“SYS”灯绿色闪烁，电源模块指示灯稳定绿色	是□ 否□	

填写说明：如实勾选检查结果，并在“备注”栏予以说明。

（六）案例分析及处理

案例 1：列车行驶至某站，司机发现 DTI（发车指示器）无显示（接线端子松动）

故障现象：值班人员查看维护监测系统发现无 TDT 相关告警，赶赴端门内现场发现 DTI 灭灯。

故障分析：

（1）根据故障现象，值班人员建议运营结束后利用临时检修点进行处理。查看图纸发现此故障 DTI 为 DTI1501，其电路如图 3-40 所示。

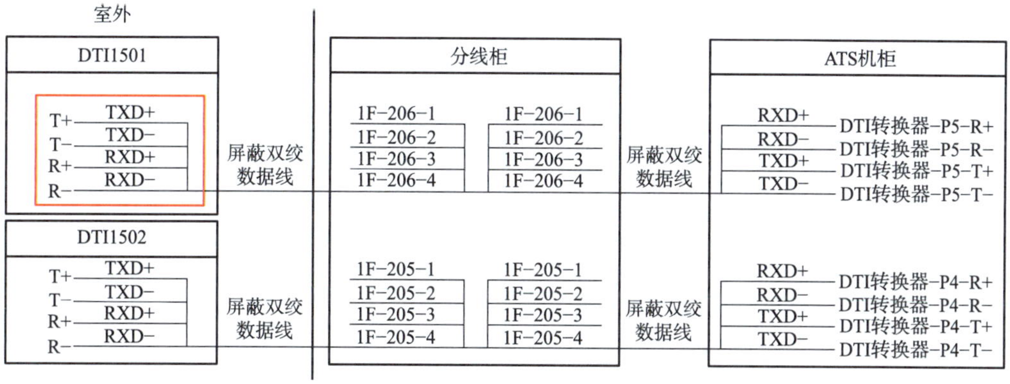

图 3-40　发车指示器电路

（2）值班人员利用晚上临时检修点进行排查。利用万用表直流电压挡测量图 3-40 中分线柜 1F-206-1 和 1F206-2 有电压，再次测量 1F-206-3 和 1F-206-4 也有直流电压。因此故障点可定位为分线柜至室外部分开路。由于其电路为屏蔽双绞数据线，因此电缆路径中单根故障概率很低。应先检查其对应室外 DTI 是否紧固牢靠。

故障处理：

(1)值班人员根据排查到的故障点进行恢复，将图 3-40 中红色框选部分对应实体线缆紧固。紧固后按压测试按钮观察 DTI 显示，其显示为正常。

(2)值班人员恢复完设备后进行功能验证，用测试按钮进行测试，并观察灯位显示是否正常。随后在早班车经过时查看 DTI 是否正常倒计时。观察发现 DTI 显示为正常，故障恢复正常。

十、IBP 接口电路

(一)故障概况

IBP 位于车控室内，用于当车站值班员在车站设备服务器或者人机界面出现故障时，通过 IBP 对本车站进行应急管理。

IBP 中信号部分主要为紧停和计轴设备按钮，其故障通常不会在监控系统中出现，只有当操作中发现 IBP 相关按钮无法操作时需要排查相关电路。

(二)故障处理原则

IBP 故障分为紧停故障和计轴故障，其中计轴按钮作用与信号设备室复零板实现功能相同，若紧急情况下无法使用 IBP 复位，可通过计轴系统进行复位操作。IBP 紧停触发与站台紧停触发作用相同，触发后需车站按压紧停复位按钮进行复位操作，因此紧停复位故障将影响运营。

(三)故障处理思路

通过现场人员不断的实践与总结，IBP 故障处理思路按照如下“看”“判”“定”“处”“验”五个步骤进行。

1.“看”

值班人员接到故障后，应立即响应并视情况赶赴故障现场查看故障现象，并查看按键对应继电器状态。

2.“判”

值班人员应根据现场故障现象，第一时间判断出初步故障原因，并评估对运营的影响，及时与调度进行沟通。同时通过按压按钮测试相关设备状态。

3.“定”

值班人员将故障原因上报，同时根据“先通后复”原则，确定故障处理方法。通过看故障现象与初步判断进行相关测量。通过测量具体电压电流等信息进行确定，从而恢复异常部位。

4.“处”

根据“故障处理流程”快速定位故障原因，通过更换断线或者更换故障继电器等方法，迅速完成故障处理。

5.“验”

根据“功能验证流程”进行设备恢复验证，确认设备功能恢复正常，销点、交付使用。

(四)故障处理流程

为进一步缩短 IBP 故障处理时间，降低故障对运营的影响，按照“看”“判”“定”“处”“验”五个步骤设计 IBP 故障处理流程，如图 3-41 所示。

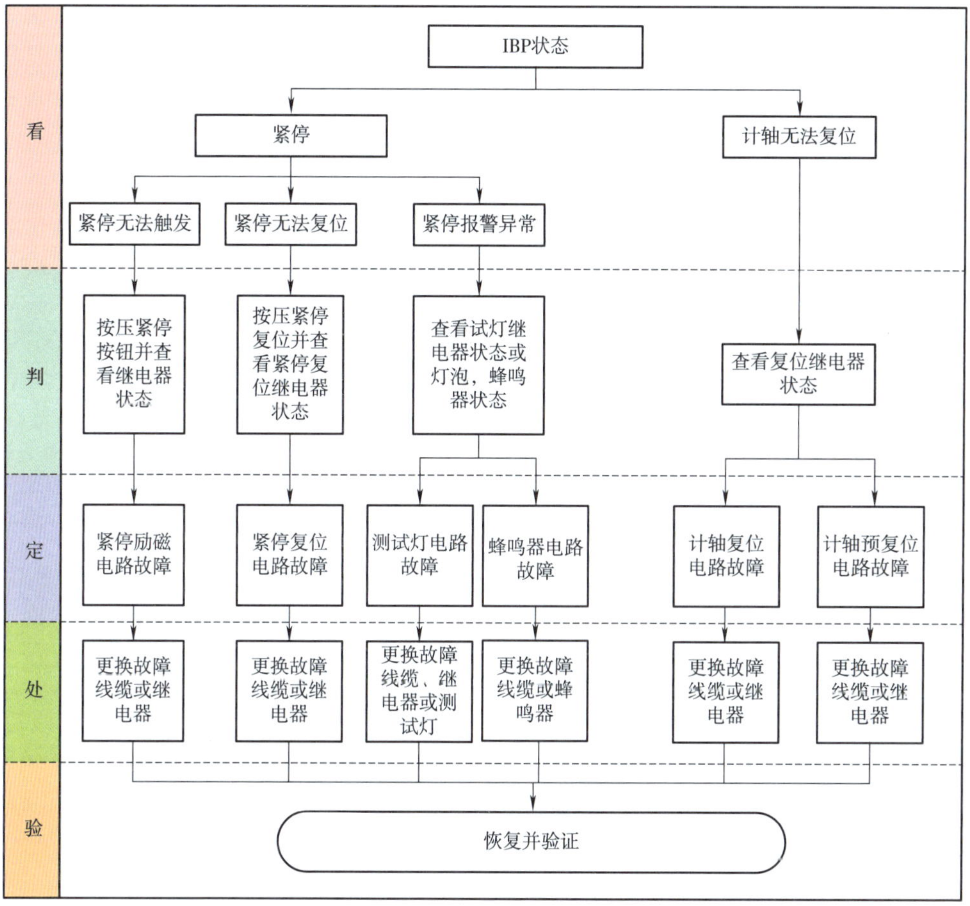

图 3-41　IBP 故障处理流程

(五)功能验证

故障处理完成后，按表 3-24 对设备进行功能验证。

表 3-24　IBP 功能验证表

站名：		检查人：		确认人：	检查日期：
道岔位置表示灯测试					
序号	道岔名称	室内外道岔位置是否一致	位置表示灯显示是否正确	交流电流表是否正常	备注
1		是□ 否□	是□ 否□	是□ 否□	
2		是□ 否□	是□ 否□	是□ 否□	
3		是□ 否□	是□ 否□	是□ 否□	
4		是□ 否□	是□ 否□	是□ 否□	
5		是□ 否□	是□ 否□	是□ 否□	
6		是□ 否□	是□ 否□	是□ 否□	
7		是□ 否□	是□ 否□	是□ 否□	
说明：每个道岔每个转辙机分别设置两个位置表示灯，绿灯表示定位，黄灯表示反位。					

续上表

紧急关闭按钮测试					
序号	位置	紧急关闭按钮是否按下	紧急关闭表示灯是否点亮	ESPJ 是否落下	蜂鸣器是否报警
1	站台上行头端	是□ 否□	是□ 否□	是□ 否□	是□ 否□
2	站台上行尾端	是□ 否□	是□ 否□	是□ 否□	是□ 否□
3	站台下行头端	是□ 否□	是□ 否□	是□ 否□	是□ 否□
4	站台下行尾端	是□ 否□	是□ 否□	是□ 否□	是□ 否□
5	IBP 上行	是□ 否□	是□ 否□	是□ 否□	是□ 否□
6	IBP 下行	是□ 否□	是□ 否□	是□ 否□	是□ 否□
切断报警及灯泡实验是否正常：					
存在问题：					

填表说明：按测试结果正确勾选相应选项。

（六）案例分析及处理

案例：某站车控室报某区段计轴复位操作无效

故障现象：

（1）值班人员接报后赶赴车控室，车站值班员尝试按压计轴预复位按钮和该区段复位按钮，发现区段并没有出清；观察设备室继电器状态，按压之后 YFWJ 不吸起。

（2）值班人员尝试同时按压计轴复位按钮和计轴总预复位按钮，发现该区段 FWJ 吸起，YFWJ 并没有吸起，判断故障原因为 YFWJ 励磁电路故障。YFWJ 励磁电路如图 3-42 所示。

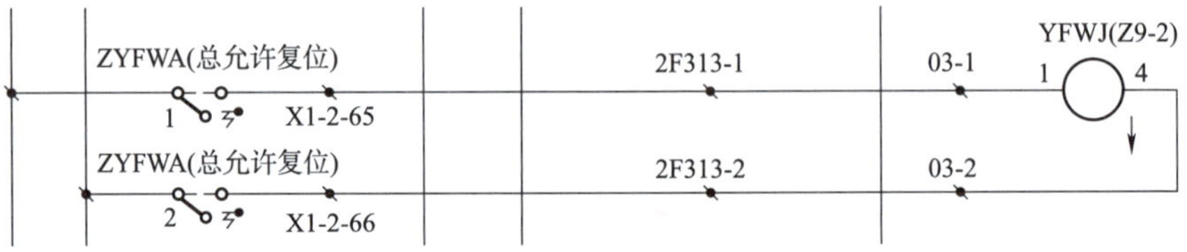

图 3-42　YFWJ 励磁电路

（3）根据判断电路进行测量，值班人员先用万用表直流电压挡测量分线柜 2F313-1、2F313-2，按压按钮后发现直流电压为 0 V。随后值班人员判断故障点位于车控室 IBP 内。测量 X1-2-65、X1-2-66，有 24 V 直流电压。因此故障为 IBP 至分线柜开路。

故障处理：

（1）经过观察发现 IBP 送至分线柜线缆松动，经过紧固后重新按压总预复位按钮，YFWJ 吸起。

（2）值班人员恢复完设备后进行功能验证，通过按压区段复位按钮和总预复位按钮，区段出清，设备恢复正常，功能验证良好。

第四节　继电电路设备故障处理总结

在实际工作中，出现的电气故障各不相同，排除故障的方法及方式只能根据故障的具体情况而定，没有严格的模式及方法。信号维修人员在遇到电气故障时，能准确查明故障原因，合理正确地排除故障，对提高劳动生产率、减少经济损失和保障安全生产都具有重要意义。

一、电气电路故障的分类

同一种故障形式，故障原因多种多样。例如，道岔启动电路中电动机不能正常运转，无论什么故障情况，最集中的表现是电动机不能工作，但故障不一定在电动机，可能是电源故障，也可能是电路故障或者是设备和元件故障等。电动机不能运转的具体原因，还要经过更深入、更详细的分析。按照继电电路设备组成，电气电路故障可分为三类：

(1)电源故障：缺电源、电压异常波动、极性接反、缺相、相序错误、交直流混电等。

(2)电路故障：断路、短路、混线、绝缘不良、接地等。

(3)模块和元器件故障：错位、过热烧毁、运行异常、电气击穿、性能变劣等。

二、排查电气故障的一般步骤

排查电气故障的前提是熟练掌握设备电路及继电器的动作逻辑、动作顺序，掌握联锁系统驱动的继电器和采集的继电器就掌握了设备动作的起点和终点，再结合中间监测系统提供的监测信息，便基本有了故障判断思路。当然，设备故障的原因是多种多样的，故障排查所使用的方式方法也绝非一种，因而故障处理步骤和思路也略有不同。但通过总结不难发现，虽有不同之方法，但大体上也有相同之路径。总体步骤可分为：观察了解故障现象→判断故障原因→确定故障处理方法→快速准确处理故障→验证设备性能。

(一)观察了解故障现象

根据故障现象分析故障原因，是查找电气故障的关键。故障现象直接影响信号维修人员对故障处理的判断方向。故障发生后，应第一时间询问设备使用人员和现场实地观察，通过了解设备发生故障前后有无明显异样，可以在特定场景下快速锁定故障部件位置。例如故障设备是否发生破裂、杂声、异响、异味、过热等现象。注意：此步骤切记粗心大意、经验使然，避免一步错步步错的低级错误。故障现象还包括监测系统的数据调阅，需提前了解监测系统对设备监测的开关量及生成数据，协助得出结论。

(二)判断故障原因

根据故障现象，可以做出初步判断。进一步分析故障还需要对电气电路的构造、原理、性能有充分深入的理解。遵照“先公共再局部后分支，先电源再线路后负载”的处理思路进行更深层的分析。对设备进行全面详细的排查，通过测量手段记录故障发生时最原始的设备参数，将两者互相结合后，再通过和正常的设备参数进行比较，从而分析得出最有可能发生故障的部位。电气故障产生的原因可能很多,重要的是在众多原因中找出最主要的原因,并运用合适的方法去排除故障。

(三)确定故障处理方法

确定故障处理方法前,应先充分地做好预想,防止排除故障的过程中造成故障升级。按照“先通后复”的原则,遵循“先静态后动态、先室内后室外、先机械后电气”的思路,切忌盲目处理,拿起表就测,拿起工具就拆。在排查出故障点后,还应该进一步分析,确定引起故障的根本原因。例如,当道岔表示电路中的整流盒被烧坏,单纯地更换整流盒是不够的,重要的是查出被烧坏的原因,并采取补救和预防措施。

(四)快速准确处理故障

故障处理是对故障恢复的具体操作和实施,一旦出错后果是不可逆的。“稳、准、快”是进行故障处理环节的第一要则(要求遵守的原则)。故障处理手法要稳,故障处理定位要准,故障处理速度要快。

(五)验证设备性能

在信号设备恢复验证前,信号维修人员在送电前还应进行进一步检查,通过检查证实故障确实已经排除,然后由操作人员来试运行操作,以确认设备是否已正常运转,同时还应向有关人员说明应注意的问题。值得注意的是,修复后再作检查时,要尽量使电气控制系统或电气设备恢复原样,并清理现场。

三、排除电气故障选择最安全的方法

安全是一切工作的前提。排除故障是为了保障信号设备安全可靠,如果选择的故障排除(查)方法不当,反而会使故障排查处理适得其反。同样会影响信号设备安全,严重时甚至会导致行车事故的发生。所以正确选择电气故障排除的方法就显得尤为重要。

使用安全的故障处理方法保证设备故障排查处理的安全,此方法简称择安法。

(一)现象观察法

信号设备故障处理常按照“看”“判”“定”“处”“验”进行处理,其中看故障现象为处理的第一步。

在处理过程中,应当先观察故障现象,多数故障可根据现象及原理初步判断故障的位置和相关的电路。

以道岔故障处理为例,可根据继电器的动作来区分故障类型。例如 1DQJ 不动作则直接查找 1DQJ 电路,如 DCJ 不励磁则考虑 DCJ 的驱动电路故障。观察法也可应用于 IBP 灯位、计轴板卡等,可根据现象及原理进行板卡更换或灯位处理。

(二)二分法

二分法即一分为二的方法,在数学上常用于对区间进行一分为二的划分,从而得到准确的取值范围,此方法在信号故障处理中同样适用。将电路假设为一个区间,假设故障位置就是取值范围,在范围较大的时候,可以利用二分法进行划分,从而将故障区间缩小。二分法示意如图 3-43 所示。

第一次二分后可排除左边电路,按照此类方法,直至多次二分后找到最终的故障点。由于信号电路复杂度不高,因此大约二分 3～4 次即可查到故障点。

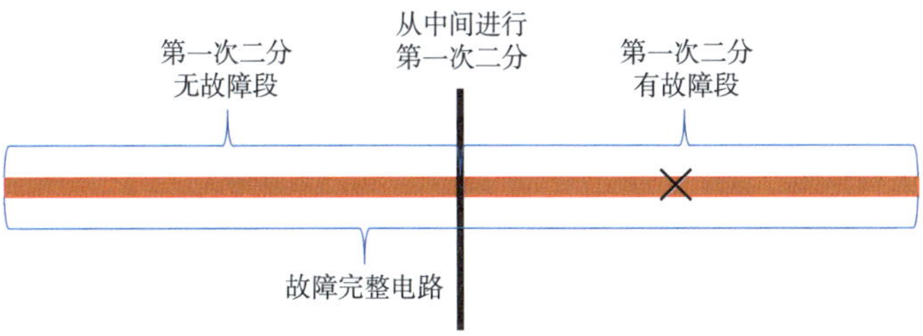

图 3-43　二分法示意

以道岔启动电路为例，当判断到缺相后，可利用二分法，将分线柜当作二分的点，通过测量分线柜区分室内室外，如果是室外故障，可将转辙机插接器当作二分的第二个点，区分转辙机内和转辙机外。不必追求图纸的中间位置，只需要测量时不用跑太远的位置即表示二分的位置是合适的位置。

（三）电阻测试法（无电测量法）

电阻测试法俗称无电测量法。即必须保证所测量电路在无电的前提条件下，才可以使用电阻测试法判断故障。电阻测试法利用电阻表内部的微弱电流沟通整条回路，并检查回路中电阻大小。

注意：电阻挡不需要判断正、负极，红、黑表笔可接在电路的任何位置，但是必须进行无电操作。

1. 开路测试法

如图 3-44 所示，已知从 A 到 C 为一条完整回路，测试其是否存在开路时将万用表旋转至电阻挡位，使用红、黑表笔进行测量。将红表笔接至 A 处，黑表笔接至 C 处，如果指示数显示为 1 Ω 左右即表示内部导通，如果显示为 500 Ω 及以上，或数据远大于 1 Ω，则判定该电路开路。

图 3-44　电阻测试法

随后利用二分法，划分中间点 B，利用接 A 导通 B 可测得 A、B 间的通断，如果 A、B 间电阻显示 1 Ω 左右，则 A、B 之间为通路。

进一步需判断 B、C 之间通断，方法为利用表笔两端，一端接 C 端，一端接 B 端，如果发现 B、C 间电阻远大于 1 Ω，则可判定开路故障点位于 B、C 之间。

最后再次利用二分法划分 B、C 之间的中间接点 D，依照上述测量方法，接通 B、D 和 C、D，经过测量发现 B、D 之间电阻较大，则可证明开路位置位于 B、D 之间。若 B、D 为相邻接点，即不可划分的最小点，则端子 B 到 D 开路。

若该电路存在电阻则需要考虑经过电阻后的阻值变化，如电路经过了 1DBJ 的 1-4 线圈，则电阻在 1 Ω 的基础上加 1 700 Ω。

2. 短路处理法

图 3-44 中,若 A、C 之间出现短路,则可利用甩线测导通方法进行排查。可根据测试的数据进行分析判断是否存在短路故障,如该位置本应当无电,却测试有电,如该位置本应当无电,却测试有电时,或电流值有明显大的波动,即为短路。

若出现短路后,则依次从源头甩线,假设 B 为 A 的相邻端子,将 B 上的线甩开,随后测量 A 和甩开线的 C 是否导通,如果不通,则证明将短路点甩开,如果导通,则恢复 B,证明短路点未被甩开。按照此类方法,固定头尾对整条链路依次甩线测试。

(四)电压测试法

电压测试法测量时应注意表的挡位和表笔的位置,选择合适的量程。测量未知电路时应选用最高的电压挡,以免把表损坏。同时测量直流时,要区分正、负极性。

如图 3-45 所示,将万用表旋转至交流电压挡位,使用红、黑表笔进行测量。测得 A、C 两点间电压为 AC 110 V,B、D 两点间电压为 0 V,得出 A、B 或 C、D 线缆开路(断路)。然后用借电法,黑表笔固定接 A 点,红表笔依次接 J、K、D 点,分别测得 A、J,A、K,A、D 两点间电压均为 AC 110 V,得出 C、D 两点间线缆无开路情况。同理,再用红表笔固定接 C 点,黑表笔依次接 E、F、B 点,测得 C、E 两点间电压为 AC 110 V,C、F 两点间电压为 0 V,确定 E、F 两点间线缆存在开路情况。

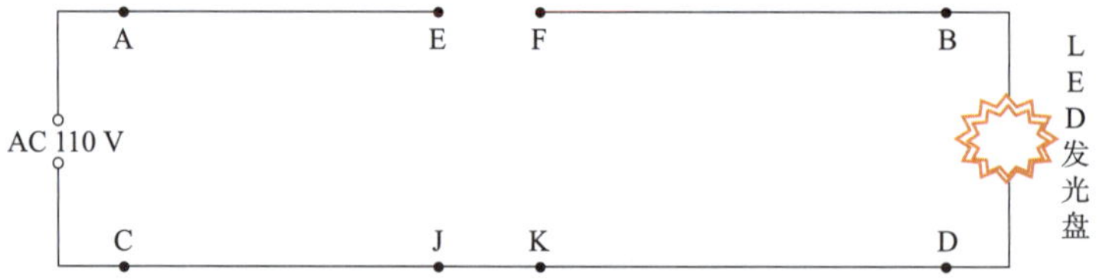

图 3-45 电路开路

如图 3-46 所示,将万用表旋转至直流电压挡位,使用红黑表笔进行测量。红表笔接正电,黑表笔接负电,测得 A、C 两点间电压为 DC+24 V,BD 两点间电压为 DC−24 V,得出 A、B 和 C、D 间线缆存在混线情况。依照接点端子位置继续测量,测得 E、J 两点间电压为 DC+24 V,F、K 两点间电压为 DC−24 V,确定 E、F 和 J、K 端子接线错误。

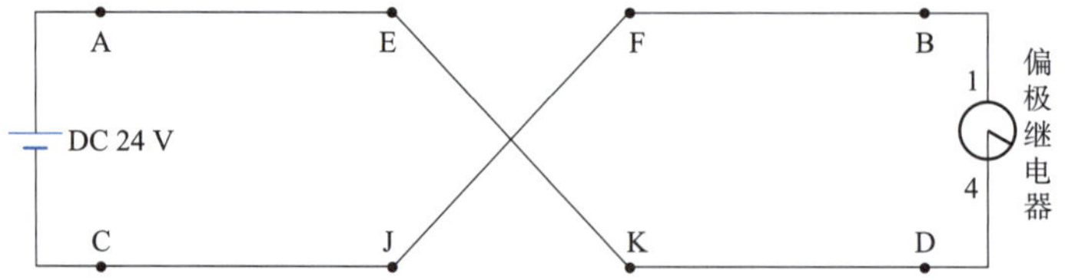

图 3-46 继电器极性接反

(五)电流测试法

电流测试法是通常测量线路中的电流是否符合正常值,以判断故障原因的一种方法。在故障处理过程中,常通过电流表来处理交流电路的短路故障,其处理可避免电阻法的甩线，可更快捷地处理短路故障。但是由于电流表自身特性，信号测量设备没有高精度直流电流表，因此直流短路故障仍只能使用电阻法进行测量。

短路故障往往是由于两个本应接负载或串接点条件才能接通的电路，由于存在封连线或者线缆皮老化导致两根电缆互相接通。

如图 3-47 所示，电路为一个简单的回路，假设 A、B、C、D、E、F 为已知端子，A′、B′为封连线封连处，黑色线为短路封连线，可利用电流表（卡钳）进行测试，因为电路已沟通，且交流电没有正、负极之分，因此可从源头进行卡流排查。

先从"＋"电的始端进行测量，卡 A 点的电流，发现电流正常，卡 B 点的电流，发现电流也正常，随后卡 C 点的电流，发现 C 点无电流，因此故障点其中之一在 B 到 C 之间，通过卡线缆可发现在 B′点出现封连线，甩掉后故障恢复正常，即 B′为其中一个短路点。但是短路需要两个故障点才能形成，因此要找到第二个故障点。恢复 B′，按照卡电流的方法依次卡 C、D、E 点，C 点无电流，D 点无电流，E 点有电流，因此可断定故障点为从 D 到 E 的电路与从 B 到 C 的电流间发生短路，从而发现是 A′与 B′间短路造成 C-D-E 电路中无电流。

（六）借正查负/借负查正法

借正查负/借负查正法适用于电压法中，属于电压法里的借电测量方法。如根据组合侧面的配线方法，每层的 06-1 和 06-2 为 KZ 恒供电，06-3 和 06-4 为 KF 恒供电。在已知电路中找到相关电路本应存在的正电/负电，利用侧面端子的恒供电沟通 24 V 电势差。

如图 3-48 所示，以 2DQJ 励磁电路为例，当发现定操 2DQJ 不励磁时，检查 2DQJ 励磁电路，可利用借正查负法。红表笔借 06-1 的 KZ，黑表笔查 DCJ 的 72 接点，检查 KF 头端，随后黑表笔接 06-3 的 KF，红表笔接 1DQJF31 查 KZ 第一个端子。随后利用二分法，在操动过程中借 KF 查 2DQJ 线圈端子 3，若无 24 V 直流电，则证明 1DQJF31 到 2DQJ 线圈端子 3 开路，按此类方法依次查即可。

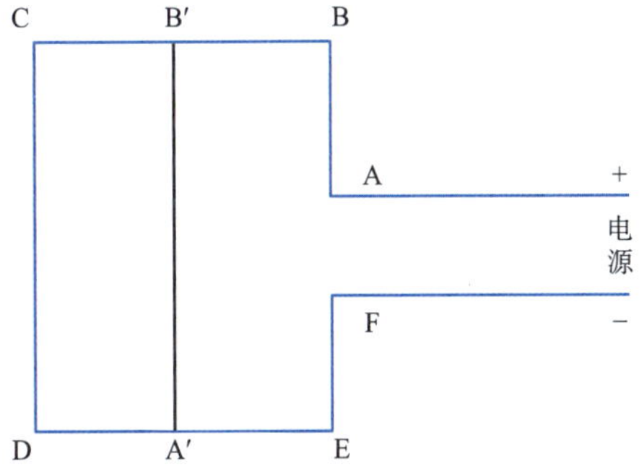

图 3-47　电流测试法

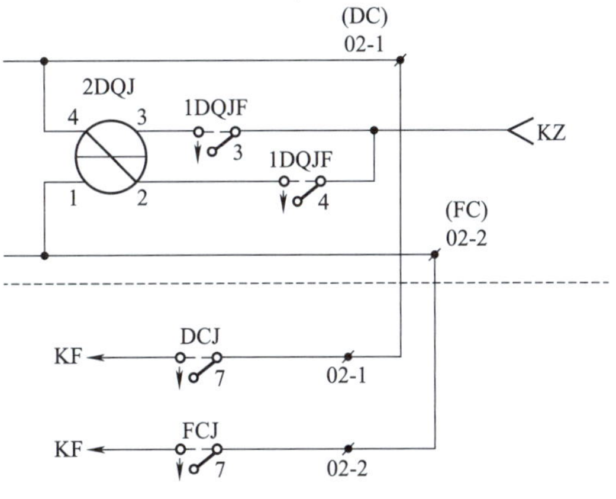

图 3-48　2DQJ 励磁电路

（七）更换配件法

即在怀疑某个器件或电路板有故障但不能确定，且有代用件时，可替换试验，看故障是否消失，恢复正常。如 DBQ 故障可直接更换 DBQ 等。

(八)日志分析法

目前轨旁设备基本均有监测系统监测,可以通过监测系统提供的开关量信息、曲线、系统日志(如计轴日志)等对故障原因进行分析,从而定位故障原因,找到收发信息的详细情况再进行处理。如计轴设备故障时,一般都有故障板卡的错误代码,按照代码与厂家提供的技术资料进行核对,可快速锁定故障原因。由于信号设备厂家不同,故障代码也不同,此处不展开论述。

四、总　结

以上几种常用的方法,可以单独使用,也可以混合使用,碰到实际的电气故障应结合具体情况灵活应用。

电气故障现象是多种多样的,同一类故障可能有不同的故障现象,不同类故障可能是同种故障现象的同一性和多样性体现,会给查找故障带来复杂性。但是,故障现象是查找电气故障的基本依据,是查找电气故障的起点,因此要对故障现象仔细观察分析,找出故障现象中最主要的、最典型的方面,搞清故障发生的时间、地点、环境等。很多电气故障的排除,必须依靠专业理论知识才能真正弄懂弄通。电气维修人员应不断加强自身专业理论知识的学习和提高操作技能水平,提高自己在实际工作中有效解决实际问题的能力和维修水平,当发生电气故障时,能够准确地查找其故障所在,从而排除故障使电气设备能够正常稳定地运行。

第四章 >>>

信号系统设备故障处理

城市轨道交通信号系统的核心是列车自动控制系统，它由计算机联锁、列车自动监控、列车自动防护、列车自动驾驶等子系统构成。各子系统间的信息传输由数据通信系统负责，各子系统之间相互渗透，实现地面控制与车上控制相结合、现地控制与中央控制相结合，构成一个以安全设备为基础，集行车指挥、运行调整以及列车驾驶自动化等功能为一体的自动控制系统。但各信号子系统间功能相互独立，如继电电路设备基本由联锁系统进行信息驱动、采集及处理；各子系统信息处理时，偶尔会出现信息处理异常、数据及软件崩溃等情况，如何处理各子系统的故障，是本章的重点内容。

第一节　计算机联锁子系统

一、计算机联锁系统通用知识

联锁设备的基本联锁功能是以安全方式确保轨旁控制的安全，联锁系统根据轨旁信号设备的状态，执行列车自动监控（ATS）系统、车站操作人员的指令，为列车办理进路、管理轨旁设备，保证列车进路区段、道岔、信号机之间的正确联锁关系，并且具备在各种列车控制等级和驾驶模式下进路管理的能力。联锁系统必须是故障导向安全的，即在故障情况下，联锁系统要确保信号机处于关闭状态，道岔不能转动。

城市轨道交通信号联锁系统与传统联锁的区别，在于联锁关系中增加了紧急关闭按钮、站台门状态、扣车按钮等相关信息。联锁进路建立过程要检查道岔位置、进路空闲状态、敌对进路是否建立、站台门关闭状态等相关信息，其中一项条件不满足进路将无法建立，每一条进路检查的联锁条件关系与很多因素有关，具体要看站场图和联锁表。同样地，每一条进路解锁也要检查很多相关信息，如进路是否有车通过，接近区段是否有车占用等。列车正常通过进路，进路自动解锁；因区段故障或列车未完整通过进路等原因，导致进路不能正常解锁情况下，需采用区段故障解锁的方式解锁；当进路接近区段有车占用未进入进路内方情况下取消进路，进路将延时解锁。

随着技术的进步，目前城市轨道交通信号联锁系统大多采用计算机联锁，设备硬件方面设计为双机热备、三取二和二乘二取二结构以确保安全。

（一）典型联锁系统结构

典型联锁系统结构如图 4-1 所示。

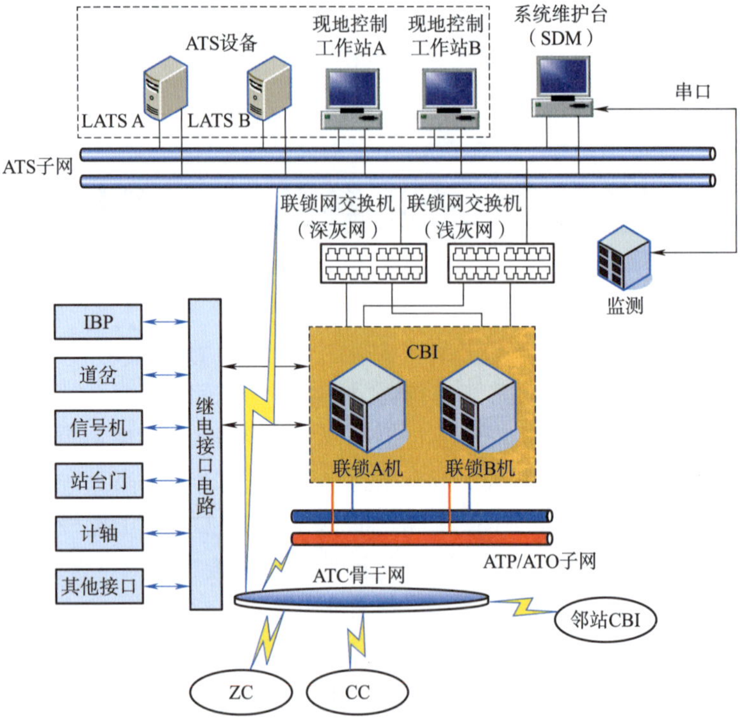

图 4-1　典型联锁系统结构

1. 第一级网络

第一级传输非安全信息的网络(图 4-1 中深灰、浅灰两个网络),主要为联锁系统与 ATS 系统、系统维护台及现地控制工作站之间的信息交换提供网络传输通道;传送联锁系统的操作记录、站场状态信息、联锁系统自检信息等,并实现系统时钟的统一校准。同时此综合信息网用来与 ATS 和维护支持、监测系统连接,交换信息。联锁设备与 ATS 系统结合实现对进列车进路的自动控制。如行车人员通过 ATS 工作站(联锁工作站)输出的操作命令(如进路办理、单操道岔等所有联锁操作)经深灰、浅灰网发送给联锁系统;联锁系统把联锁运算后的相关表示信息(信号机状态、道岔位置、区段状态等)送至 ATS 工作站(联锁工作站)进行显示;系统维护工作台实时监控设备运行状态,发现异常时报警。目前多数情况下,ATS 的监控工作站和联锁工作站合用,系统维护工作台功能合并至维护监测工作站。

2. 第二级网络

第二级网络为联锁总线网,也是联锁系统中最为关键的、与安全直接相关的网络,采用安全冗余结构的高可靠高速现场总线 CAN,实现联锁逻辑单元和智能化采集驱动 I/O 模块的连接。联锁机通过此总线向采集驱动模块发送命令,动作现场信号设备,同时接收信号设备状态,作出联锁逻辑判断。

(1)负责采集和驱动现场相关轨旁信号设备,通过安全型继电器实现与道岔转辙机、信号机、计轴、紧急关闭按钮/紧急关闭取消、站台门等设备的安全接口。安全接口具有故障—安全功能。计算机联锁采集的继电器通过采集继电器接点的方式直接证明继电器状态。对于涉及安全的非由计算机联锁驱动的关键继电器(GDJ、DBJ 等),计算机联锁的每一系均采用同时采集这些继电器双接点方式并予以校核。

联锁设备驱动的继电器采用双断方式,不存在公共的驱动回线,驱动继电器对应执行层的双系分线网使用。

(2)负责和 LEU 接口,在降级模式下向车载系统提供轨旁信号和道岔的相关信息,通过安全型继电器实现与 LEU 的接口。

3. 第三级网络

第三级为传输安全信息的数据骨干网,设置一套双系热冗余的二乘二取二(三取二)联锁系统,两者互相独立。每系联锁系统通过信号系统中负责安全信息传输、互为冗余的数据骨干网(图 4-1 中 ATP/ATO 红蓝子网),完成管辖区域内的所有联锁功能及与轨旁 ZC、车载 CC 和邻站联锁系统之间的接口和数据传输。

(1)实现与相邻联锁系统之间的信息交换。

(2)实现与轨旁 ZC 接口,负责把本区域内的联锁处理结果发送给轨旁 ZC,如信号机和道岔状态、列车进路设置情况、保护区段的建立、区段运行方向等;并接收轨旁 ZC 发送的列车位置等相关信息。

(3)实现与车载 CC 的接口,接收车载系统发送的站台门工作信息以及 overlap(保护区段)立即解锁信息,发送站台门的状态信息以及信号机、道岔、紧急关闭状态给 CC,通过安全继电器实现与站台门系统的接口。

(二)联锁系统的功能

1. 列车安全防护功能

降级/后备运行模式下,信号机之间的进路具有安全防护功能,包括进路锁闭、解锁、道岔侧向防护(侵限检查)、保护区段、道岔单独操纵、信号元素单独锁闭等;联锁级运营模式下按基本联锁进路方式行车。

子进路锁闭功能:系统初始化时,所有的联锁子进路都锁闭,当区段空闲时,需要人工办理解锁手续后才能解锁;或者在 8 min 之内按下“上电解锁”按钮方可对全站子进路进行解锁。子进路建立条件、建立后相关安全要求和 6502 电气集中联锁关系一致,如防止迎面解锁、防止迎面子进路或敌对进路的建立。子进路建立后,道岔应锁闭;非第一区段的正常解锁必须满足三点检查法。

进路控制功能:联锁系统能根据不同的列车属性(CBTC 列车和非 CBTC 列车)进行进路控制及自动转换。

正线联锁设备结合 ATS 系统具有自动触发进路的功能,能根据轨道区段占用检测设备的状态确定列车的位置,可以自动在列车接近信号机时触发设置信号机至信号机的进路,按联锁条件自动点亮轨旁信号机,列车顺序占用、出清该进路后,进路解锁。

2. 进路控制功能

联锁设备与 ATS 系统结合实现车站和中心的两级控制功能。正线车站的联锁平时由 ATS 系统控制,当 ATS 系统设备故障时,车站值班员可通过联锁设备人工办理进路。

行车组织人员需根据运营的不同情况，确定相应的运营指挥模式。

进路建立：联锁系统根据操作进行联锁逻辑处理，满足条件时进路锁闭建立相关的进路。

取消进路：进路未处于接近锁闭的情况下办理取消进路时，在检查信号机关闭和进路空闲后，进路立即解锁；当列车处于接近锁闭而列车未驶入进路的情况下，对于已开放信号的列车进路，办理取消进站操作后，立即关闭进路始端信号机，需通过办理进路人工解锁方式解锁进路。

人工解锁进路：每架进路信号机的接近区段由设计人员结合列车运行速度、制动距离等多个方面设计，包括信号机外方的轨道区段和道岔状态两个方面，维护人员可通过查看联锁表确定每架信号机的接近区段有哪些。若列车占用接近区段时，称为接近锁闭，当进路处于接近锁闭而列车未驶入进路的情况下通过办理人工解锁方式解锁进路：非 CBTC 模式下进路需要延时解锁，解锁时间可查看联锁表确认；CBTC 模式下，联锁在接到列车停车保证的情况下能立即解锁进路。进路未处于接近锁闭的情况下办理解锁进路时，在检查信号机关闭和进路空闲后，进路将立即解锁。若列车已经驶入进路，则进路将不能取消和解锁。

二、计算机联锁设备基本组成

计算机联锁设备一般采用双机热备、三取二容错、二乘二取二冗余等方式。

双机热备计算机联锁系统：两台联锁机互为主、备机，可以人工或自动方式相互切换。系统正常工作时，切换按钮应放置在“自动”位置，备机与主机处于同步工作状态；当主机故障时，应能自动切换为备机状态。二者切换过程中，不影响系统的正常工作。

三取二容错计算机联锁系统：正常工作时，三台联锁机处于同步工作状态，当其中一台联锁机发生故障时，自动降为双机同步工作，故障机自动脱机。

二乘二取二冗余计算机联锁系统：两重系结构，以主从方式并行运行，两系之间通过并行接口建立的高速通道交换信息，实现双重系的同步和切换。

随着实践经验的积累，计算机联锁系统的可靠性和安全性不断提高，二乘二取二计算机联锁系统的应用愈加广泛，技术改造也都优先考虑采用二乘二取二系统，下文着重以 iLOCK 型计算机联锁系统（以下简称 iLOCK 系统）为例，进行介绍和故障分析。

iLOCK 系统的联锁机由系统机箱和 I/O 机箱组成。系统所能处理的 I/O 机箱最大数值取决于有多少安全型输入/输出口及联锁逻辑布尔方程式数量，系统的扩展是通过增设另一个 I/O 机箱，将接口电路板和所增加的输入/输出板插入该扩展的机箱，并用电缆把它与系统机箱相连接来实现的。印制电路板的数量取决于车站的规模。

联锁系统的输入/输出对外连接是采用接触部分镀金的进口接插件，确保各部件（即每个插针）动态连接的安全性和可靠性。在所有安全型线路中的各导体间及导体与地之间都能承受 3 000 V（有效值）的冲击。

系统机箱主要放置 VLE 板、VPS 板、I/OBUS2 板。输入/输出机箱主要放置 I/OBE2 板、VIIB 和 VOOB 板。

(一)iLOCK 联锁设备

如图 4-2 所示,联锁机使用双 CPU 作为核心控制器,两个 CPU 通过双口 RAM 进行数据通信和任务级同步。CPU1 和 CPU2 分别引出两条总线,CPU1 控制 I/O 总线的通道一,对应于 VIIB 是一端的采集总线,对应于 VOOB 是正电的输出和校验;CPU2 控制 I/O 总线的通道二,对应于 VIIB 是另一端的采集总线,对应于 VOOB 是负电的输出和校验。双 CPU 对各自的内存进行检查(包括双口 RAM),也对各自的运行状态进行检查,这些检查的结果产生主校核字;双 CPU 也分别对输出端口的正电和负电进行检查,生成重校核字。双 CPU 将主重校核字发给 VPS 板,VPS 板经过安全的校验,确认主重校核字都正确后提供励磁电压给安全型继电器,安全型继电器吸起后提供输出电源给 VOOB 板。

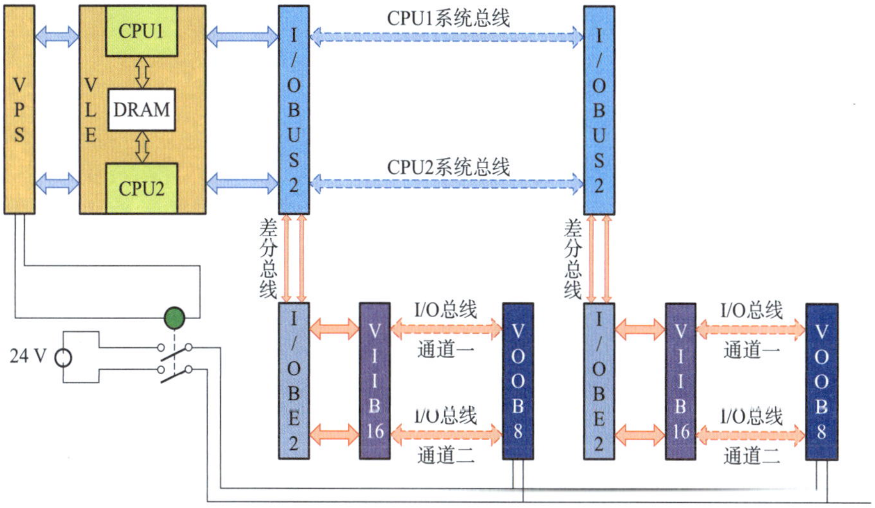

图 4-2　联锁机系统硬件框图

1. 安全逻辑处理板(VLE 板)

VLE 板具有强大的功能,是整个联锁系统的安全运算核心。它执行各种与联锁相关的逻辑操作,包括输入/输出地址控制等;将系统启动的信息及故障信息传送给维护诊断子系统等。VLE 板采用高性能的嵌入式计算机板,具有高集成度和大运算能力的特点,并时刻接受安全校验板的安全监督,保证系统的安全稳定。

VLE 板采用双 CPU 结构,两个 CPU 各自独立运算,运算采用的数据互不相同,这些数据包括安全采集数据、安全输出数据、安全通信数据和中间数据,它们都是通过冗余编码选择而得,一个 CPU 内部每个变量的数值也不相同。只有两个 CPU 模块运算结果相同时才允许输出。

VLE 板上有 8 个高速安全通信口、4 个网口、4 个 CAN 口和 4 个 RS-232 串口。对应每个口都有指示灯,通过指示灯的状态可以初步判断各自的工作状态。联锁机 A、联锁机 B 之间,联锁系统与车站 ATS 分机之间,以及联锁系统与 ATC 骨干网之间的安全型数据交换通过网络通信和专用安全通信协议完成。系统正常工作时，不需要 SDM 的查询，联锁机自动把这些信息发送至 SDM，当与 SDM 通信中断或 SDM 故障时，联锁机可以记录至少一天的系统报警和错误信息。

VLE 板上的芯片分为系统芯片和应用芯片。系统芯片中写入的是系统软件，系统软件包含联锁机的执行软件、仿真测试接口和诊断软件等。应用芯片中写入的是应用软件，应用软件是一套描述系统所应用的联锁逻辑功能的经过编码的应用数据结构。

2. 安全校验板（VPS 板）

VPS 板实际上是联锁机动态的安全监视器，它与 VLE 板一起，构成联锁机的安全检查核心。VPS 板在精确的周期间隔内接收一组经编码的校验信息，当且仅当校验信息正确，VPS 板才输出一个安全的数字信号，该信号通过一个安全型的调谐滤波器，驱动 VRD 继电器。在任何出错的条件下（硬件错误、噪声干扰等），VRD 继电器均将可靠切断联锁机的安全电源输出。

3. 输入/输出总线接口板（I/OBUS2 板）

I/OBUS2 板是 VLE 板和输入/输出板交换信息的通道，I/OBUS2 板为输入板的测试数据和输出板的端口校验数据提供存储空间；同时它也包含逻辑和时序电路，以控制输出端口的连续校验。I/OBUS2 板功能主要为采集输入板的状态；控制输出板的输出；传送输出口状态校验信息。

4. 输入/输出总线扩展板（I/OBE2 板）

I/OBUS2 板与 I/OBE2 板配合工作，共同完成系统对输入/输出的控制。每个输入/输出机箱设置 1 块 I/OBE2 板，每个 I/O 机箱可以放置 13 块 I/OBUS2 板。

5. 安全型双断采集输入板（VIIB 板）

每一块 VIIB 板上有 16 个相互独立的输入通道，可以同时采集 16 个输入端口的状态。VLE 板通过控制 VIIB 板来获得外部端口的状态。每块 VIIB 板有 16 个输入端口，每个输入端口对应一个指示灯，当某端口有输入信号时，相应指示灯亮。

6. 安全型双断驱动板（VOOB 板）

VLE 板通过 VOOB 板产生输出信号，驱动接口设备，并且系统能实时检测 VOOB 板输出的正确性、输出与实际驱动的一致性。作为双断输出板，VOOB 板为“二取二”系统的两个 CPU 分别提供正负电控制对象。每块 VOOB 板有 8 对输出，每对输出设一个正电输出和一个负电输出对应一个有效输出。每对输出端口设一个指示灯，当正电和负电输出同时有效时，相应的指示灯点亮。

（二）通信传输设备

联锁系统配置 2 层通信传输通道，一层用于冗余 ATS 子网，为 ZLC（双系热备冗余的二乘二取二联锁系统）系统与 ATS 系统、系统维护台及现地控制工作站之间的信息交换提供网络传输通道；一层用于冗余信号子网（ATP/ATO 子网），为 ZLC 与车载、ZC 计算机之间的信息交换提供网络传输通道。上述传输设备均安装在信号机房的网络机架内。

（三）现地控制工作站（HMI）

现地控制工作站用于在车站级控制情况下，对本联锁区联锁设备的控制。操作台人机界面对话窗主要由联锁、线路、道岔、信号机、进路、车站以及故障报警等部分组成。在相应的对话窗中可以对相应的控制对象进行监控。

(四)系统维护台(SDM)

系统维护台主要为计算机联锁完成系统维护及接口设备监测的功能。除此以外,还提供了一种先进的“电子向导式”的诊断手段,维修人员可以借此快速直观地查询故障信息,及时有效地排除故障。

三、计算机联锁系统典型故障案例分析与处理

案例:某站联锁设备离线告警、车次框显红、信号机点亮,列车紧急制动

故障现象:

值班人员接维修调度报某站联锁设备离线告警、车次框显红、信号机点亮,列车紧急制动(EB),现场查看联锁设备未发生倒切,联锁设备运行正常。后续列车均正常运行,运营结束后进行排查。

故障原因:

ATS/MSS界面信息分析:通过回放ATS界面分析可以看出,故障发生时,站名显红,信号机瞬间点亮;MSS回放确认信号机瞬间点亮,有电流输出与ATS显示一致,因ATS站场状态显示和实际一致。

联锁设备未发生倒切,两系联锁设备运行正常,驱动和采集都一致,可排除第二级网络联锁总线网问题。

列车在此联锁区域即将进入该联锁区控制范围时发生紧急制动,移动授权为ZC给出,故初步判断故障原因为联锁至ZC的第三级传输安全信息的数据骨干网问题。

通过调阅网管信息及检查通信线缆未发现异常,且故障在A网、B网中同时发生,可排除第三级数据骨干网链路通道问题。

一台ZC同时控制几个联锁区的移动授权,其余联锁区均无异常,故可排除ZC设备中相关通信板卡故障。

故障在多列车同时发生且其他联锁区列车运行无异常,调阅车载日志可知,列车因移动授权突然收回造成列车紧急制动,故可排除因列车自身故障导致列车紧急制动、信号系统亮灯的情况。

故经过排除后可知,故障原因为联锁设备通信板卡问题。因两系联锁设备通信同时有问题,故可确定故障原因为A网、B网公共部分联锁通信板故障导致两系联锁系统与ZC通信瞬间中断,ZC无法确认列车及信号设备状态,导致控制范围内信号机点亮、列车紧急制动。故障分析后和实际的故障现象一致。

故障结论:

此次故障原因为联锁机通信板故障导致A、B网通信瞬间中断,导致信号机瞬间点亮,ZC因无法确定联锁区域内设备状态导致列车在进站过程中移动授权收回发生EB。

四、计算机联锁系统故障处理总结

(一)故障处理原则

因联锁系统设置两套联锁机互为主备,当一套故障时,另外一套可以自动切换成为主

机，所以在运营期间如有其中一套故障，视情况可加强设备盯控，准备相关备件及工器具，待运营结束后申请临时作业点再进行故障排查、处理，以减少对运营的影响。若两套同时故障应立即启动故障处理程序，处理故障过程中应严格遵守各项安全制度，严禁违规操作。应注意及时向调度和上级汇报故障处理的情况。

iLOCK 系统故障处理原则如图 4-3 所示。

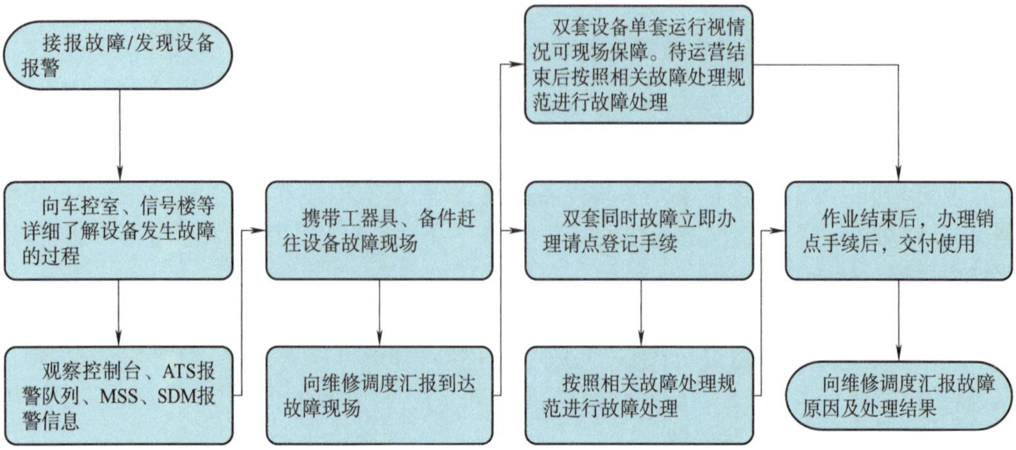

图 4-3　iLOCK 系统故障处理原则

（1）影响运营的故障，根据“先通后复”的原则快速处理；临时恢复有隐患或未找到故障根本原因时，需制定故障排查方案，运营结束后对设备全面排查，查明故障原因；故障恢复后，根据不同故障类型，制定相应的功能验证流程，并制作功能验证表格，功能验证项目需全面，能保证设备运行正常。

（2）不影响运营的故障，做好相应保障措施及抢修准备工作，待运营结束后进行处理，查明故障根本原因，消除故障隐患。

（二）故障处理流程

为进一步缩短联锁系统常见故障处理时间，降低故障对行车的影响，按照“看、判、定、处、验”五个步骤制作联锁系统故障处理流程图，如图 4-4 所示，对联锁系统常见故障抢修中相关事项进行明确。

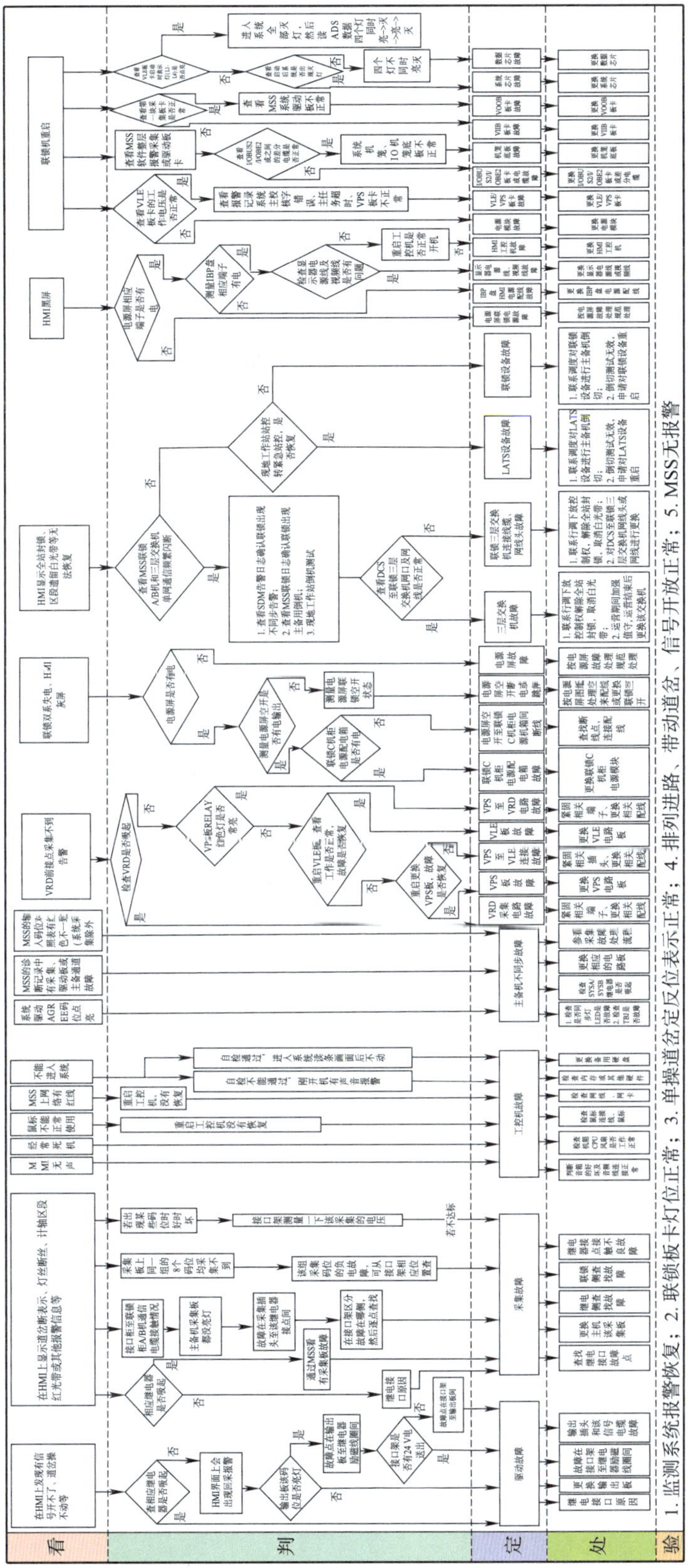

图 4-4　联锁系统故障处理流程

第二节　ATS子系统

一、ATS通用知识

ATS系统作为城市轨道交通信号系统的一个重要组成部分，与联锁设备、ATC轨旁设备、ATC车载设备等一起工作，实现信号设备的集中监控，并控制列车按照预先制定的运营计划在正线内自动运行。同时，ATS系统与时钟、PIS、无线通信系统、综合监控等外部系统实现接口，通过接口向外部系统提供信号和列车运行的相关数据，供外部接口系统完成自身的工作。

ATS系统是分布式计算机监控系统，主要分布在控制中心、正线设备集中站(集中站)、正线设备非集中站(非集中站)、车辆段和停车场。

二、ATS设备基本组成

1. 主机/应用服务器

主机/应用服务器为ATS系统的数据处理中枢，它获得全线车站、车辆段以及外部系统的数据后，将站场图显示、告警、列车状态等各种信息发往各ATS工作站和表示屏显示。它负责列车运行和计划相关事务，并处理调度人员、维护人员、车辆段派班人员的各种操作请求，并发送到相关系统执行。它保存系统日常运行的各种数据，供各种事后分析和回放。它还负责向无线、综合监控系统等外部系统发送相应的信息。

卡斯柯信号有限公司(简称卡斯柯)系统，应用服务器为双机热备冗余设计，备机实时从主机获得同步的各种数据，可以实现无扰切换。

浙大网新科技股份有限公司(简称浙大网新)系统，主机服务器为热备冗余设计，3台主机服务器互为主备，设计为进程热备，无明确的主用服务器，即同一时间不同服务器均可作为不同进程的主用服务器，当任意1台主机服务器故障，其负责的主用进程自动倒切至其他服务器。主机服务器负责与通信时钟的接口通信及时钟同步，所有其他ATS设备均与主机服务器进行时钟同步以保证ATS系统时间准确。

2. 数据库服务器和磁盘阵列

两台数据库服务器是集群的，在数据库服务器上运行并行数据库例程，数据库例程接受数据库访问。数据库数据，如计划数据、列车运行数据、列车编组信息等存放在磁盘阵列上，以便系统调用和查看。

3. 主调/行调工作站

调度工作站包括三个全屏幕的窗口，一个运行图显示窗口主要用于显示计划运行图和历史运行图，提供与运行图相关的操作，如运行图修改、打印等；另两个站场图窗口主要用于显示系统设备状态、站场设备状态、时间、报警等，提供站场图相关的操作，如联锁控制、列车运行控制、车辆管理、职责和授权、报警管理及报表等。调度工作站可以显示在线列车的车载设备状态和告警信息。

4. 大屏接口计算机

ATS通过大屏接口计算机将相关信息传送至控制中心大屏，控制中心大屏幕能清晰显示线路状态、相关的列车运行信息及报警信息，并提供操作菜单。

5. ATS维护工作站

维护工作站用于显示全线站场图、系统设备状态、故障报警、重要事件等，并进行数据存储管理、ATS系统管理。对告警和事件的历史数据可进行查询分析，指定的查询条件包括查询起始时间与查询终止时间，告警与事件的级别，告警与事件的类别，是否被确认，关键字等。查询结果可以显示、打印和转存，用于文本文件二次分析。

6. 时刻表/运行图编辑工作站

时刻表/运行图离线编辑工作站用于基本运行图的离线管理与维护，包括基本运行图的生成、编辑、打印、上传数据库及从数据库下载等。

时刻表/运行图在线编辑工作站用于列车在线运行计划的制定及生成，同时提供运行图的打印等功能。

7. 通信前置机、接口服务器

卡斯柯信号的系统，通信前置机作为控制中心ATS系统的通信枢纽，负责为控制中心的外部系统(无线、时钟、综合监控、广播、PIS、应急控制中心)提供与ATS连接的接口。

浙大网新信号的系统，接口服务器负责为控制中心的外部系统(无线、时钟、综合监控、广播、PIS、应急控制中心)提供与ATS系统连接的接口，另外提供范围内的信号设备(发车计时器、车辆段、停车场)的信息接口。

8. 网关服务器(卡斯柯)

网关服务器用于ATS网段和信号网段之间的数据传输。

9. 通信服务器(浙大网新)

通信服务器用于ATS与轨旁FTM通信，ATS对列车的控制，如扣车、跳停、临时限速及行车调整等功能通过通信服务器下发，经FTM转发至ZC及CC，同时通信服务器处理并转发除时钟外的所有ATS相关接口信息至接口服务器。

10. 网络拓扑及网络设备

在控制中心、各集中站、非集中站、车辆段均有冗余100 M局域网，各局域网通过100 M以太网接口连到100 M冗余主干网，整个系统构成一个冗余可靠高速的广域网，单网故障不影响数据传输的连续性，不影响系统的控制功能。

11. 集中站ATS分机(LATS)

集中站LATS负责控制中心与车站联锁系统之间的数据传输，能根据运行图或目的地自动触发列车进路，当列车到达站台后，集中站LATS将正确驱动发车指示器显示。

集中站LATS是双机热备，备机实时从主机获得同步的各种数据，可实现无扰切换。

12. 集中站现地控制工作站(与联锁共用)

现地控制工作站用于显示系统设备状态、站场图，并可进行联锁控制等，相关界面操作方式与控制中心基本一致，其控显范围为本集中站管辖区域，并可选择显示相邻集中站/车辆段的系统设备状态、站场图、列车运行状态信息。在有联络线车站，ATS 工作站可显示与本线有关的相应联络线的列车运行信息。

每个集中站的两个现地控制工作站在硬件和软件上具有相同的结构，根据登录用户角色和控制区域的不同来完成不同的功能。

13. 非集中站 ATS 工作站

非集中站 ATS 工作站除了提供本站发车指示器（卡斯柯），还可以显示本站及相邻车站系统设备状态、站场图、列车运行状态信息。

非集中站 ATS 工作站正常情况下不申请控制功能，由集中站 ATS 工作站管理非集中站的信号设备，在需要的时候非集中站 ATS 工作站可向所属集中站申请本站的控制权限，集中站将该非集中的控制权释放后，该非集中站获得本站设备的控制权限，包括对道岔、信号机等的操作控制。若特殊情况下集中站不能正常释放非集中站的控制权限，那么非集中站在必要时通过强制申请，也可获得本站设备的控制权，同时非集中站 ATS 工作站被迫失去对该非集中站的控制权。

14. 发车指示器

在各车站每个站台与正向运营相关的运行车头侧的适当位置设置发车指示器（DTI），发车指示器采用发光二极管 LED 作为光源全屏显示。ATS 系统在各车站通过串行接口连接到 DTI，向 DTI 发送停站时间、跳停和扣车等内容显示，向司机提供发车时机早晚点提示。ATS 系统可以正确可靠地采集发车指示器的状态信息。

三、ATS 设备典型故障案例分析与处理

ATS 系统核心设备都为双机热备冗余设计，单系设备故障不影响 ATS 系统的可用性，根据故障现象的不同，设备的故障点也不尽相同，整条线的 ATS 设备功能故障基本可以判断为中心级设备故障，单个集中站的功能故障可以判断为车站级设备故障。对系统影响范围较大、对运营影响较大的故障应制定详细的故障定位及处理方法，结合以下典型故障案例进行分析。

案例 1：某联锁区 LATS 单机通信中断设备故障

LATS 单机通信中断故障发生概率较高，一般伴有 LATS 设备倒机，微机监测通信中断告警、LATS 相关板卡等异常现象时，故障容易判断处理。但若 LATS 单机通信并未完全中断时，出现 ATS 软件工作站卡滞、HMI 命令无法下发等问题，因每次故障发生时故障现象差别较大，故障现象容易混淆等原因，导致故障处理人员思路跑偏、故障判断不准确、故障范围扩大等衍生性问题，为确保故障后快速处置，特对此类故障统一归类。

故障现象：

(1)车站 HMI 常见故障现象：车站（段场）人员操作 HMI 时，容易出现操作没反应，中央控制无法下发控制权、站控无法上交控制权，需二次确认的高完整级别控制命令（引导总锁取消、上电解锁、区故解、道岔解锁、解除封锁）操作时出现 HILC（需二次确认的命令）HMI 处理超时故障。

(2)LATS 常见故障现象：CPU 板 LINK1（网络状态指示灯）不亮（正常工作时应该亮绿灯，灭灯表示通信中断）；CPU 板 ATC1（网络数据传输指示灯）不闪（正常应闪绿灯，表

示网络数据正在传输）；CPU 板 H. D. 灯不亮（硬盘工作指示灯，正常应闪绿灯，表示硬盘在工作）。

（3）MSS 常见故障现象：LATS- %s 机- %s 灰网通信故障；%s 站 TDT_U TDT 故障或与 LATS 分机/非集中站接口机通信中断；LATS 服务器单机故障或与 CAD 服务器通信中断。

（4）LATS 维护终端常见故障现象：LATS 服务器维护终端黑屏或花屏；提示"CBI is BAD"。

（5）单机运行时故障或故障倒机时控制中心现象：控制中心该联锁区大屏灰显；MMI 或 HMI 该联锁区灰显。

故障分析：

针对 LATS、LATS 终端设备、MSS、控制中心等有明显故障现象或告警的，且故障情况下一般伴有 LATS 设备的自动倒机，工班人员一般均能快速锁定故障原因，对 LATS 设备进行倒机或重启工作。但车站 HMI 上出现故障现象时，因车站每次执行的操作不同，故障描述不同，且一般情况下，无其他的故障现象，工班人员故障分析时容易出现失误，将排查重点放在车站 ATS 工作站硬件故障或软件卡滞，ATS 工作站与 LATS 故障站通信问题、LATS 与联锁通信问题，继电器电路问题（如操作道岔无反应），导致故障处置时间过长，故障排查范围扩大，甚至带来故障点扩大等衍生问题，因此，特对车站 MMI 上的故障现象出现原因及判定方式进行重点分析。

某厂家信号系统每个设备集中站包含两套互为冗余的 LATS 设备，每个 LATS 设备均有一块核心处理板（CPU 板），CPU 内部包含 LATS 数据处理软件，单块 CPU 板同时与联锁系统 A/B 机、ATS 工作站 A/B 机深灰、浅灰网双网通信，若 CPU 软件卡滞或通信异常时，因未完全中断或故障，故一般不会出现故障报警。通信简图如图 4-5 所示。

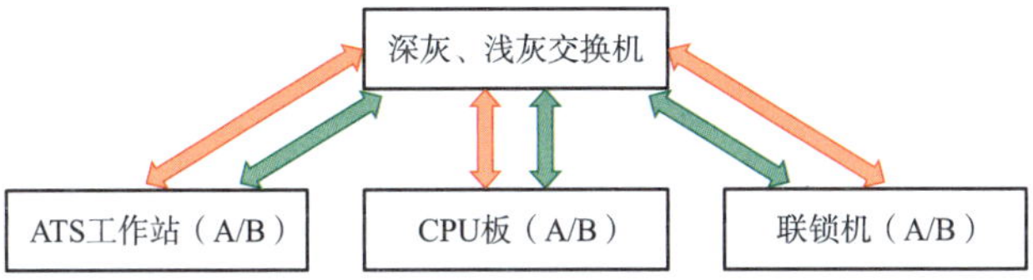

图 4-5　LATS 与 ATS 工作站、联锁机通信简图

故障判断：

若车站出现操作相关命令没反应，可快速办理其他相关命令；若条件具备情况下，最好通过办理 HILC（需二次确认的命令）命令来验证是否为 LATS-CPU 板卡问题（如对道岔单锁后解除）；若多条操作命令或 HILC 命令无法办理，即使 MSS 上无其他相关告警，CPU 板 LINK、ATC1 等灯位正常情况下，结合系统特点，也基本可锁定为主机运行的 LATS-CPU 板卡滞，需尽快对 LATS 设备倒机；若倒机后未恢复，怀疑为 ATS 工作站 HMI 软件中 LATS 相关信息卡滞所致，需重启 HMI 软件。

故障处理：

若在有人集中站出现故障时，可切到另一系 HMI 进行相关操作，若操作可以正常执行，则判定为原 HMI 故障，可对原故障的 HMI 设备进行重启，确保双系均工作正常。若不能正常操作，怀疑为 LATS 故障，可对 LATS 设备进行倒机，倒机后若故障恢复，可对原故障的 LATS 设备进行重启，确保双系均工作正常。若倒机后未恢复，怀疑为联锁卡滞，需对联锁进行倒机或重启。

若在无人集中站出现故障，可建议行调通知车站切换至紧急站控模式，开展相关操作（车场紧急站控模式下车组号等无法显示，正线紧急站控模式所有 ATS 自动功能均被禁止，故非特殊情况下不建议使用）。

设备验证：

为确保设备恢复正常，需通过 HILC 相关命令进行验证，若 HILC 相关命令可正常发送并执行，可确认 LATS 设备工作正常。

案例 2：某线路全线 ATS 功能异常故障

故障概况：

××月××日 15:48，中央 ATS 工作站显示站名图标为橘黄色，联锁区内列车进路无法自动触发，部分进路显示异常情况（信号机绿闪，进路黄色）。约 10 s 后其他 9 个联锁区也出现进路无法触发，部分进路显示异常情况（信号机绿闪，进路显示黄色）。15:49 行调手动排列进路无效，且集中站紧急站控无法获取控制权。

故障分析：

（1）正常情况下，所有联锁区的进路控制命令或设备状态显示均经控制中心主机/应用服务器下发，此故障发生后，所有联锁区均出现异常，可将故障锁定至主机/应用服务器。

（2）该线路的 ATS 系统控制及进路自动开放主要由 VR 列车调整进程、CTC 中央控制进程等进程负责，分别查看主机服务器 001、002 及 010 的 VR、CTC 进程日志，发现故障发生时各服务器的进程均存在频繁的主备倒切现象，初步判断故障原因为主机服务器进程异常切换，切换过程中功能出现异常，如图 4-6、图 4-7 所示。

```
INFO 12/24 19:46:00 mss_ctcZONECEN-fiortns. C 2731: Attempting reconnect to file server.
INFO 12/24 19:46:00 mss_ctcZONECEN -fiortns. C 2738: Connection restablished to file server.
INFO 12/24 19:46:00 mss_ctcZONBCEN-File. C 765: file: $CTCCENFIdControls opened with fid: 7
INFO 12/24 19:46:00 mss_ctcZONECEN-File. C 765: file: $CTCCENOFcControls opened with fid: 8
LOG 12/24 19:46:00 mss_ctcZONECEN -sys_srinit. C 259: Loading active dispatch table.
INFO 12/24 19:46:00 mss_ctcZONECEN -ctc_ready. C 173: This task is ACTIVE.
```

图 4-6　服务器 001 的 CTC 日志

```
INFO 12/24 19:46:02 mss_ctcZONECEN-fiortns. C 2738: Connection restablished to file server.
INFO 12/24 19:46:02 mss_ctcZONECEN-File. C 765: file: $CTCCENFIdControls opened with fid: 3
INFO 12/24 19:46:02 mss_ctcZONECEN -File. C 765: file: $CTCCENFOCControls
opened with fid: 4
LOG 12/24 19:46:02 mss_ctcZONECEN -sys_srinit. C 259: Loading active dispatch table.
INFO 12/24 19:46:02 mSS_ctcZONECEN -ctc_ready. C 173: This task is ACTIVE
```

图 4-7　服务器 002 的 CTC 日志

（3）查询主机服务器 001 的 MSS 信息交互进程，日志显示频繁与主机服务器 002 连接中断，出现报错信息，如图 4-8 所示。

```
SERVER 12/24 15:46:39 mss_mss -GlobalConnection. C 3036: Failing Active connection 10. 1. 0. 2
for client zz1sys002
SERVER 12/24 15:46:43 mss_mss -GlobalConnection. C 3036: Failing Active connection 10. 0. 0. 2
for client zz1sys002
LOG 12/24 15:46:43 mss_mss - GlobalConnection.. C 3566: Reset of client context zzlsys002
```

图 4-8　服务器 001 的 MSS 日志报错

(4)查询主机服务器 002 的 MSS 信息交互进程,日志显示频繁与其他所有服务器、终端连接中断,出现报错信息,初步判断故障发生时服务器 002 与外部通信异常,如图 4-9 所示。

```
SERVER 12/24 19:45:13 mss_mss-GlobalConnection. C 3036: Failing Active connection 10.0.0.3 for client zzlsys003
SERVER 12/24 19:45:13mss_mss-GlobalConnection. C 3036: Failing Active connection 10.1.0.170 for client zz1s57ats
SERVER 12/24 19:45:13 mss_mss-GlobalConnection. C 3036: Failing Active connection 10.0.0.194 for client zzls09ats
SERVER 12/24 19:45:13 mss_mss-GlobalConnection. C 3036: Failing Active connection 10.1.0.4 for client zzlsys004
SERVER 12/24 19:45:13mss_mss-GlobalConnection. C 3036: Failing Active connection 10.0.0.143 for client zzls47ats
SERVER 12/24 19:45:13 mss_mss-GlobalConnection. C 3036: Failing Active connection 10.1.0.153 for client zzls5lats
SERVER 12/24 19:45:13 mss_mss-GlobalConnection. C 3036: Failing Active connection 10.0.0.1 for client zzlsys001
```

图 4-9　服务器 002 的 MSS 日志报错

(5)更换服务器 002,对三台主机服务器进行重启后,故障恢复。

(6)对换下的服务器 002 进行故障检测,确认服务器 002 硬盘故障导致服务器 002 工作异常,出现与外部通信闪断的现象。根据系统设计,当主用服务器进程断开后,备用服务器会自动转为主用,服务器 002 突然断开后,服务器 001 及 010 判定主用服务器离线并选择一台主机服务器升级为主用,但服务器 002 断开后无法判断其他设备状态,仍然保持为主用,导致服务器 002 恢复连接后,出现服务器进程双主用的现象。

故障结论:单台主机服务器硬件故障引发的服务器软件异常双主用,进而导致 ATS 整体功能异常。

四、ATS 设备故障处理总结

ATS 设备故障主要分为中心级和车站级,中心级故障主要分为中心服务器故障和调度工作站故障;车站级故障主要分为车站服务器故障和车站 ATS 工作站故障。

根据故障现象和故障影响,在发生中心级服务器故障时,优先倒切至备用服务器,如无法自动完成倒切则手动进行倒切,如主备服务器均故障,则直接更换备用服务器。调度工作站单机故障不影响调度人员正常指挥行车,当所有调度工作站均无法工作时,则需要将控制权限转为站控模式,由车站值班员负责监控行车状态。

当车站服务器无法正常工作时,需要车站值班员将控制权转为紧急站控模式,并由车站值班员负责监控行车状态。当车站 ATS 工作站故障时,可以通过中心行调负责监控故障车站行车状态。

ATS 故障处理流程如图 4-10 所示。

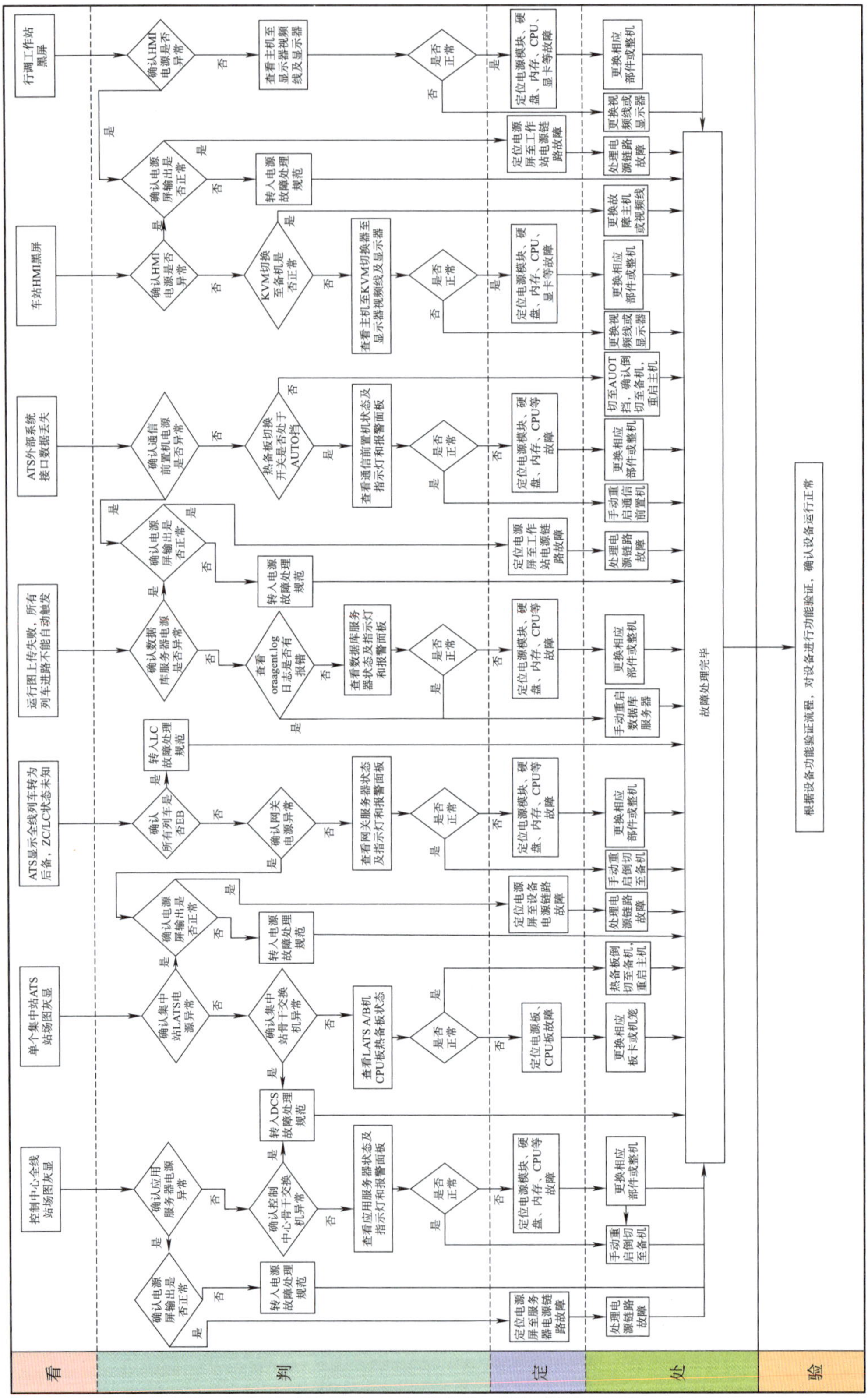

图 4-10 ATS 故障处理流程

第三节　DCS 子系统

一、DCS 系统介绍

DCS 系统负责综合承载系统各种应用之间的数据通信。为 CBTC 系统、车载 PIS、车载 CCTV、车辆状态信息(含紧急文本信息)提供快速、可靠、稳定的数据传输通道。

DCS 系统一般由有线网络部分、无线网络部分及网管部分组成,共同承载信号系统中各子系统设备之间端到端的通信。

DCS 有线网络,位于信号设备室,实现轨旁设备之间的数据通信。

DCS 无线网络,位于列车和轨旁,用于实现车载和轨旁设备的数据通信。

DCS 网管,位于控制中心,用作 DCS 系统的管理、配置、监测和维护。

二、DCS 设备基本组成与常见故障

CBTC 系统是一个冗余系统,DCS 设备亦然,如一个冗余设备完全不能工作,系统仍能维持运营并快速恢复。值得指出的是,当一个或一套冗余设备故障时,维护工作站将收到报警信息,这样在第二个设备发生故障之前可以替换设备,因此第一次故障不会对运营产生任何影响。信号设备的冗余得益于 DCS 网络设备及网络的冗余配置。

(一)DCS 有线网络

1. DCS 有线网络基本组成

骨干网基于工业以太网环网,由工业以太网交换机组成。DCS 交换机位于车辆段、停车场、控制中心和集中站,用光缆将其连接组成环网结构。

不同城市不同时期建设的项目中组网情况也不尽相同。

①采用双网并行的设计思想,在物理和逻辑上均保证双网的并行工作,实现最高的系统整体可靠性。DCS 系统包括 A 网和 B 网两张完全独立的网络系统,由独立的硬件系统、独立的有线通道、独立的无线信道分别组网,A、B 两网完全独立运行,同时工作。CBTC 相关的控制信号信息,通过 A、B 两网同时传送。

骨干环网一:传输联锁及 ATP、ATS 信息;

骨干环网二:传输联锁及 ATP、ATS、NMS 信息。

②在冗余双网的基础上,进一步将 ATS 和 ATP 业务物理隔离的网络拓扑形式。

骨干环网一:传输 ATS 浅灰网信息;

骨干环网二:传输 ATS 深灰网信息;

骨干环网三:传输联锁及 ATP 蓝网、车载 PIS、车载 CCTV、车辆状态信息(含紧急文本信息);

骨干环网四:传输联锁及 ATP 红网信息。

③在 ATS 和 ATP 业务物理隔离的基础上,进一步将 ATP 业务与综合承载业务隔离的网络拓扑形式。充分隔离各种业务流量,使不同类型的业务占用各自独立的 DCS 传输通道。

骨干环网一:ATS 骨干网 A;

骨干环网二：ATS 骨干网 B；

骨干环网三：ATP 骨干网 A；

骨干环网四：ATP 骨干网 B；

骨干环网五：综合承载骨干网 A；

骨干环网六：综合承载骨干网 B。

2. DCS 有线网络故障处理

(1)交换机故障处理

交换机在运行中出现故障不可避免，但出现故障后应当迅速地进行处理，尽快查出故障点，排除故障，这是网管人员应尽的职责。因此，网管人员必须了解交换机故障的类型及具备对故障进行分析和处理的能力。下文就交换机常出现的故障类型及分析排查的方法进行简要介绍。

①电源故障

由于外部供电不稳定、电源线路老化或者雷击等原因导致电源损坏或者风扇停转，以致交换机不能正常工作。或者由于电源缘故导致机内其他部件的损坏都会使交换机出现问题。

假如交换机面板上的 POWER 指示灯是绿色，就表示正常；假如该指示灯灭了，则说明交换机没有正常供电。这类问题容易发现，也容易解决，同时也是最容易预防的。

针对这类故障，应该先做好外部电源的供给工作，一般通过引入独立的电力线来提供独立的电源，并添加稳压器来避免瞬间高压或低压现象。假如条件允许，可以添加 UPS(不间断电源)来保证交换机的正常供电，应选择有稳压功能的 UPS。在机房内应设置专业的避雷措施，避免雷电对交换机的伤害。

②端口故障

这是最常见的硬件故障，无论是光纤端口还是双绞线的 RJ-45 端口，在插拔接头时一定要小心。假如不小心把光纤插头弄脏，可能导致光纤端口污染使交换机不能正常通信。带电插拔接头，理论上是可以的，但是这样不可避免增加了端口的故障发生率。一般情况下，端口故障是某一个或者几个端口损坏。所以，在排除端口所连计算机的故障后，可以通过更换所连端口，来判定其是否损坏。遇到此类故障，可以在电源关闭后，用酒精棉球清洗端口。假如端口确实被损坏，只能更换端口。除了物理端口问题，其他常见的端口问题可分为端口报文异常和端口频繁 UP/DOWN 两类。

a. 入端口报文异常的处理思路如下：

如果端口状态 LINK DOWN，建议测试链路、调整端口工作模式；

如果通过 display interface 命令，端口入包统计不增加，同时对端出包统计也不增加，建议排查对端设备；

如果端口入包的错误统计频繁增加，建议测试链路，链路质量差或者线路光衰大会导致报文在传输过程中出错；通过 display interface 命令，查看两端端口的工作模式是否相同；排查对端设备；更换光模块。

b. 出端口报文异常的处理思路如下：

如果端口状态 LINK DOWN，建议测试链路、调整端口工作模式；

通过 display interface 命令，查询对端的入包统计，如果 overruns、ignored 计数增加，建议排查对端设备，如果 CRC、frame、throttles 计数增加，建议测试链路，链路质量差或者线路光衰大会导致报文在传输过程中出错；更换自身设备的光模块。

c. 接口频繁 UP/DOWN 的处理思路如下：

如果是光口，则通过查看光模块 alarm 信息来排查两者光模块以及中间光纤问题；如果是电口，则可能会在自协商情况下因为协商不稳定导致问题，这种情况下可以尝试设置强制速率双工。

③模块故障

交换机是由很多模块组成，如堆叠模块、治理模块（也叫控制模块）、扩展模块等。这些模块发生故障的概率很小，假如插拔模块时不小心，或者搬运交换机时受到碰撞，或者电源不稳定等情况，都可能导致此类故障的发生。

上面提到 3 种模块都有外部接口，比较容易辨认，有的还可以通过模块上的指示灯来辨别故障。如堆叠模块上有一个扁平的梯形端口，或者有的交换机上是一个类似于 USB 的接口。治理模块上有一个 console 口，用于和网管计算机建立连接，方便治理。假如扩展模块是光纤连接的话，会有一对光纤接口。

在排除此类故障时，首先确保交换机及模块的电源正常供给，然后检查各个模块是否插在正确的位置上，最后检查连接模块的线缆是否正常。在连接治理模块时，还要考虑它是否采用规定的连接速率，是否有奇偶校验，是否有数据流控制等因素。连接扩展模块时，需要检查是否匹配通信模式，如使用全双工模式还是半双工模式。当然假如确认模块有故障，应当立即进行更换。

④背板故障

交换机的各个模块都是接插在背板上的。假如环境潮湿，电路板受潮短路，或者元器件因高温、雷击等因素而受损，都会造成电路板不能正常工作。如散热性能不好或环境温度太高导致机内温度升高，致使元器件烧坏。

在外部电源正常供电的情况下，假如交换机的各个内部模块都不能正常工作，可能就是背板坏了，唯一的办法就是更换背板。

⑤系统错误

交换机系统是硬件和软件的结合体。在交换机内部有一个可刷新的只读存储器，它保存的是这台交换机所必需的软件系统。这类错误也和常见的 Windows、Linux 一样，由于设计的原因，存在一些漏洞，在条件合适时，会出现交换机满载、丢包、错包等现象。所以交换机系统提供了诸如 Web、FTP 等方式来下载并更新系统。当然，在升级系统时也有可能发生错误。

对于此类问题，假如有新的系统推出或者新的补丁，应及时更新。

⑥配置不当

由于各种交换机配置不一样，往往在配置交换机时会出现配置错误。如 VLAN 划分不正确导致网络不通，端口被错误地关闭，交换机和网卡的模式配置不匹配等原因。这类故障有时很难发现，需要一定的经验积累。

此类问题多在建设阶段或网络割接施工中出现较多。

(2)网线故障处理

①物理方面

物理故障多指一些主观因素造成的可以直接观察的故障，这些故障大多是因为工艺误差较大，或是模块、接头等部位的线序出现错误，还可能体现在链路的开路、短路等。网络连线故障通常也包括网线内部的断裂，双绞线与 RJ-45 水晶头接触不良等问题，这些就属于网络设备本身的质量问题。

②性能方面

链路的电气性能指标如果没能达到测试标准要求，也就是说电缆在信号传输中无法满足设计要求。电气性能因素除了电缆材料本身的质量以外，施工过程中如果电缆的线路被过度弯曲，或是捆绑工作没有对力度进行控制，就会直接导致电缆的质量出现问题。

③故障检测及解决方法

a. 可以用一根正在使用的正常网线替换可能有故障的网线。如果替换后系统的网络连接正常，则原有网线有故障。

b. 如果身边没有可以替换的网线，可先仔细查看网线是否有破损；双绞线有效使用距离是 100 m 左右，目测网线使用长度是否过长，如果远距离使用时需要连接中继器。观察网线与水晶头的连接是否有松动，水晶头与网线连接是通过两个触点完成的，特别需要查看第 1、2、3、6 四路线连接是否出现松动。水晶头的金属接触点处是否有无法让插槽接触不到等容易出现故障的现象。

c. 查看网线两头连接线排列方式是否一致，特别注意直通线和级联线使用的是不同的线路排列方式，直通线两端排列相同，级联则不然。

d. 如果有网络电缆测试仪，可以对双绞线 1、2、3、4、5、6、7、8、G 线对逐根(对)测试，并可区分判定哪一根(对)错线、断线。

(3)光纤故障处理

光纤(光导纤维)是一种由玻璃或塑料制成的纤维，可作为光传导工具。

①光纤故障原因

a. 光缆线路由于光缆本身的物理特性和生产过程中的不均匀性，使其中传播的光信号时刻都在发生漫反射和被吸收。

b. 光缆放置弯曲角度过大。光缆弯曲衰耗和受压衰耗其本质上都是由于光缆变形导致光传输过程中满足不了全反射生成的。

c. 光缆受压或断裂。

d. 光纤接头施工熔接故障。在光缆铺设过程中，经常会使用光纤熔接机将两段光纤熔为一条。

e. 光纤核心线径不同。光纤铺设经常使用多种活动连接的铺设方式。如法兰连接，经常使用在建筑物里的计算机网络铺设中。

f. 光纤接头污染、尾纤接头污染、跳纤受潮。

g. 接头处接头抛光不良。

h. 光缆接头点接触故障。接头接触不良主要出现在 ODF 架光缆配线箱和光交换机。

②故障检测及解决方法

a. 光缆、光纤跳线的通断检测：用红光笔对着光纤接头或耦合器的一端送红光，在另一端看是否有红光，有红光说明光缆或光纤跳线是否断裂。由于外界物理因素而损伤法兰或尾纤切面，或又因为设备的震动而造成时通时断。此类故障采用更换法兰或尾纤的办法。

b. 在光缆尾纤两端均用光功率计来进行测量，看是否有读数，来判断光缆或光纤跳线是否断裂。同时一定要对尾纤连接点、法兰、设备端口用酒精清洗。

c. 使用 OTDR(光时域反射仪)测试。

(a)如果显示屏没有曲线，则光纤故障点在仪器的盲区内，包括光缆的尾部、光缆与尾纤的连接接头、法兰。可加一段尾纤，减小盲区范围，找到光纤的断点。

(b)屏幕上反射曲线远端位置与光缆实际长度不符，曲线中有明显“台阶”，若此处是接头处，则说明此接头接续不合格或者该根光纤在接头盒中弯曲半径太小或受到挤压；若此处不是接头处，则说明此处光缆受到挤压或打急弯。

(c)曲线显示远端出现强烈的菲涅尔反射峰，说明该处光纤端面与光纤垂直，该处是端点而不是断点，故障点可能在终端接头(法兰或 ODF 架)上。

(d)曲线远端尾部没有反射峰，说明端面为断纤面，最大可能是光缆与尾纤的熔接点故障。曲线显示远端无反射峰，但有一突起曲线，表明该处光纤出现断裂纹，产生损耗，检查光缆与尾纤的熔接点。

(e)曲线显示高损耗区与高损耗点。曲线斜率明显较大，说明该段光纤质量不好，衰耗较大。高衰耗点如果与接头部位相同，说明接头损耗大，可重新熔接，也有可能是光缆受力变形，导致光纤受外力而产生损耗。使用光时域反射仪测定故障点位置后，到达故障范围现场：

如果是光缆受外力折断，马上对其进行熔接修复。

如是单线中断并且是在接头盒里，应仔细检查接头盒内容纤盘，逐一挑出熔接点检查纤芯是否有单纤收缩或断裂现象，发现故障点则重新进行熔接。容纤盘内光纤松动，导致光纤弹起在容纤盘边缘或盘上螺丝处被挤压，严重时也会压伤、压断光纤。

如果故障点既没有熔接点也没有外力因素断点，应对本段光缆路由进行肉眼观察，光缆表面有外力因素造成的外伤，通过检查损伤点的轻重来判断是需要重新熔接还是需要调线。

(4)光模块故障处理

①光模块的光口受到污染和损伤，导致光链路损耗加大，以至于光纤链路不通。光口长期暴露在环境中致使灰尘进入而受污染、模块连接的光纤端面被污染导致光口污染以及尾纤的光接头端面使用不当被损这三种情况都会使光口受到污染。

②光模块受到 ESD 损伤，即“静电放电”。静电会引起灰尘吸附，改变线路间的阻抗，影响 SFP 光模块的功能与寿命，如使用环境干燥、违规操作、有源光纤设备没有接地或者接地不良都能引起 ESD 损伤。

③检查光纤跳线是否与光模块相符。常见的多模光纤跳线有橙色、灰色和青绿色，而且此类光纤跳线上印有 62.5/125u 或 50/125u 字样。而单模光纤跳线通常有黄色和蓝色

等,线上印字为 G652D 或 9/125u 等。光纤模块多用黑色拉环表示为多模(850 nm 波长),其他颜色通用为单模光模块。

④自环检查。通用多模光模块发出的光为可见光,可以用肉眼观察(勿直视发光口),光模块左边发光口为红色激光,有光表示正常工作。而单模光模块发出的光为不可见光,可以用跳线把光模块的发射口和接收口对接起来,如果交换机工作状态灯亮表示工作正常。

⑤端口配置。现在一些常用的交换机端口为光电复用型,大多数光口仍处于关闭状态,这些需要人工开启端口。而对于不同品牌交换机之间的通信,还需要把端口速率和工作模式强制配置成 1 000 Mbit/s 和全双工模式。

⑥确认是否兼容。通常需要写入厂商信息,即兼容性,如通信仍不能正常,应与厂商客服联系光模块是否与所用设备兼容。

(二)DCS 无线网络

1. DCS 无线网络基本组成

LTE 无线网络由轨旁 RRU 和设备室的 BBU、控制中心核心网、泄漏电缆(布设在正线隧道)及天线(布设在停车场/车辆段)、LTE 车载终端及天线组成。LTE 无线网络为 CBTC 系统提供冗余红蓝网结构,用于承载车载和轨旁 CBTC 系统间信号数据流的通信,如图 4-11 所示。

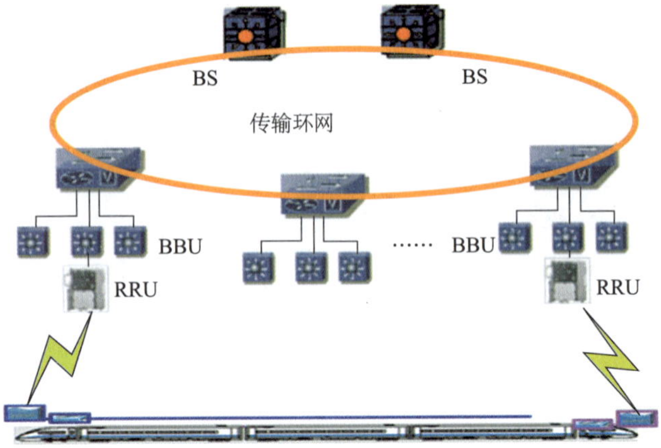

图 4-11　LTE 组网方案

WLAN 无线网络由位于轨旁的无线接入点(AP)、功分器、轨旁定向天线,及车载无线天线、车载无线调制解调器组成,如图 4-12 所示。

2. DCS 无线网络故障处理

(1)LTE 设备故障处理(以华为设备为例)

①BBU 设备

案例:硬件故障导致的小区不可用。

故障现象:该故障表现为存在单板故障告警或者复位、掉电、插拔单板都不能恢复小区故障时则可能为硬件故障问题。

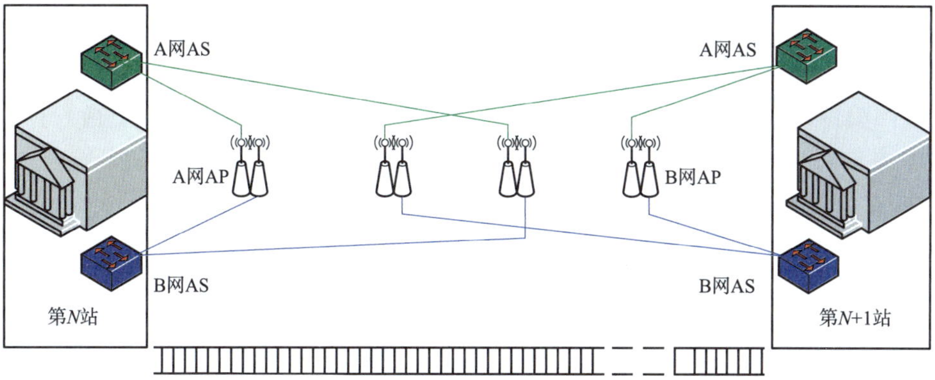

图 4-12 WLAN 组网方案

可能原因：当主控板、基带板、射频模块或其他硬件（如机框等）出现某个故障时影响小区的建立。

处理步骤：

a. 检查单板工作状态是否正常，版本是否匹配。

对于 3900 系列基站，执行 MML 命令"DSPBRD"或"DSPBRDVER"，查看单板（重点检查射频板）工作状态是否正常，版本是否匹配。

b. 搜集故障小区的日志。

搜集故障小区的日志，如主控板、相关基带板、相关射频板的一键式日志。

c. 确认是否可以执行复位基站、单板等恢复操作。

复位射频板、基带板、主控板等。

对于 3900 系列基站，执行 MML 命令"RSTBRD"和"RSTENODEB"。

掉电射频板、基带板（仅适用于 3900 系列基站）。

执行 MML 命令"OPRBRDPWR"。

d. 若还不能解决问题，应联系华为技术支持。

②RRU 设备

案例：射频单元驻波类故障处理。

故障现象：射频通道出现驻波类故障时，可以观察到 ALM-26529 射频单元驻波告警。

可能原因：

用户设置的驻波告警门限过低。

跳线安装与规划不符合，天馈接口的馈线接头未拧紧或进水，天馈接口连接的馈线存在挤压、弯折，或馈线损坏，天馈线连接松动。

射频单元频段类型与天馈系统组件频段类型不一致。

射频单元驻波检测电路故障/射频单元硬件故障。

处理步骤：

a. 查看告警提示上驻波值的大小。

如果驻波比大于 10 及以上，主要是由于发射功率全部被反射回来，一般是由于天馈口上未连接馈线或者馈线被弯折或损坏。

b. 查询射频单元的驻波告警门限。

如果是 3900 系列基站，执行“LSTRRU”查询射频单元的驻波告警门限，根据配置规划判断门限设置是否合理，如果不合理应修改门限(执行“MODRRU”进行修改)。

c. 查询当前驻波值。

执行“DSPVSWR”查询当前驻波值。

说明：

使用小区工作频点范围内的频点，可以选择几个频点进行测试。

比较离线驻波测试的结果与“DSPVSWR”在线驻波检测的结果。

如果结果一致，均超过驻波告警的门限，则需近端排查。

如果结果相差较大，此时需执行“STRVSWRTEST”，设置“测试方式”为“MULTI_ARFCN(多频点离线驻波比检测)”，对比所测的几个驻波值大小：

如果大小一致，怀疑天馈线连接是否松动，可能导致查询到的驻波值经常会有较大的变化，需检查天馈线连接。

对于 3900 系列基站，如果有个别点驻波值很大，可能是由于 RRU 硬件的问题导致，此时将结果保存与主控及 RRU 一键式日志一起返回研发单位。

d. 近端排查天馈线。

根据网络规划数据，检查射频单元频段类型与天馈系统组件(如天线、馈线、跳线、合分路器、滤波器等)频段类型是否一致。

建议带好驻波测试仪器 Sitemaster 排查，用该仪器在测试驻波比时可以读出驻波比过大的点至测试点的大概距离。

如果没有 Sitemaster 仪器，近端排查可以选择逐段隔离法；通过近端在天馈线分段逐节点加负载，远端配合执行“STRVSWRTEST”检测离线驻波值，进行逐段排查。

(2)WLAN 设备故障处理(以 H3C 设备为例)

①AP 设备

FITAP＋AC 应用中，常出现 AP 掉线问题，可按如下步骤进行排查：

a. 在 AC 侧收集 diswlanapallver 查看其掉线原因，含关键字“TunnelDownReason”如下：

NeighborDeadTimerExpire：表示 AC 在三倍的握手时间内没有收到 AP 的 Echorequest 报文，此时 AC 认为 AP 已经断开；

ResponseTimerExpire：表示 AC 向 AP 发送了一个需要回应的控制报文后，回应报文在等待时间内没有到达，而造成 AC 认为 AP 设备 down；

ResetAP：表示 AC 上通过命令方式将 AP 设备重新启动而造成隧道 down；

APConfigChange：表示由于 AC 设备上修改相应的配置而最终导致隧道 down；

NoReason：其他原因。

b. 在 AC 侧收集 diswlanapallver，还有关键字“LastRebootReason”查看是否因为 AP 重启导致掉线，如下：

Normal：表示 AP 断电重启；

Crash：AP 发生异常 Crash；

TunnelInitiated：AC 上执行了 resetwlanap，此时 TunnelDownReason 原因为 resetAP；

TunnelLinkFailure：FitAP 在尝试和 AC 建立链接过程中出现错误造成设备重新启动；

可收集 FitAP 日志，有对应关键记录可以辅助分析。

根据上述掉线类型，有针对性排查问题，常见类型为响应超时（此时网络链路质量居多）、AP 供电异常（POE 交换机供电情况、网线质量差功耗多）。

有必要时结合 debug 和抓包分析，也可关注 AC 设备性能负载情况。

②AC 设备

AC 热备常见有普通热备、快速热备、$N+1$ 热备类型，其主、备状态是对应 AP 而言。

常见问题类型及处理建议：

a. AC 间热备不成功

主备 AC 软件版本是否一致，设备型号是否同系列；

主备 AC 热备配置是否一致，心跳 vlan 是否创建和放通；

若 AC 有两内联口，是否关掉第一个口（传 AC 心跳报文）；

AC 间互联线或网络是否有问题；

AP 只注册主 AC 或备 AC（$N+1$ 除外）；

热备 AC 软件版本不一致；

某个 AC 对应 Option43 定义有问题；

某 AC 漏掉某些 AP 配置；

AP 到某 AC 间链路有问题。

b. AC 热备切换

若为普通热备，AP 到 AC 间链路是否有问题，同时还可参考前面 AP 掉线问题处理方式；

若为快速热备，AC 间链路是否有问题，是否易拥塞；

热备 AC 配置心跳间隔是否过短，建议默认值，心跳 vlan 可单独指定，不与业务共用；

某 AC 性能负载大，可查看其 CPU 利用率和历史波动情况；

若 CPU 利用率高，可在隐含模式查看其对应进程 discputask，以针对性排查；

AC 热备中，某些 AP 掉线（$N+1$ 备份 AC 显示 idle 除外）。

（三）网管设备

1. 网管设备基本组成

网络管理部分由有线网管和无线网管组成。一般设备有网管交换机、网管服务器、客户端等。

网管是为了便于对数据通信子系统（DCS）进行实时管理和监测，及时发现可能存在的网络故障。

网管可以实现设备管理、拓扑管理、告警管理、性能管理、软件升级管理、配置文件管理等多种管理功能。

2. 网管设备故障处理

①状态变量请求 Error_code 错误

可能原因：设备忙，未能响应轮询请求。如当设备存储新配置时可能出现该告警。

处理流程：无特定操作需执行。

确认该告警，如此告警频繁出现则报告该问题。

②以太网接口不工作

可能原因：

a. 重启过程中出错，如网卡驱动问题或内核问题；

b. 硬件故障。

处理流程：

a. 重启设备，检查是否告警仍存在，如果还存在则转到下一步；

b. 更换设备。

③设备不响应轮询

可能原因：

a. 设备故障；

b. 设备忙（CPU 使用率高）；

c. 网络传输问题导致设备响应未能发送。

处理流程：无特定流程，如告警转化为 device down 则需跟进处理。

三、DCS 设备典型故障案例分析与处理

案例 1：网元与 OMC 断连告警

故障现象：eOMC2020-03-0404：41：07 上报网元与 OMC 断连告警（××广场站 A），3 min 后恢复。

原因分析：

查看告警，基站于 4 日 04:43 复位，问题时间前后无其他异常告警。

问题时间段，操作日志上无操作更改记录。

通过基站黑匣子打点看到错误码“327821”，对应原因是 TRAN 检测到数据面心跳不通，通过 RB 回调触发单板复位。

解析基站 bsp 日志，发现问题时间点 Core5 进程出现异常。

案例 2：骨干交换机离线

故障现象：

某月某日 16:58，控制中心网管终端显示某站 B 网骨干交换机离线，网管拓扑图显示该站 B 网骨干交换机下挂接入交换机离线。经更换骨干交换机主控板后，设备恢复正常。

次日 02:58 分，网管终端再次显示该站 B 网骨干交换机离线，网管拓扑图显示该站 B 网骨干交换机下挂接入交换机离线。经更换骨干交换机 RPR 板后，设备恢复正常。

原因分析：

该线骨干环网选择 OCC 等 6 个站作为设备汇聚节点，每个汇聚节点各部署 2 台骨干交换机作为汇聚节点的数据交换转发设备，每个骨干交换机通过传输模块和光缆连接组成带宽为 2.5 Gbit/s 的环路。单骨干故障情况下，仅影响该骨干下接入设备，对另外一张网无影响。因此，当该站 B 网骨干交换机离线后，会降低骨干网的健壮性，不会出现大范

围的设备离线。

该线路骨干拓扑图如图 4-13 所示，骨干交换机如图 4-14、图 4-15 所示。

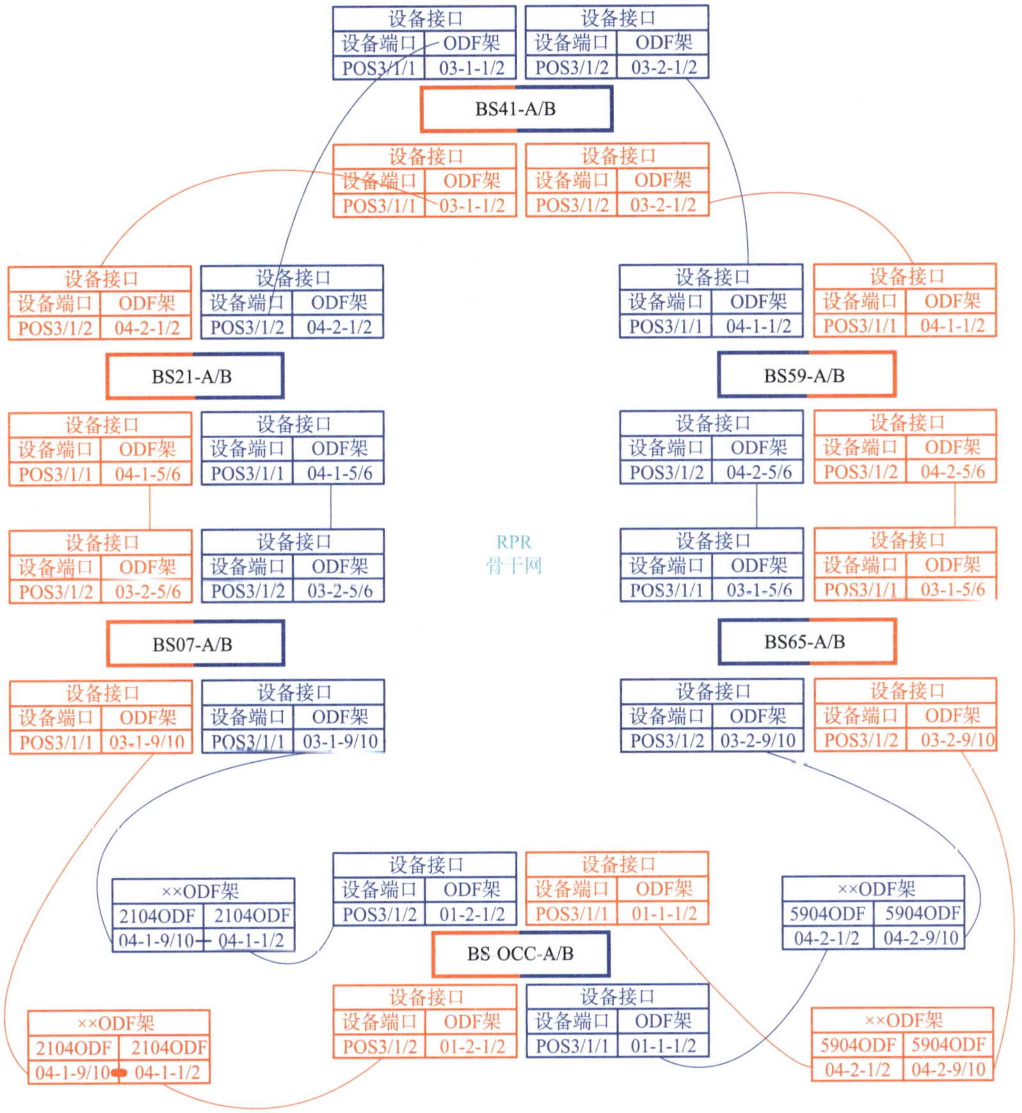

图 4-13　线路骨干拓扑图示意

根据故障处理过程，在依次拔出骨干交换机板卡，仅保留主控板工作时，骨干交换机仍旧故障，无法完成正常开机下载日志等操作。可以初步定位至主控板故障。

插入新主控板至补空槽道，骨干交换机正常开机，日志可以正常下载，经分析日志，确认新主控板已自动升级为主用主控板，原主控板异常报错（图 4-16 中，Absent 为离线，Normal 正常工作，Master 为主用主控板，Fault 为硬件错误），可以确定故障原因为主控板故障。

分析下载日志，确认骨干交换机再次离线的原因为 3 槽 type 类型为 LSR1LN1BNL1 的设备报错所致，日志显示＃interface RPRPOS3/1/1＃。根据 type 类型结合现场 RPR

图 4-14　某线一期骨干交换机

图 4-15　某线二期骨干交换机

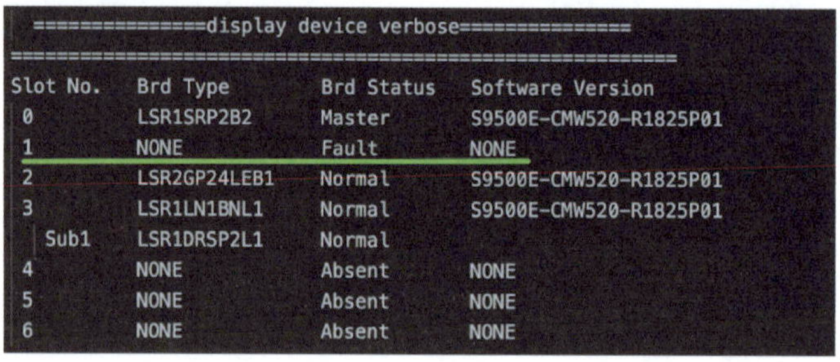

```
==============display device verbose==============
====================================================
Slot No.   Brd Type       Brd Status   Software Version
 0         LSR1SRP2B2     Master       S9500E-CMW520-R1825P01
 1         NONE           Fault        NONE
 2         LSR2GP24LEB1   Normal       S9500E-CMW520-R1825P01
 3         LSR1LN1BNL1    Normal       S9500E-CMW520-R1825P01
  Sub1     LSR1DRSP2L1    Normal
 4         NONE           Absent       NONE
 5         NONE           Absent       NONE
 6         NONE           Absent       NONE
```

图 4-16　主控板故障日志截图

板灯位全灭的现象，确认故障原因为 RPR 板硬件故障。

更换 RPR 板卡后，故障未恢复，RPR 灯不亮。下载日志进行分析，发现骨干交换机关于 RPR 板卡的配置异常消失，重新进行配置后，RPR 灯位自动点亮，故障消失。

经日志分析，确认相关配置丢失原因主要有两点：

①根据厂家建议，对 RPR 板进行了热插拔，未进行冷重启操作。而 RPR 板并不支持热插拔，业务板（RPR 母板）支持热插拔，因此在当时更换 RPR 板后，RPR 板并没有加载到骨干交换机上。

②在更换完毕 RPR 板后，发现故障未恢复。尝试软重启骨干交换机时，操作人员错误选择了保存当前配置，而当前运行配置内因 RPR 未加载，RPR 部分的配置也未加载，因此保存配置就相当于清空 RPR 相关的配置。在重新配置后，故障恢复正常。

案例 3：双网冗余失效

<u>故障现象：</u>

某月某日 04:36 某列车运行至转换轨Ⅰ道以 CBTC 模式超速紧急制动。04:56 行调组织该车司机切除 ATC 以 NRM 模式动车。04:47～06:15，2 号线出厂列车均出现上述故障，行调组织各次列车降级运行。05:28，00902 次（0227 车）恢复 CBTC 模式运行。05:32～06:27，行调组织各次列车恢复 CBTC 模式运行，如图 4-17 所示。

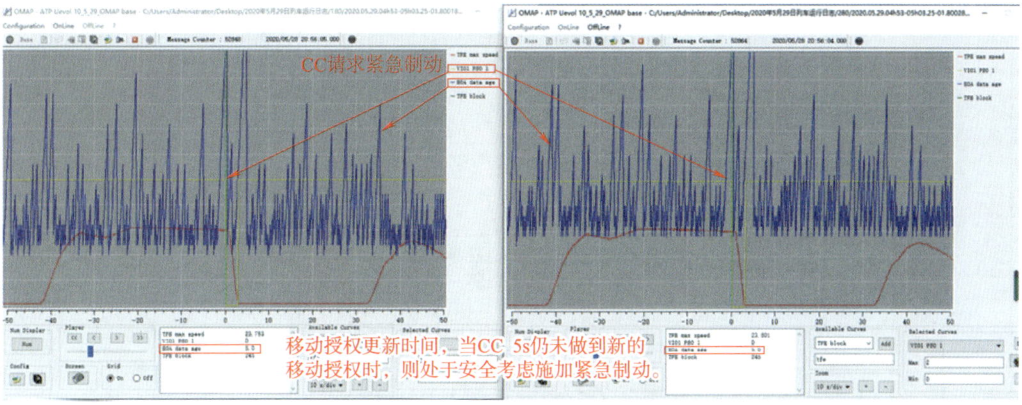

图 4-17　故障列车 CC 日志分析

原因分析：

正常情况下，CC 平均 2 s 内收到 ZC 发送的移动授权，若传输路径任何一个环节出现异常，均会导致数据丢包，当 CC 持续 5 s 未收到 ZC 发送的移动授权时，就会导致列车因车地无线通信超时造成列车移动授权失效而产生紧急制动。

根据当天的故障现象，全线列车上线后均出现连续紧急制动，无法建立 CBTC 模式，判断原因为控制中心红、蓝网二层主交换机故障，通过对控制中心蓝网三层主交换机进行网络测试发现存在大量数据丢包。重启控制中心蓝网三层主交换机后，测试三层主交换机仍存在少量数据丢包，此时全线列车逐列恢复 CBTC 模式运行，仍有部分列车无法建立 CBTC 模式。

因控制中心三层主交换机通过接入控制中心二层电交换机实现对整个车地无线网络的业务传输，现场对蓝网二层电交换机进行网络测试，发现有大量数据丢包情况，重启控制中心蓝网二层电交换机后，控制中心蓝网二层电交换机和三层主交换机均无丢包情况，正线列车恢复 CBTC 模式运行。

经上述分析，全线列车无法建立 CBTC 模式的故障原因为 DCS 红、蓝网冗余失效，蓝网骨干网业务传输存在大量数据丢包，导致 DCS 车地无线网络通信中断，引发全线列车均无法建立 CBTC 模式运行。

四、DCS 设备故障处理总结

（一）故障处理原则

1. 处理时应以故障不扩大化为原则

若在排查过程中不会造成故障扩大，则可以在运营时间处理，若排查过程中会造成故障扩大，现场人员应做好值守，做好相应保障措施及抢修准备工作，待运营结束后进行处理。

2. DCS 设备故障处理需遵循信号系统“先通后复”原则

根据“先通后复”的原则快速处理；临时恢复有隐患或未找到故障根本原因时，需制定故障排查方案，运营结束后对设备全面排查，查明故障原因；故障恢复后，根据不同故障类型相应的功能验证流程进行验证，确保设备运行正常。

（二）故障处理流程

DCS 设备故障处理流程如图 4-18 所示。

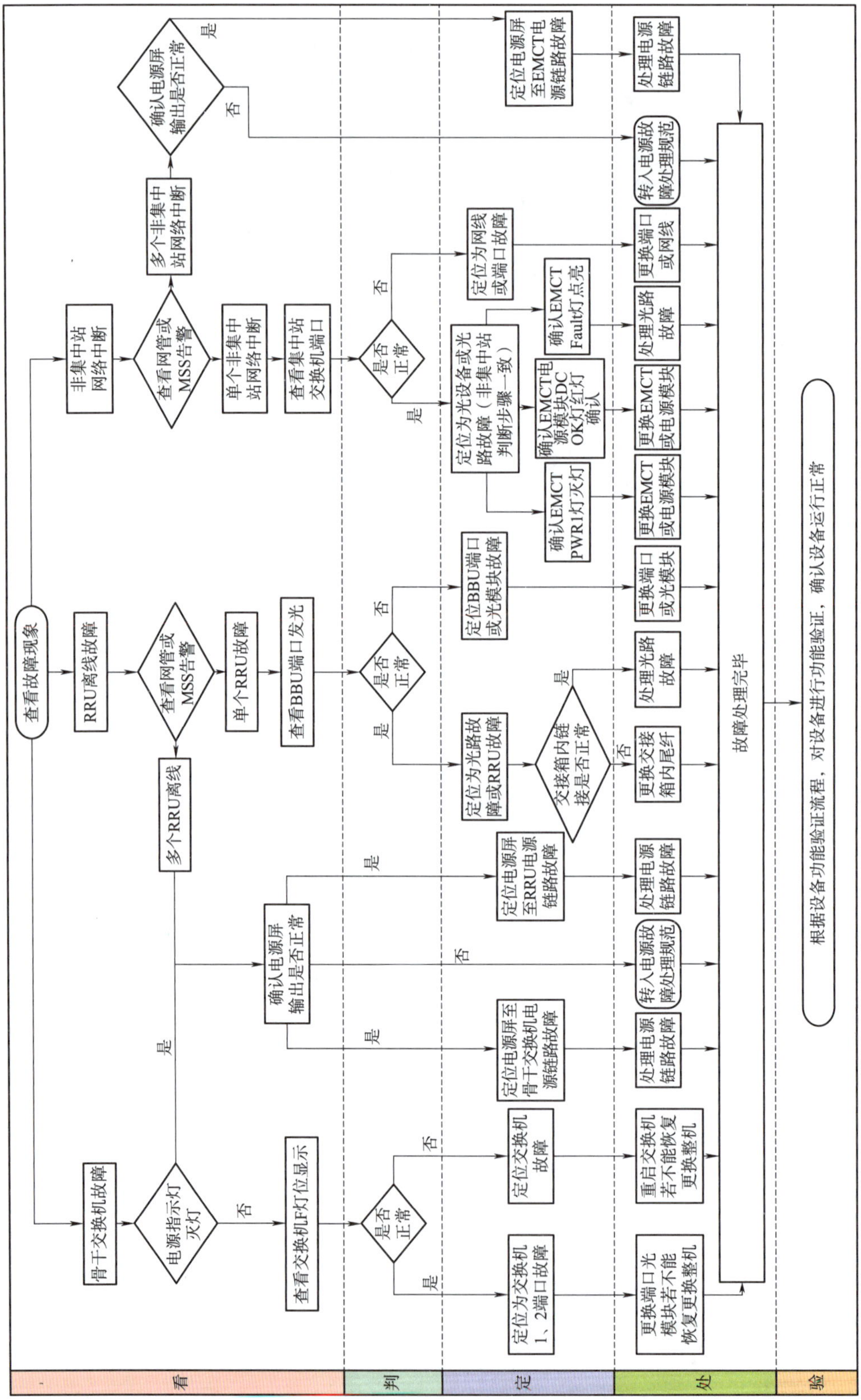

图 4-18 DCS设备故障处理流程

第四节　ATC车载子系统

一、车载设备通用知识

车载子系统负责确定列车位置，监测列车速度，保证适当的制动次序，管理列车的控制模式并根据轨旁设备所提供的信息来控制列车。

（一）ATP子系统和ATO子系统

从安全性上区分，ATC车载子系统可分为ATP子系统和ATO子系统，ATP子系统与ATO子系统结合共同实现对列车运行的安全防护和自动控制。

1. ATP子系统

ATP子系统负责有关列车安全运行的安全型功能。其功能包括速度-距离曲线的确定、速度-距离曲线的执行、安全的车门控制以及常用制动和紧急制动请求的发布。

ATP子系统根据线路数据、列车临时限速信息、联锁设备提供的列车进路信息等确定相应列车的运行方向和运行权限，并保证前行列车和追踪列车间的安全间隔。同时，ATP子系统能根据线路状态、道岔位置、前行列车位置等条件，实现列车速度控制，防止列车超速，确保追踪列车之间的安全运行间隔，实现列车自动追踪运行。

ATP子系统的基本功能是：

（1）防止由于列车敌对运行所引起的冲撞；

（2）防止由于非预期的车门打开、非预期的逃生门打开、倒溜等事故而使乘客发生危险；

（3）防止由于列车超过土建限制速度或者命令速度而导致对线路的损害或者使列车发生危险。

2. ATO子系统

ATO子系统负责有关列车自动驾驶的非安全型功能。由于ATO子系统始终在ATP子系统的监督下运行，所以就ATO子系统而言，并没有安全性的要求。

在ATP子系统和联锁子系统的安全保护下，车载ATO子系统根据ATS子系统的指令，实现列车的自动驾驶和列车在区间运行的自动调整功能，确保达到要求的设计间隔及运行速度。

ATO子系统的功能主要包括速度控制、停站和非安全的车门控制，能够控制列车自动完成启动、加速、巡航、惰行、减速和停车等操作。此外，ATO子系统具有自诊断功能，能够记录故障报警信息，并能将报警信息上传至中央ATS以及信号维护支持子系统。

ATO子系统主要提供以下功能：

（1）车站跳停；

（2）车站扣车；

（3）为列车运行提供不同的速度曲线；

（4）预先提供下一站开门侧信息，在停车点前预先确定距离；

（5）站台精确停车；

(6)打开车门/站台门；

(7)关闭车门/站台门；

(8)自动发车；

(9)自动折返；

(10)给司机显示界面发送信息；

(11)报警监控并报告。

(二)车载控制器与外围设备

从设备上区分，车载子系统包括车载控制器和外围设备。其中，车载子系统的关键设备是车载控制器。

1. 车载控制器

每列车将配置两套互为冗余的车载控制器，分设在车辆两端，头、尾车载设备构成热备冗余。车载控制器与轨旁设备配合，执行 ATP 和 ATO 功能。

车载控制器包括电源模块、主处理单元、外围处理单元、外围通信模块、输入/输出模块、数据存储模块。

电源模块负责给相应车载单元提供稳定安全的电源。

主处理单元主要用于 ATO/ATP 的应用程序，实现 ATO 和 ATP 功能，提供相应的计算功能。

外围处理单元为输入/输出模块提供内部电源以及控制命令的决定和表决。

外围通信模块管理车载控制器与外围设备的接口，执行信息和脉冲的处理。

输入/输出模块用于与车辆接口的输入/输出控制，目的是实现功能性和安全性。

数据储存模块用于存储列车事件记录、软件版本记录等。

2. 外围设备

外围设备包括速度传感器、信标读取器、车载无线设备、网络交换机、司机显示操作单元。

速度传感器：负责获取列车的速度和位移信息，用于 ATP/ATO 定位列车。

信标读取器：用于轨旁信标与核心处理器的数据传播。

车载无线设备：主要用于基于无线网络的车地信息交换。

网络交换机：负责执行网络的初始化，允许两端车载控制器安全和非安全信息的通信。

司机显示操作单元：负责向司机显示信息，司机根据这些信息来监督和控制列车。

二、车载设备基本组成与常见故障

CBTC 系统是一个冗余系统，车载信号设备亦然，即使单块板卡发生故障，如一个冗余设备完全不能工作，系统仍能维持运营并快速恢复。值得指出的是，当一个或一套冗余设备故障时，维护工作站将收到报警信息，这样在第二个设备发生故障之前可以替换设备，因此车载故障处置得当时一般不会对运营产生任何影响。车载信号设备的冗余得益于头尾设备冗余和车载有线网络的冗余。

(一)车载有线网络

1. 车载有线网络组成

如图 4-19 所示,车载有线网络为车载控制器、司机显示器以及车载无线设备之间提供通信接口。每端各配置 2 台车载交换机,即红、蓝网交换机,分别与车载控制器、司机显示器、车载无线设备相连,构成车载有线网络,对车载控制器等车载设备提供冗余接入服务。车厢中部一般配置有中继器来实现放大以太网信号的作用,防止因车头车尾距离过长导致电信号的衰减。

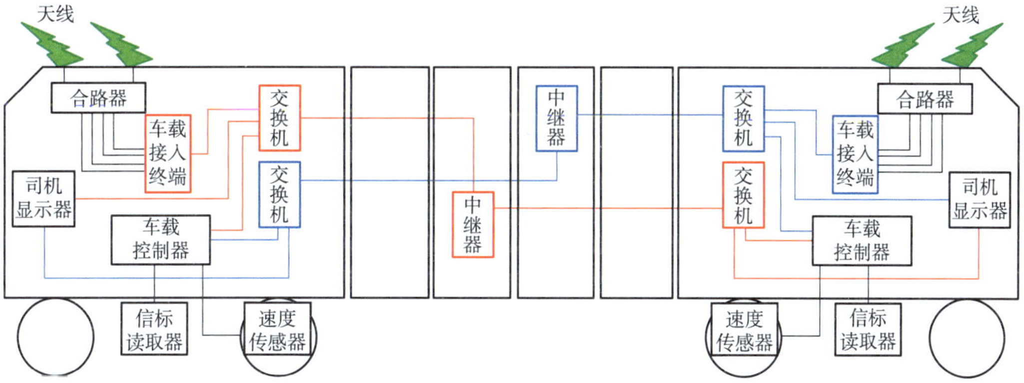

图 4-19 车载有线网络示意

红、蓝网互为冗余设计,从而保证了当单端设备出现问题时不会影响到列车的正常运行,但会导致列车 ATC 的冗余设计失效。极端情况下,若红、蓝网链路同时存在问题,导致列车 ATC 功能无法使用。

2. 车载有线网络故障处理

构成车载有线网络的交换机和中继器故障可能对列车造成以下影响,见表 4-1。

表 4-1 车载有线网络故障影响

故障类型	造成影响
单个或两个红(蓝)网交换机故障	红(蓝)网冗余失效,蓝(红)网正常使用
红(蓝)网中继器故障	红(蓝)网冗余失效,蓝(红)网正常使用
单个或两个红(蓝)网交换机故障和红(蓝)网中继器故障	红(蓝)网冗余失效,蓝(红)网正常使用
单个或两个红(蓝)网交换机故障和单个或两个蓝(红)网交换机故障	红网、蓝网均不可用,车载 ATC 功能无法使用
单个或两个红(蓝)网交换机故障和蓝(红)网中继器故障	红网、蓝网均不可用,车载 ATC 功能无法使用

常见故障为单个交换机故障或中继器故障。当 MSS 监测报列车单个交换机或中继器故障时,若列车在正线运营,需报维修调度并建议列车在不影响列车运营的情况下择机下线回库处理。

3. 故障处理流程

(1)看

查看 MSS 监测,核对相关故障报警信息;

查看交换机或中继器电源灯显示是否正常,设备端口连接灯位显示是否正常,数据传输灯位是否正常；

重启复位后设备是否正常恢复。

(2)判

根据电源灯位显示，判断是否为电源链路及其电源插头插针问题；

根据端口连接灯位、数据传输灯位显示，判断是否为对应链路连接问题；

根据重启复位后设备恢复，判断为设备软件问题；

多次尝试无法恢复，判断为交换机硬件故障。

(3)定

根据"判"环节，电源灯位显示、端口灯位显示、线缆导通测试结果及重启复位结果，判断是否为电源链路故障、端口线缆链路故障、设备软件故障或设备硬件故障。

(4)处

根据"定"环节定位的故障点，对电源链路故障、线缆故障或交换机故障进行处理。

(5)验

故障处理完毕后，MSS 报警需恢复，交换机电源及端口灯位显示正常，ping 网测试正常导通。

(二)车载无线设备

1. 车载无线设备组成

车载天线、合路器、车载接入终端及其链路构成车载无线设备。车载控制器通过车载有线网络与车载接入终端相连，从而建立了车载系统到轨旁设备之间的连接。车载控制器周期性地将列车信息(含速度、位置信息等)报告给区域控制器，区域控制器根据列车当前速度及位置和所有已知障碍物的位置周期性地计算允许列车向前运行的距离，并将移动授权通过车地通信发给车载控制器。

由于不同信号厂商设计，车载接入终端存在很大差异，对比见表 4-2，但核心功能是进行车地通信，起到调制解调信号的作用。

表 4-2　车载无线设备接入原理

厂　商	车载接入终端	接 入 原 理
浙大网新	MR	车头和车尾各部署一台 MR，车头接入红网，车尾接蓝入网
泰 雷 兹	TAU	车头和车尾各部署两台 TAU，每两个 TAU 分别接入轨旁不同的无线网络
卡 斯 柯	Netbox	车头和车尾各部署一台 Netbox，单个 Netbox 可以同时接收红、蓝网信息

虽然不同厂商设备接入原理有差异，但总体上，车载无线设备均为车头车尾冗余设计，两端分别连接轨旁无线网络，当一端通信中断时，系统会接受从另一端传来的车地通信信息，以保证车地通信的可用性。极端情况下，有两个连续的红、蓝网设备同时发生故障，或在第一个故障设备未被修复之前又发生第二个故障，此时通信冗余丢失，造成车地通信超时，列车变为非通信列车。一般来说，车地通信超时一定时间后，列车由于接收不到周期性更新的移动授权而产生紧急制动。泰雷兹系统对此有一定的提升之处，当车地通信超过一定时间，则此列车为非通信列车，列车占用的区域将对其他列车关闭，区域控制器将继续保留原有的移动授权，直到通信重新建立或计时器超时。如通信始终无法建

立,如果车载控制器在丢失通信之前收到的移动授权已经延伸至下一站,车载控制器将命令 ATO 列车以低速运行至下一站停站,以便运营人员登乘列车紧急处理。这种方式可以在短时间的通信丢失时让列车以 ATPM/ATO 模式继续运行,若为区域性轨旁无线设备故障,当列车越过发生故障的无线设备之后可以重新建立通信链接,减小故障影响及对乘客带来的不良乘车体验。

2. 车载无线设备故障处理

车载无线设备常见故障为通信超时和单个车载接入终端故障。

多列车在正线某个区域若出现车地通信超时,则可能为轨旁无线设备或区域控制器问题,重点检查轨旁设备。单列车在正线运营若出现车地通信超时无法恢复,建议列车降级为后备模式,在不影响运营的情况下择机下线回库处理。单列车车地通信超时需要对两端车载无线设备及其链路进行排查。

单个车载接入终端故障暂不影响列车运营,但会导致列车只能单网进行车地通信,极端情况下,另一个车载接入终端故障或通信异常会导致列车变为非通信车,影响正常运营。因此当正线列车出现单个车载接入终端故障,建议列车在不影响运营的情况下择机下线回库处理。

3. 故障处理流程

(1)看

查看 MSS 监测,核对是否有车载接入终端报警信息;

上车查看车载接入终端电源灯位、连接灯位是否显示正常;

查看连接线缆有无破损,插头有无松动、缩针现象;

查看车载天线有无破损。

(2)判

根据电源灯位显示,判断是否为电源链路及其电源插头插针问题;

根据端口连接灯位及线缆外观和插头情况,判断是否为对应链路连接问题;

根据测量馈线至天线的驻波比是否在标准值范围内,判断是否为线缆问题;

根据车载天线有无破损,判断是否为车载天线故障;

根据重启复位后观察是否灯位恢复,判断设备是否为软件问题或硬件故障。

(3)定

根据“判”环节,电源灯位显示、端口灯位显示、线缆插头排查、驻波比测试结果及重启复位结果,判断是否为电源链路故障、线缆链路故障、车载天线故障、车载接入终端软件故障或硬件故障。

(4)处

根据“定”环节定位的故障点,对电源链路故障、线缆故障、车载天线故障或车载接入终端故障进行处理。

(5)验

故障处理完毕后,MSS 报警需恢复,车载接入终端电源及端口灯位显示正常,ping 网测试正常导通。

(三)信标读取系统

1. 信标读取系统设备组成

信标读取系统包含信标天线、信标读取器及其链路。

不同信号厂商对信标读取系统的设计不同,对比见表4-3,但其原理均为通过信标天线发射一定频率的无线电激活布置在轨道上的信标,线路上的信标会在天线接近时接收到这个信号,当信标接收到触发信号时会送回一个报文给信标读取器,这个应答报文包含它的ID号信息,该ID号存储在信标中。定位系统将信标ID进行解码,确认有效的ID信息并发送给CC处理系统,用于CC进行实时处理和定位,如图4-20所示。

表4-3　信标读取系统链路及原理

厂　商	链　路	原　理
浙大网新	查询应答器天线→查询应答器→车载CC	查询应答器通过天线收发信息,将信标ID报送给车载CC
泰 雷 兹	天线→应答查询器单元→车载CC	
卡 斯 柯	信标天线→车载CC	信标天线内集成查询应答器和天线,将收到信标ID报给车载CC

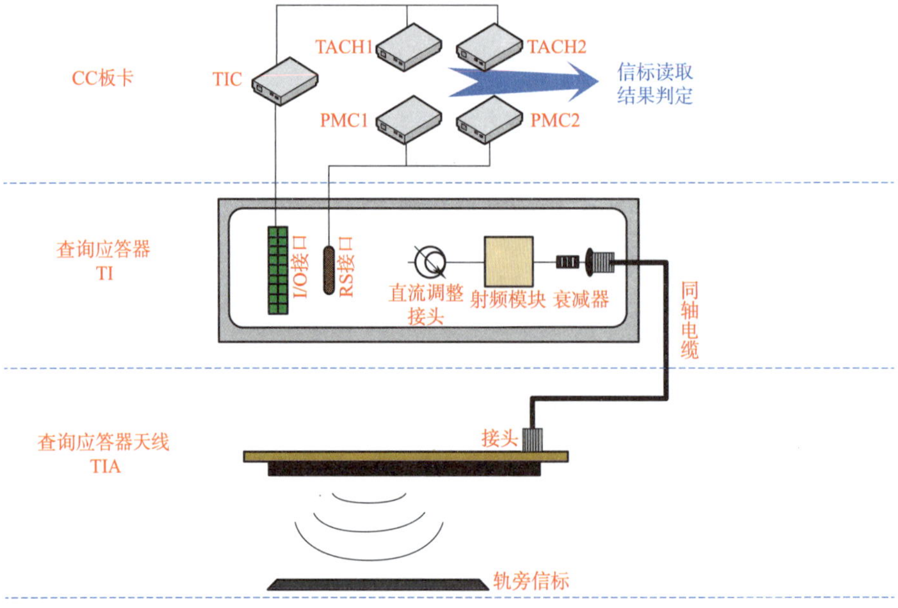

图4-20　信标读取系统链路模拟

2. 信标读取系统故障处理

常见故障为信标读取器故障。卡斯柯系统信标天线内集成了所有传输/接收电路板,包含信标天线、信标读取器。

当列车在定位的前提下,如果车载信标天线检测到一个错误的信标位置,此端CC将失去定位,该端定位信息将不可用,此时系统将会利用另外一端正常工作的CC定位信息,以避免不安全情况发生。在两个车载信标天线都故障时,列车接收不到连续两个信标信息后,系统将触发紧急制动,列车可以以RM模式运行。若单个信标读取器故障报警后不影响列车运营，但此时列车定位已失去冗余，应建议列车在不影响运营的情况下择机下线处理。

由于不同厂商信标读取器有信标天线和 TI 主机之分，其故障处理差异较大。

3. 故障处理流程

(1)看

查看 MSS 监测，是否有信标读取器故障报警，对应设备是否显红；

上车查看司机显示器，是否有 ATC 中等故障报警或严重故障报警；

查看链路线缆及插头，是否有线缆破损或插头缩针现象；

查看链路设备灯位显示；看供电板卡电源灯位显示是否正常；看信标信息处理板卡灯位显示是否正常。

(2)判

根据电源板卡灯位显示，判断是否为链路内电源板卡故障；

根据链路线缆及插头排查结果，判断是否为链路连接故障；

根据信标信息处理板卡灯位显示，判断是否为信标信息处理板卡故障或信标读取器故障；

通过对调两端板卡观察故障现象是否转移，进一步确定是否为板卡硬件故障；

使用静态信标，在车底钢轨轨面下方设备要求范围内平行移动信标，查看信标信息处理板卡灯位有无正常显示，同时，查看车载 CC 日志是否有正确读取到信标 ID 的记录，判断是否为信标读取器故障。

(3)定

根据“判”环节，通过检查链路线缆及插头，分析板卡灯位显示，扫信标时，信标 ID 读取及对应板卡灯位显示情况，以及板卡对调后故障现象是否转移，定位故障点为线缆、插头、板卡或信标读取器。

(4)处

根据“定”环节定位的故障点，对故障线缆、插头、板卡或信标读取器硬件进行更换。

板卡故障，确保佩戴防静电手套/手腕前提下，用备品备件替换故障板卡，重启 CC 确认板卡灯位显示；若更换信标信息处理板卡，需信标读取验证板卡对应灯位正常响应显示。

若更换信标读取器，更换后需进行信标读取，通过车载 CC 日志查看信标读取情况，确保更换备件性能良好。

(5)验

故障处理完毕后，MSS 报警需恢复，相关灯位显示正常，进行扫标验证应正常读到信标 ID。

(四)速度传感器

1. 速度传感器设备组成

速度传感器安装在轮轴上，通过测量轮轴的角速度，来得到列车的速度和走过的位移。车轮每转一圈，速度传感器就会产生一定频率的脉冲，这个脉冲的频率与车轮的角速度成比例。速度传感器的输出信号被输入到车载控制器中负责脉冲的处理单元来确定列车的速度、行驶距离和行驶方向。部分厂商在车头车尾各安装加速度计用于自动速度控制运算法则和空转/打滑的检测和补偿。

以卡斯柯产品为例，其速度传感器为安全型编码里程计，由 4 路传感器（C1、C2、C3、C4）组成，安全编码确保测速的安全，方便安装。里程计内部的齿盘外圈有 100 个排列规则的齿，内圈是随机排列的齿。外圈的 C1 用于检测车轮的转动，C2 和 C3 相位差 120°，用于判断转动方向；内圈的独立 C4 传感器采用安全的伪随机编码，同步校验 C1、C2 和 C3 计算出的速度，能检测任意一个齿的漏错读。C4 的齿盘是不规则排列的，但是在 CC 内部却是一个伪随机序列，能够检测 C1 的计数和 C4 的序列是否一致；当 C1 出现漏读或错读时，C4 能发现序列与预期的不一致，从而检测出故障，如图 4-21 所示。

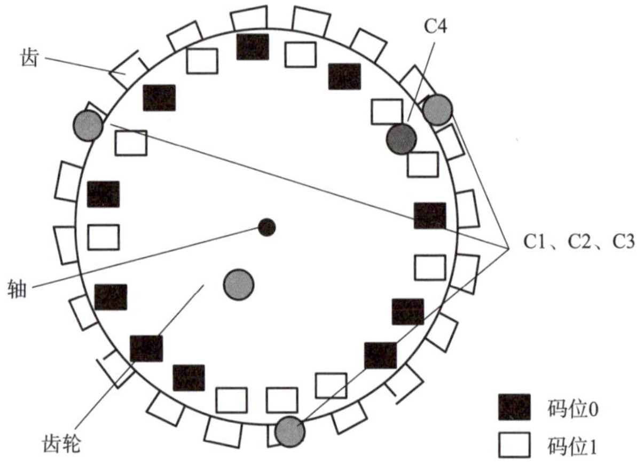

图 4-21 编码里程计

2. 速度传感器设备故障处理

当速度传感器发生故障时，在 MSS 终端上会有故障报警信息提示。若单个设备故障，可视情况加强设备盯控，在不影响运营的情况下调整列车至存车线或回库处理；若两端同时故障，信号系统将不能正确判定列车速度，从而不能正确判定列车位置，系统将触发紧急制动，司机可以切除 ATC，以 NRM 模式按轨旁信号显示驾驶列车运行。

3. 故障处理流程

（1）看

查看 MSS 监测，核对相关故障报警信息；

查看为速度传感器提供电源的板卡对应灯位是否显示正常。

（2）判

根据为速度传感器提供电源的板卡对应灯位显示，判断是否为电源板卡故障；

拆卸速度传感器，手动转动，查看对应处理脉冲板卡输入是否正常，判断是否为速度传感器硬件故障；

查看线缆插头有无缩针，进行线缆导通测试，判断是否为链路故障；

分析车载 CC 日志，判断速度传感器工作状态是否正常。

(3)定

根据“判”环节，板卡灯位显示、速度传感器转动时板卡灯位显示、线缆导通测试结果及CC日志的速度传感器工作状态，判断是否为板卡故障、线缆故障或设备硬件故障。

(4)处

根据“定”环节定位的故障点，对板卡故障、线缆故障或速度传感器故障进行处理。

(5)验

故障处理完毕后，MSS报警需恢复，对更换设备功能进行验证，确认速度传感器工作正常，对应板卡灯位显示正常。

(五)司机显示器

1. 司机显示器设备组成

每个驾驶室设置一台司机显示器，作为ATC系统的司机操作界面。单个司机显示器分别与两路车载有线网络相连，车载控制器与显示器之间的数据报文将通过以太网链路传送，数据报文用来更新显示信息。车载控制器提供给司机显示器显示的信息，司机显示器把它的健康状况返回给车载控制器。司机显示器提供给司机在不同模式下驾驶列车所需的控制和指示信息，使列车能够以不同的模式行驶。显示器的亮度可以手动调节，有一个音频指示器用来发出警告和警报。

2. 司机显示器故障处理

司机显示器常见故障为列车运行中出现卡屏、黑屏、屏幕闪烁以及菜单栏无法点触情况。当设备发生故障，处于黑屏状态或无法正常响应系统接口信息，则无法向司机传递CC信息，影响司机手动驾驶列车；列车ATO模式驾驶不受影响，可在完成本列次载客任务后，退出运营服务。

3. 故障处理流程

(1)看

查看MSS监测，核对相关故障报警信息；

上车查看司机显示器状态显示，看电源指示灯是否正常，看设备工作指示灯是否正常，激活主控钥匙看显示屏显示是否正常，点触是否正常响应；

检查司机显示器对应空开是否处于闭合状态。

(2)判

根据电源指示灯显示，判断或排除电源故障，若电源指示显示异常，排查电源插头至空开线缆链路连接情况，并进行电源线输入电源测试；

根据工作指示灯状态显示，尝试重启复位设备，观察司机显示器是否恢复正常；

重新刷录司机显示器软件，观察是否恢复正常；

多次尝试无法恢复，判断为设备硬件故障，需要进行更换。

(六)车载控制器

1. 车载控制器设备组成

车载控制器(CC)主要包含核心处理单元、输入/输出模块、数据记录模块等，用于管理和驾驶列车。CC为ATO和ATP子系统进行计算，目的是在保护列车和乘客的前提下优化列车运行。

车头车尾各配置一套 CC，从而实现头尾冗余。当一端 CC 出现故障时，另一端 CC 能立即接管列车，保证列车的正常运营。

单端车载 CC 的设计也有不同，浙大网新系统车载 CC 单端的核心处理器（CCTE）为三取二冗余设计，泰雷兹系统单端则为二取二设计，而卡斯柯系统单端只有一个核心处理模块（Core-MPC），输入/输出模块采取三取二冗余设计。

若因板卡故障导致冗余丢失，可视情况加强设备盯控，调整列车至存车线或回库处理，以减少因设备故障对运营的影响；若冗余设备同时故障，系统将触发紧急制动，司机需切除 ATC，以 NRM 模式按轨旁信号显示驾驶列车运行退出服务。

2. 车载控制器故障处理

CC 板卡故障处理主要为对故障板卡进行更换。常见故障主要为核心处理单元、输入/输出模块单个板卡故障报警。

3. 故障处理流程

（1）看

查看 MSS 监测，核对相关板卡故障报警信息；

上车查看各板卡灯位是否显示正常。

（2）判

根据 MSS 相关板卡故障报警及灯位显示，判断是否为对应板卡故障；

根据板卡对调后故障是否转移，判断是否为对应板卡故障。

（3）定

根据“判”环节，结合板卡灯位显示、板卡诊断日志、车载 CC 日志分析，判断定位出具体板卡故障。

（4）处

根据“定”环节定位的故障点，对板卡故障进行处理。

（5）验

故障处理完毕后，MSS 报警需恢复，核对板卡灯位显示，对更换板卡功能进行验证。

三、车载设备典型故障案例分析与处理

当列车在正线运行过程中出现异常，应先与维修调度或故障报告人确认故障时间、故障地点、驾驶模式、驾驶端、具体现象、后续是否恢复、造成影响等。再进一步查看 ATS 回放以及与司机派班室核对，确认故障现象与汇报是否一致。如有疑问及时了解沟通。一般故障均可通过调阅 ATS 回放初步判断故障原因。

列车运行始终处于 ATP 子系统的安全防护下。因此在列车的安全无法确定时，CC 通常会采取紧急制动等措施以保证故障导向安全。结合以下典型故障案例进行分析。

案例 1：列车定位丢失

故障现象：某月某日 09:17 某车于某站上行出站过程中产生紧急制动，TOD 显示 CC 图标 A 黄色，列车定位丢失。

日志显示：

09:16:37，6A 端加速度计自锁故障，传感器故障；09:16:40，出现 sensors KO，导致

列车定位丢失,移动授权收回,列车产生紧急制动,如图 4-22 所示。

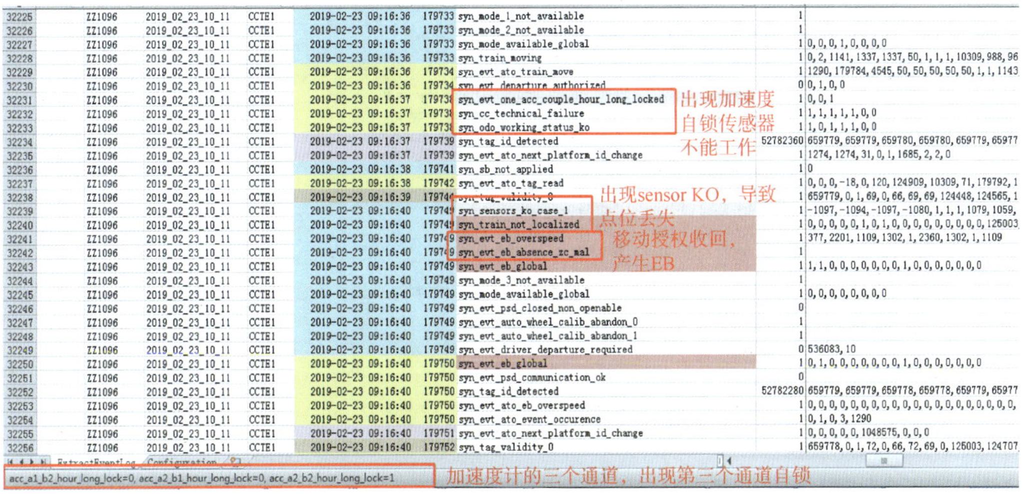

32225	ZZ1096	2019_02_23_10_11	CCTE1	2019-02-23 09:16:36	179733	syn_mode_1_not_available	1	
32226	ZZ1096	2019_02_23_10_11	CCTE1	2019-02-23 09:16:36	179733	syn_mode_2_not_available	1	
32227	ZZ1096	2019_02_23_10_11	CCTE1	2019-02-23 09:16:36	179733	syn_mode_available_global	1	0, 0, 0, 1, 0, 0, 0, 0
32228	ZZ1096	2019_02_23_10_11	CCTE1	2019-02-23 09:16:36	179733	syn_train_moving	1	0, 2, 1141, 1337, 1337, 50, 1, 1, 1, 10309, 988, 96
32229	ZZ1096	2019_02_23_10_11	CCTE1	2019-02-23 09:16:36	179734	syn_evt_ato_train_move	1	1290, 179784, 4545, 50, 50, 50, 50, 50, 1, 1, 1143
32230	ZZ1096	2019_02_23_10_11	CCTE1	2019-02-23 09:16:36	179734	syn_evt_departure_authorized	0	0, 1, 0, 0
32231	ZZ1096	2019_02_23_10_11	CCTE1	2019-02-23 09:16:37	17973[illegible]	syn_evt_one_acc_couple_hour_long_locked	1	0, 0, 1
32232	ZZ1096	2019_02_23_10_11	CCTE1	2019-02-23 09:16:37	17973[illegible]	syn_cc_technical_failure	1	1, 1, 1, 1, 1, 0, 0
32233	ZZ1096	2019_02_23_10_11	CCTE1	2019-02-23 09:16:37	17973[illegible]	syn_odo_working_status_ko	1	1, 0, 1, 1, 1, 0, 0
32234	ZZ1096	2019_02_23_10_11	CCTE1	2019-02-23 09:16:37	179739	syn_tag_id_detected	52782360	659779, 659779, 659780, 659780, 659779, 65977
32235	ZZ1096	2019_02_23_10_11	CCTE1	2019-02-23 09:16:37	179739	syn_evt_ato_next_platform_id_change	1	1274, 1274, 31, 0, 1, 1685, 2, 2, 0
32236	ZZ1096	2019_02_23_10_11	CCTE1	2019-02-23 09:16:38	179741	syn_sb_not_applied	1	0
32237	ZZ1096	2019_02_23_10_11	CCTE1	2019-02-23 09:16:38	179742	syn_evt_ato_tag_read	1	0, 0, 0, -18, 0, 120, 124909, 10309, 71, 179792, 1
32238	ZZ1096	2019_02_23_10_11	CCTE1	2019-02-23 09:16:39	17974[illegible]	syn_tag_validity_0	1	659779, 0, 1, 69, 0, 66, 69, 69, 124448, 124565, 1
32239	ZZ1096	2019_02_23_10_11	CCTE1	2019-02-23 09:16:40	17974[illegible]	syn_sensors_ko_case_1	1	-1097, -1094, -1097, -1080, 1, 1, 1, 1079, 1059,
32240	ZZ1096	2019_02_23_10_11	CCTE1	2019-02-23 09:16:40	17974[illegible]	syn_train_not_localized	1	0, 0, 0, 0, 0, 1, 0, 1, 0, 0, 0, 0, 0, 0, 0, 0, 0, 125003
32241	ZZ1096	2019_02_23_10_11	CCTE1	2019-02-23 09:16:40	1797[illegible]9	syn_evt_eb_overspeed	1	377, 2201, 1109, 1302, 1, 2360, 1302, 1, 1109
32242	ZZ1096	2019_02_23_10_11	CCTE1	2019-02-23 09:16:40	1797[illegible]9	syn_evt_eb_absence_zc_mal	1	
32243	ZZ1096	2019_02_23_10_11	CCTE1	2019-02-23 09:16:40	179749	syn_evt_eb_global	1	1, 1, 0, 0, 0, 0, 0, 0, 0, 1, 0, 0, 0, 0, 0, 0, 0
32244	ZZ1096	2019_02_23_10_11	CCTE1	2019-02-23 09:16:40	179749	syn_mode_3_not_available	1	
32245	ZZ1096	2019_02_23_10_11	CCTE1	2019-02-23 09:16:40	179749	syn_mode_available_global	1	0, 0, 0, 0, 0, 0, 0, 0
32246	ZZ1096	2019_02_23_10_11	CCTE1	2019-02-23 09:16:40	179749	syn_evt_psd_closed_non_openable	0	
32247	ZZ1096	2019_02_23_10_11	CCTE1	2019-02-23 09:16:40	179749	syn_evt_auto_wheel_calib_abandon_0	1	
32248	ZZ1096	2019_02_23_10_11	CCTE1	2019-02-23 09:16:40	179749	syn_evt_auto_wheel_calib_abandon_1	1	
32249	ZZ1096	2019_02_23_10_11	CCTE1	2019-02-23 09:16:40	179749	syn_evt_driver_departure_required	0	536083, 10
32250	ZZ1096	2019_02_23_10_11	CCTE1	2019-02-23 09:16:40	179750	syn_evt_eb_global	1	0, 1, 0, 0, 0, 0, 0, 0, 0, 1, 0, 0, 0, 0, 0, 0, 0
32251	ZZ1096	2019_02_23_10_11	CCTE1	2019-02-23 09:16:40	179750	syn_evt_psd_communication_ok	0	
32252	ZZ1096	2019_02_23_10_11	CCTE1	2019-02-23 09:16:40	179750	syn_tag_id_detected	52782280	659779, 659779, 659778, 659778, 659779, 65977
32253	ZZ1096	2019_02_23_10_11	CCTE1	2019-02-23 09:16:40	179750	syn_evt_ato_eb_overspeed	1	0, 0, 0, 0, 0, 0, 0, 0, 0, 0, 0, 0, 0, 0, 0, 0, 0, 0, 0, 0,
32254	ZZ1096	2019_02_23_10_11	CCTE1	2019-02-23 09:16:40	179750	syn_evt_ato_event_occurence	1	0, 1, 0, 3, 1290
32255	ZZ1096	2019_02_23_10_11	CCTE1	2019-02-23 09:16:40	179751	syn_evt_ato_next_platform_id_change	1	0, 0, 0, 0, 0, 1048575, 0, 0, 0
32256	ZZ1096	2019_02_23_10_11	CCTE1	2019-02-23 09:16:40	179752	syn_tag_validity_0	1	659778, 0, 1, 72, 0, 66, 72, 69, 0, 125003, 124707

图 4-22　列车定位丢失故障列车车载日志 1

第 3 个通道数字加速度计 2(a2)和模拟加速度计 2(b2),出现自锁,同时出现 sensor KO,造成列车所有加速度数据不再输入/输出,导致列车一直无法建立定位,如图 4-23 所示。

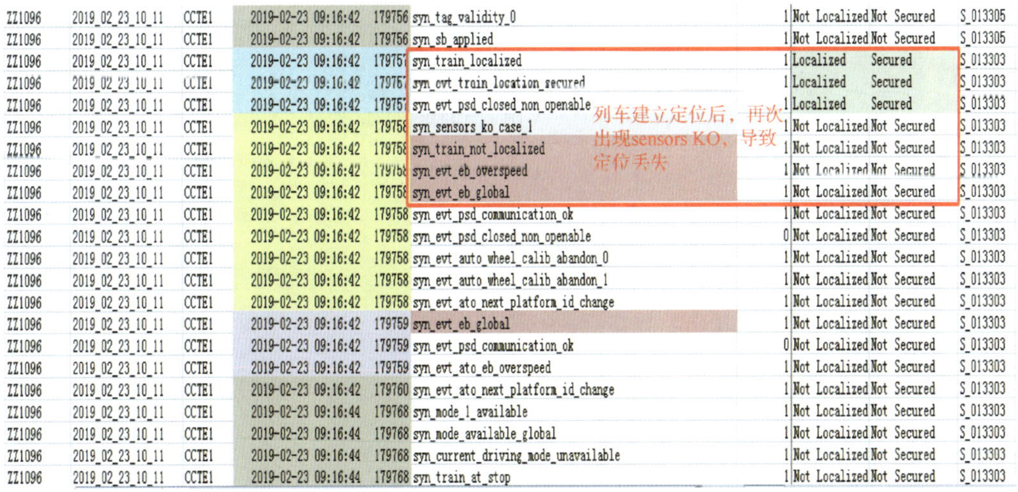

ZZ1096	2019_02_23_10_11	CCTE1	2019-02-23 09:16:42	179756	syn_tag_validity_0	1	Not Localized	Not Secured	S_013305
ZZ1096	2019_02_23_10_11	CCTE1	2019-02-23 09:16:42	179756	syn_sb_applied	1	Not Localized	Not Secured	S_013305
ZZ1096	2019_02_23_10_11	CCTE1	2019-02-23 09:16:42	179757	syn_train_localized	1	Localized	Secured	S_013303
ZZ1096	2019_02_23_10_11	CCTE1	2019-02-23 09:16:42	179757	syn_evt_train_location_secured	1	Localized	Secured	S_013303
ZZ1096	2019_02_23_10_11	CCTE1	2019-02-23 09:16:42	179757	syn_evt_psd_closed_non_openable	1	Localized	Secured	S_013303
ZZ1096	2019_02_23_10_11	CCTE1	2019-02-23 09:16:42	179758	syn_sensors_ko_case_1	1	Not Localized	Not Secured	S_013303
ZZ1096	2019_02_23_10_11	CCTE1	2019-02-23 09:16:42	179758	syn_train_not_localized	1	Not Localized	Not Secured	S_013303
ZZ1096	2019_02_23_10_11	CCTE1	2019-02-23 09:16:42	179758	syn_evt_eb_overspeed	1	Not Localized	Not Secured	S_013303
ZZ1096	2019_02_23_10_11	CCTE1	2019-02-23 09:16:42	179758	syn_evt_eb_global	1	Not Localized	Not Secured	S_013303
ZZ1096	2019_02_23_10_11	CCTE1	2019-02-23 09:16:42	179758	syn_evt_psd_communication_ok	1	Not Localized	Not Secured	S_013303
ZZ1096	2019_02_23_10_11	CCTE1	2019-02-23 09:16:42	179758	syn_evt_psd_closed_non_openable	0	Not Localized	Not Secured	S_013303
ZZ1096	2019_02_23_10_11	CCTE1	2019-02-23 09:16:42	179758	syn_evt_auto_wheel_calib_abandon_0	1	Not Localized	Not Secured	S_013303
ZZ1096	2019_02_23_10_11	CCTE1	2019-02-23 09:16:42	179758	syn_evt_auto_wheel_calib_abandon_1	1	Not Localized	Not Secured	S_013303
ZZ1096	2019_02_23_10_11	CCTE1	2019-02-23 09:16:42	179758	syn_evt_ato_next_platform_id_change	1	Not Localized	Not Secured	S_013303
ZZ1096	2019_02_23_10_11	CCTE1	2019-02-23 09:16:42	179759	syn_evt_eb_global	1	Not Localized	Not Secured	S_013303
ZZ1096	2019_02_23_10_11	CCTE1	2019-02-23 09:16:42	179759	syn_evt_psd_communication_ok	0	Not Localized	Not Secured	S_013303
ZZ1096	2019_02_23_10_11	CCTE1	2019-02-23 09:16:42	179759	syn_evt_ato_eb_overspeed	1	Not Localized	Not Secured	S_013303
ZZ1096	2019_02_23_10_11	CCTE1	2019-02-23 09:16:42	179760	syn_evt_ato_next_platform_id_change	1	Not Localized	Not Secured	S_013303
ZZ1096	2019_02_23_10_11	CCTE1	2019-02-23 09:16:44	179768	syn_mode_1_available	1	Not Localized	Not Secured	S_013303
ZZ1096	2019_02_23_10_11	CCTE1	2019-02-23 09:16:44	179768	syn_mode_available_global	1	Not Localized	Not Secured	S_013303
ZZ1096	2019_02_23_10_11	CCTE1	2019-02-23 09:16:44	179768	syn_current_driving_mode_unavailable	1	Not Localized	Not Secured	S_013303
ZZ1096	2019_02_23_10_11	CCTE1	2019-02-23 09:16:44	179768	syn_train_at_stop	1	Not Localized	Not Secured	S_013303

图 4-23　列车定位丢失故障列车车载日志 2

09:16:42,列车建立定位,瞬间再次出现 sensors KO,列车定位丢失,列车产生紧急制动,后来列车频繁出现定位建立、定位丢失问题,如图 4-24 所示。

定位原理分析如下:

加速度计三种组合,如图 4-25 所示。

车载加速度计分为模拟加速度计与数字加速度计,每类加速度计各有两个。

加速度计组合共有三种,具体组合如下:

ZZ1096	2019_02_23_10_11	CCTE1	2019-02-23 09:20:47	180738	syn_tag_id_detected	52761960	Not Localized	Not Secured	S_
ZZ1096	2019_02_23_10_11	CCTE1	2019-02-23 09:20:47	180739	syn_tag_validity_0	1	Not Localized	Not Secured	S_
ZZ1096	2019_02_23_10_11	CCTE1	2019-02-23 09:20:47	180740	syn_train_localized	1	Localized	Secured	S_
ZZ1096	2019_02_23_10_11	CCTE1	2019-02-23 09:20:47	180740	syn_evt_train_location_secured	1	Localized	Secured	S_
ZZ1096	2019_02_23_10_11	CCTE1	2019-02-23 09:20:48	180741	syn_sensors_ko_case_1	1	Not Localized	Not Secured	S_
ZZ1096	2019_02_23_10_11	CCTE1	2019-02-23 09:20:48	180741	syn_train_not_localized	1	Not Localized	Not Secured	S_
ZZ1096	2019_02_23_10_11	CCTE1	2019-02-23 09:20:48	180741	syn_evt_auto_wheel_calib_abandon_0	1	Not Localized	Not Secured	S_
ZZ1096	2019_02_23_10_11	CCTE1	2019-02-23 09:20:48	180741	syn_evt_auto_wheel_calib_abandon_1	1	Not Localized	Not Secured	S_
ZZ1096	2019_02_23_10_11	CCTE1	2019-02-23 09:20:48	180741	syn_evt_ato_next_platform_id_change	1	Not Localized	Not Secured	S_
ZZ1096	2019_02_23_10_11	CCTE1	2019-02-23 09:20:48	180743	syn_evt_ato_next_platform_id_change	1	Not Localized	Not Secured	S_
ZZ1096	2019_02_23_10_11	CCTE1	2019-02-23 09:21:18	180862	syn_evt_ato_new_trip	1	Not Localized	Not Secured	S_
ZZ1096	2019_02_23_10_11	CCTE1	2019-02-23 09:21:18	180863	syn_tag_id_detected	52761880	Not Localized	Not Secured	S_
ZZ1096	2019_02_23_10_11	CCTE1	2019-02-23 09:21:18	180864	syn_tag_validity_0	1	Not Localized	Not Secured	S_
ZZ1096	2019_02_23_10_11	CCTE1	2019-02-23 09:21:18	180865	syn_tag_id_detected	52761800	Not Localized	Not Secured	S_
ZZ1096	2019_02_23_10_11	CCTE1	2019-02-23 09:21:19	180866	syn_tag_validity_0	1	Not Localized	Not Secured	S_
ZZ1096	2019_02_23_10_11	CCTE1	2019-02-23 09:21:19	180867	syn_train_localized	1	Localized	Secured	S_
ZZ1096	2019_02_23_10_11	CCTE1	2019-02-23 09:21:19	180867	syn_evt_train_location_secured	1	Localized	Secured	S_
ZZ1096	2019_02_23_10_11	CCTE1	2019-02-23 09:21:19	180867	syn_tag_id_detected	52761760	Localized	Secured	S_
ZZ1096	2019_02_23_10_11	CCTE1	2019-02-23 09:21:19	180868	syn_sensors_ko_case_1	1	Not Localized	Not Secured	S_
ZZ1096	2019_02_23_10_11	CCTE1	2019-02-23 09:21:19	180868	syn train not localized	1	Not Localized	Not Secured	S_
ZZ1096	2019_02_23_10_11	CCTE1	2019-02-23 09:21:19	180868	syn_evt_psd_communication_ok	1	Not Localized	Not Secured	S_
ZZ1096	2019_02_23_10_11	CCTE1	2019-02-23 09:21:19	180868	syn_tag_id_detected	52761720	Not Localized	Not Secured	S_
ZZ1096	2019_02_23_10_11	CCTE1	2019-02-23 09:21:19	180868	syn_evt_auto_wheel_calib_abandon_0	1	Not Localized	Not Secured	S_
ZZ1096	2019_02_23_10_11	CCTE1	2019-02-23 09:21:19	180868	syn_evt_auto_wheel_calib_abandon_1	1	Not Localized	Not Secured	S_
ZZ1096	2019_02_23_10_11	CCTE1	2019-02-23 09:21:19	180868	syn_evt_ato_next_platform_id_change	1	Not Localized	Not Secured	S_

列车瞬间建立定位，定位再次丢失

列车瞬间建立定位，定位再次丢失

图 4-24　列车定位丢失故障列车车载日志 3

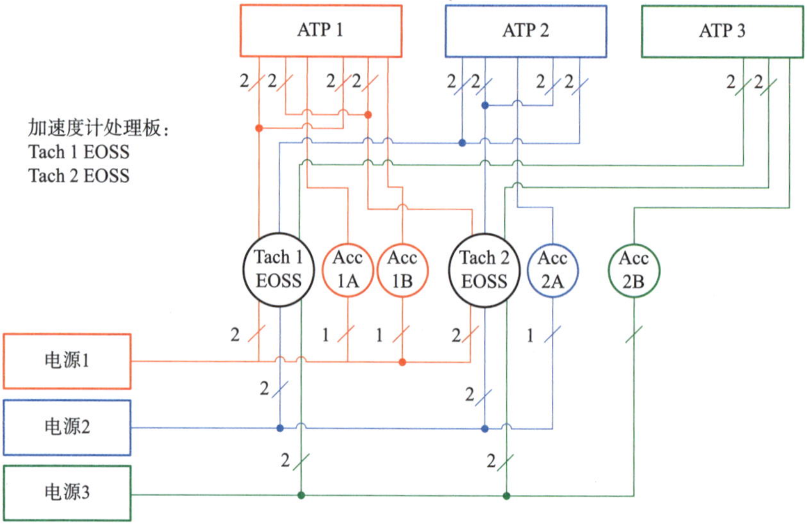

图 4-25　加速度计组合

Sen 1＋Jew 2＝组合 1；

Sen 2＋Jew 1＝组合 2；

Sen 2＋Jew 2＝组合 3。

Sen 1 为数字加速度计 1：serial accelerometer，SACC1；

Sen 2 为数字加速度计 2：serial accelerometer，SACC2；

Jew 1 为模拟加速度计 1：analogic accelerometer，AACC1；

Jew 2 为模拟加速度计 2：analogic accelerometer，AACC2。

加速度计自锁是由于一个或多个加速度计错误累计过多，导致加速度计的一个或多个组合锁闭（数字加速度计 2 和模拟加速度计 2 同时 KO，会导致三个加速度计组合都锁闭)。若组合在 MCT(车载诊断数据界面)显示红色则表示加速度计组合已经锁闭,不能再继续使用。

sensors KO,表示单个加速度计故障,有可能是失准,有可能是硬件故障,不一定会导致加速度计组合锁闭,若单个加速度计故障日志中出现 sensors KO,在已出现故障中,均导致列车定位丢失,但一般会重新收到定位。

综上所述,若加速度计故障未导致 sensors KO,只是出现加速度计组合故障,那么当三个组合中只要还有一组组合可用时(除组合 3),将不会影响 CC 运行,若出现三组组合全部故障将会导致列车定位丢失,且定位丢失无法恢复。

若加速度计出现故障,并导致 sensors KO,无论是否出现加速度计组合故障,均会导致列车定位丢失,但列车定位丢失后,基本可以再次建立定位,列车后续运行中多次出现 sensors KO,导致定位一直无法建立。

在此次故障中,数字加速度计 2 和模拟加速度计 2 故障锁闭,同时出现 sensor KO,列车的加速度相关数据不再进行输入/输出,导致列车无法建立定位。

案例 2:站台门无法联动打开

故障现象:某月某日 15:49,某列车于站台停稳后整侧站台门无法联动打开。

日志显示:列车在站台停稳后,15:48:00,CC 持续输出“牵引切除、施加制动命令(VIO2 DSO1 1=0)”,0.6 s 后 CC 采集到“车辆切除牵引(VIO2 DSI1 8 =1)”,此过程为 CC 正常施加及采集命令过程,15:48:01,ZVRD 继电器未动作情况下,CC 采集到“车辆允许牵引”(异常信息),如图 4-26 所示。

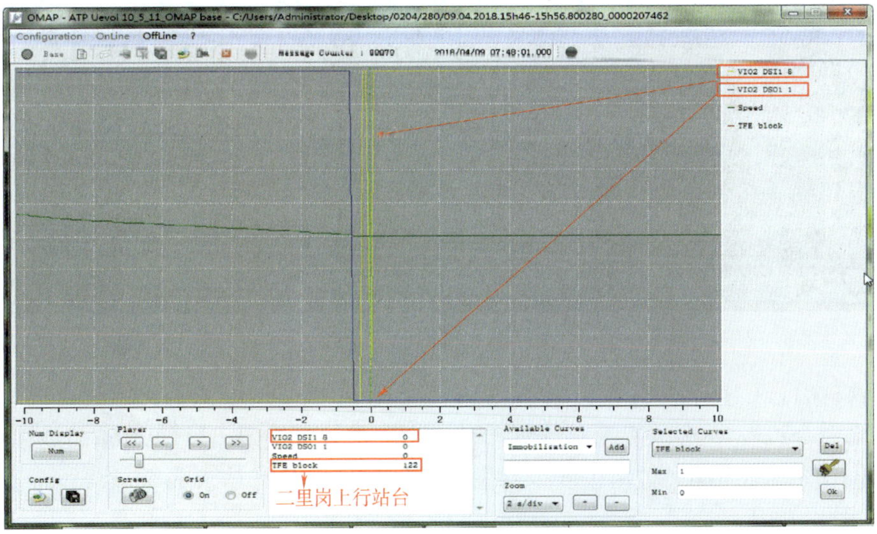

图 4-26　站台门无法打开故障列车车载日志 1

15:48:00,CC 采集到列车速度异常信息(由 0.56 km/h 跳变为 24 km/h),导致 CC 异常输出 ZVRD(牵引切除、施加制动)信息,中断输出门使能及开车门、站台门请求命令,如图 4-27 所示。

因车门设置有延时开门,在 CC 取消输出门允许使能时,车门实际处于关闭状态,故车辆能给出“Tc2 车门关好左”信号,如图 4-28 所示。

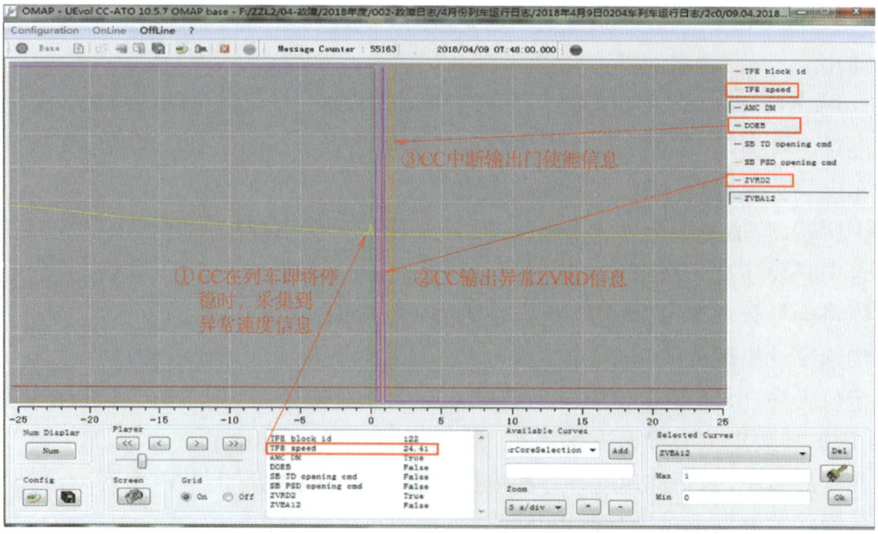

图 4-27　站台门无法打开故障列车车载日志 2

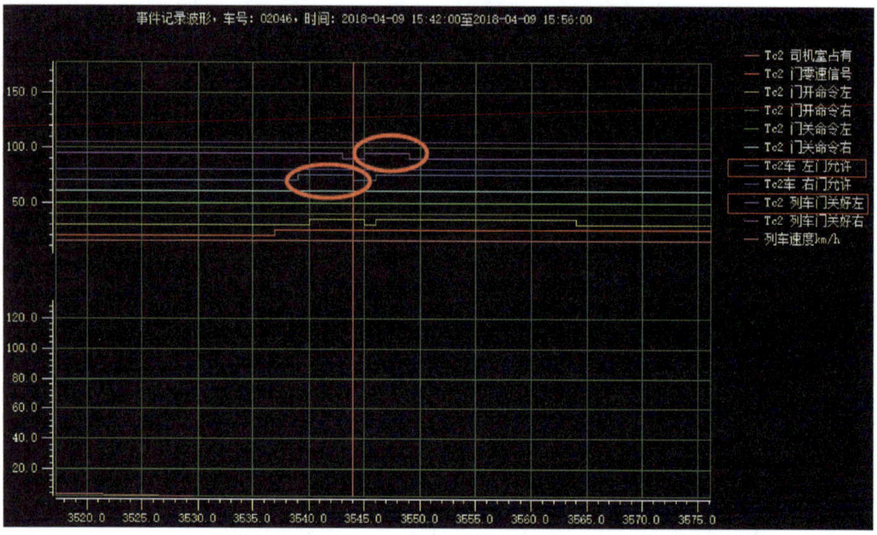

图 4-28　事件记录波形

15:48:01，CC 安全信息 ATP 采集恢复正常后，车载 CC 给出门使能，发送开车门、站台门请求命令；15:48:02，CC 又检测到 B 侧车门门关好且锁闭信号（Tc2 车门关好左），导致 CC 退出门循环周期，CC 出于安全考虑停止发送站台门开请求命令，故站台门未联动打开，如图 4-29 所示。

综上所述，车载 6A 端 ATO 在列车即将停稳时，采集到速度异常信息，导致 CC 异常输出 ZVRD（牵引切除、施加制动）信息，中断输出门使能及开车门、站台门请求命令，车辆因采集到门使能中断，给出“门关好且锁闭”信息，导致 CC 门循环周期中断，发送的开站台门请求命令无效，故站台门不能联动打开。

案例 3：越过信号机后紧急制动

故障现象：某月某日某早高峰出厂车以 ATO 模式运行至出场线信号机前自动停车，

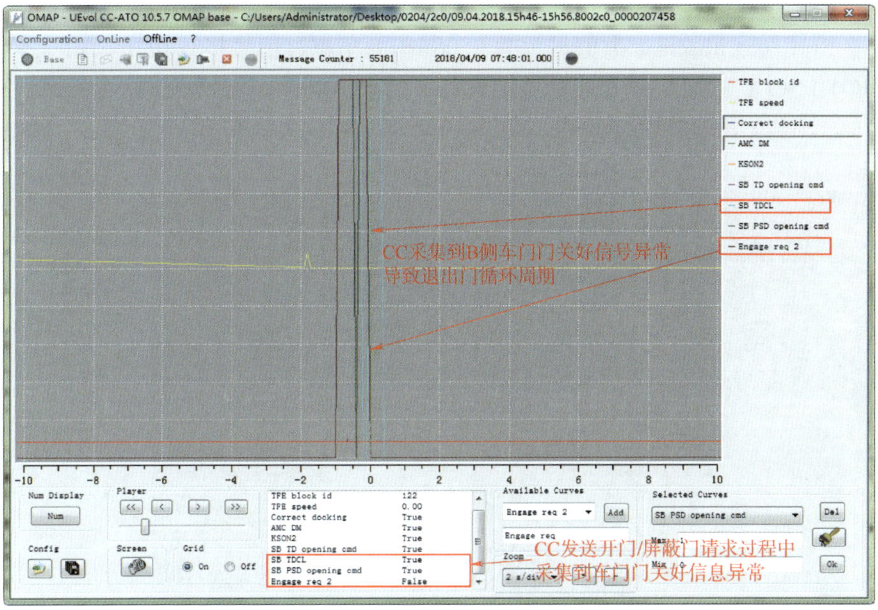

图 4-29　站台门无法打开故障列车车载日志 3

因前方暂未办理进路，列车有约 20 km/h 推荐速度。07:40，列车以 ATO 模式越过信号机后产生紧急制动。

日志显示：

ATP 日志显示 07:38:57，列车 ATP 计算的最大车头位置达到了信号机，Train crossed route sig(列车跨过通过信号机)变为 True，显示列车跨过通过信号机，如图 4-30 所示。

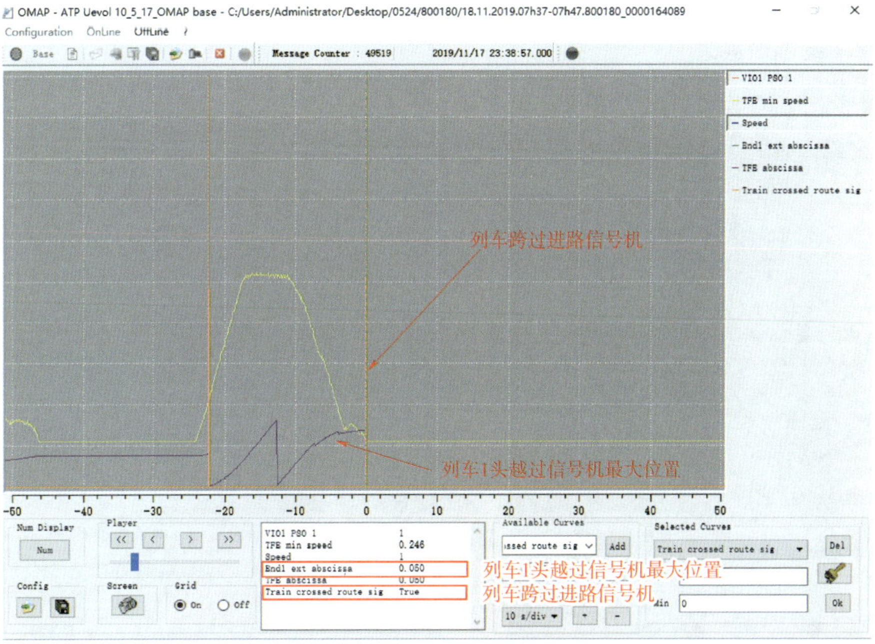

图 4-30　越过信号机后紧急制动故障列车车载日志 1

经过 0.1 s 后，列车速度(speed)变为 0 km/h；07:38:58，列车停下时 ATP 计算的列车偏移量 End1 ext abscissa 数值显示为 0.08 m，列车越过信号机 0.08 m、ATC 紧急制动状态 VIO1 PSO 1 变为 0，紧急制动施加，0.2 s 后紧急制动缓解，如图 4-31 所示。

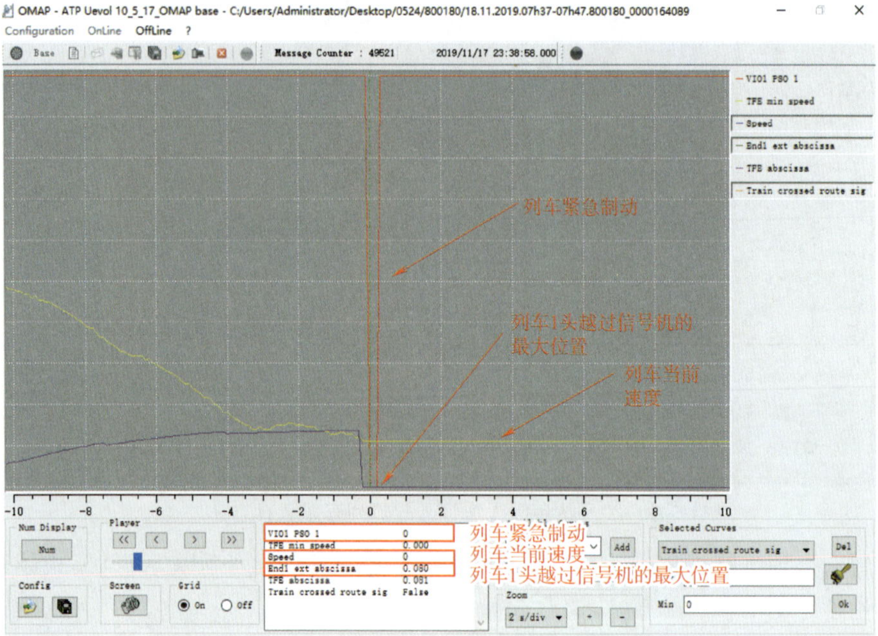

图 4-31　越过信号机后紧急制动故障列车车载日志 2

07:40:47，列车再次动车；07:40:49，VIO1 PSO 1 变为 0，列车紧急制动再次施加，如图 4-32 所示。

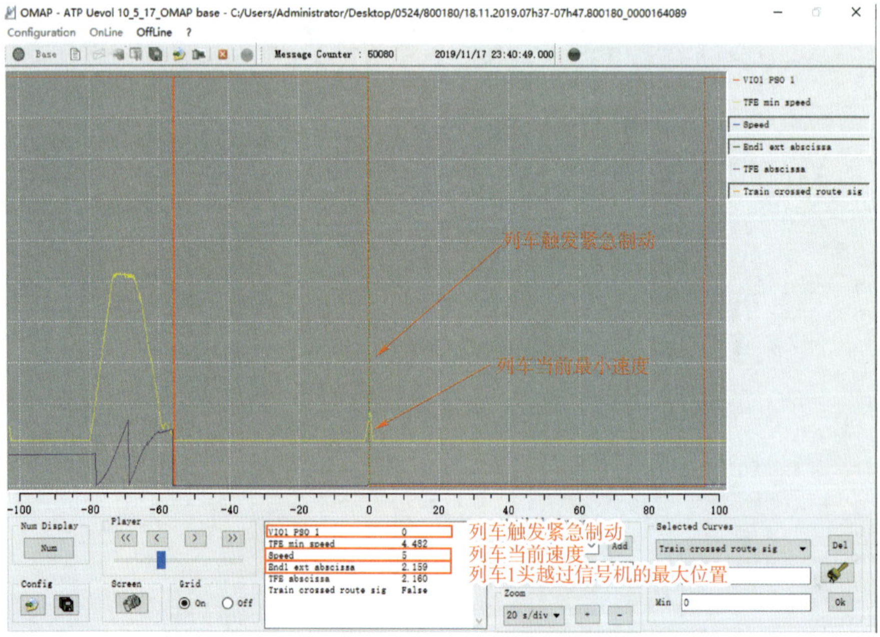

图 4-32　越过信号机后紧急制动故障列车车载日志 3

ATO 日志显示，07：38：44，列车限制点来源 RS source 为 signal 信号机，列车的授权距离 EoA RP0 dist 为 97. 27 m，距信号机 Signal RP0 dist 为 27. 27 m，移动授权类型 EoA type 为 End of overlap。

07：39：14，显示列车限制点来源 RS source 由 signal 变为 EoA。列车的授权距离 EoA RP0 dist 为 64. 81 m，距信号机 Signal RP0 dist 为 0 m，此时紧急制动限制速度 Estimat EB speed（对应 DMI 速度表盘红三角标，即紧急制动触发速度）为 22. 68 km/h，如图 4-33、图 4-34 所示。

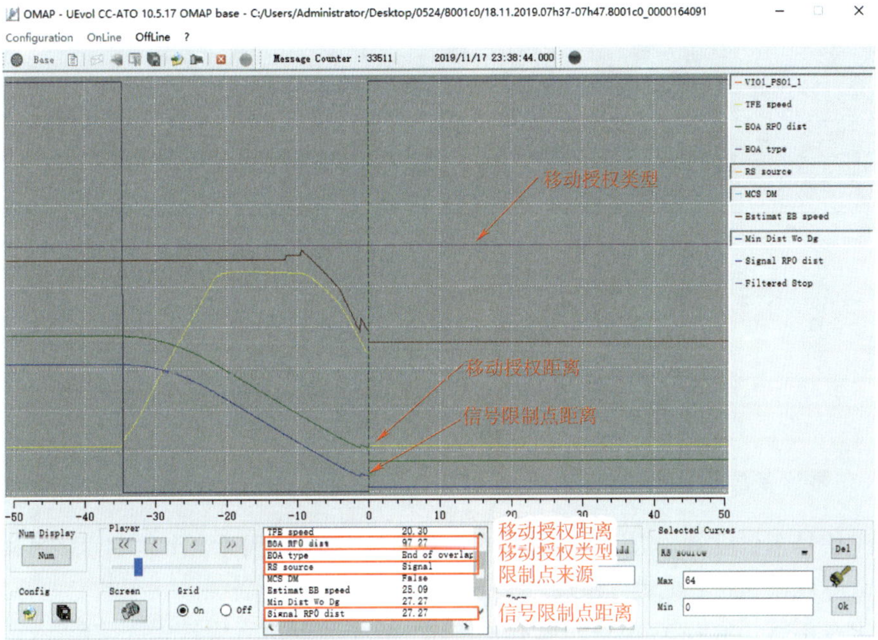

图 4-33　越过信号机后紧急制动故障列车车载日志 4

CC 判断 ATO 发车条件主要的来源主要来自几个方面：

（1）ATP 对车辆状态的判断（车门关好和制动需求）；

（2）车载 ATO 模块对 ATO 模式的判断（司机室激活，方向手柄向前，牵引手柄在零位）；

（3）ZC 分配的 EoA 满足动车需求（超过 60 m）。

当列车第一次停下来后满足 ATO 发车条件，故可以 ATO 动车。

ATO 模式下列车参照信号机位置计算自动停车点，一般会在信号机前方停车。为确保无限接近信号机时列车安全，每个可接近信号机都有保护区段，将信号机的保护区域（overlap）设置在信号机下游，确保最不利的情况下列车安全。

综上所述，列车停下时 ATP 计算的偏移量已经越过信号机 0. 08 m，此时列车限制点来源变为到信号机后方的防护距离终点，所以 DMI 会显示 20 km/h 的紧急制动触发速度（CBTC-ATO 模式 DMI 不显示推荐速度，只显示紧急制动触发速度，对应速度表盘红三角）并且 ATO 可用，因当前信号机是红灯，列车越过信号机产生紧急制动属于信号系统正常设计。

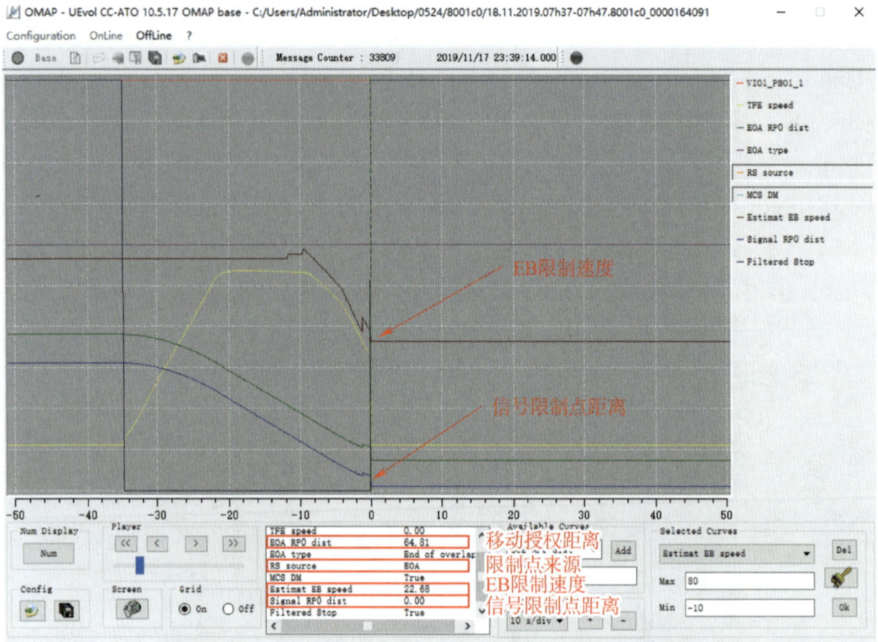

图 4-34　越过信号机后紧急制动故障列车车载日志 5

四、车载设备故障处理总结

由于信号车载设备与信号内部和外专业之间均有接口，因此当车载专业接报故障时，要根据故障现象和日志记录以及接口关系判断是否为信号设备故障。车载专业常接报的故障现象有车载冗余失效、车地无通信、紧急制动、单个或所有模式无法动车、ATO 模式对标不准、空转或滑行、车门开门异常和报站信息有误等。值班人员接到故障后，应立即查看 MSS 监测信息和 ATS 工作站回放记录，判断是否为信号专业故障。若无法判断为非信号专业故障，本着“先通后复”的原则，根据故障现象是否恢复和对运营的影响程度建议列车是否正常运营。

(1)对于车载冗余失效，故障原因往往为车载设备故障或软件进程卡死，应立即在 MSS 终端上查看故障列车相关报警(列车司机显示屏上会出现冗余性丢失报警信息)，判断车载冗余失效原因，建议列车择机下线，根据基本设备故障处理方法进行对应的处理，如复位重启或更换故障设备。

若列车两端的冗余性全部丢失(列车司机显示屏上会出现车载设备不可用报警信息)则直接重启 CC，见表 4-4。

表 4-4　车载设备冗余

序号	单端设备故障(冗余丢失)	两端设备故障(车载设备不可用)
1	核心处理模块	核心处理模块
2	司机显示单元	司机显示单元

续上表

序号	单端设备故障(冗余丢失)	两端设备故障(车载设备不可用)
3	信标天线	信标天线
4	编码里程计	编码里程计

(2)对于车地无通信，若为多列车在某个区域频繁发生，判断为轨旁无线传输系统或区域控制器问题；若为单列车出现此现象，判断为单列车车载无线设备问题，根据车载无线设备对应故障处理流程进行排查处理。

(3)对于单个模式无法动车，可以暂时降级运营，如 CBTC-ATO 降级为 CBTC-ATPM，到达下站后建议再次尝试是否能恢复，若恢复，考虑司机当时操作是否正常(按压按钮时间过短/模式开关未旋转到位、方向手柄及牵引/制动手柄是否在正确位置)；若还未恢复，此时可以考虑模式按钮/旋钮是否存在问题，进一步考虑 CC 与车辆的牵引接口问题，CC 是否发送正确的牵引指令及牵引力。

若为所有运营模式无法动车，首先判断是否满足信号模式动车条件，是否有 ATP 的正常防护导致无法动车，检查司机显示屏上有无异常显示；其次重点考虑 CC 与车辆牵引制动系统接口。

若切除 ATC 后仍无法动车，则一般为非信号设备故障，建议检查车辆牵引线路上与信号有关的相关设备，配合车辆处理。

(4)对于 ATO 模式对标不准，建议司机手动对标恢复。根据故障现象，如多列车在同一站频繁出现对标不准，重点检查站台信标安装及查看站台信标是否能正常读取。

单列车出现偶发的对标不准，一般表现在列车出库或重启 ATC 后轮径值未校准。单列车出现偶发的在距停车点较远的地方停车，还应查看 ATS 回放记录，判断是否由于 EoA 受限制回缩，导致落码停车。

除此之外还应分析牵引和制动指令的输出是否正常，ATC 命令列车应达到的加速度和列车实际的加速度是否保持一致，若信号输出命令正常，建议和车辆专业进一步排查是否为 ATC 与 TIMS 网络通信问题或车辆制动阀问题。

(5)对于空转或滑行，其原因为速度传感器测得的速度与列车本身速度不一致，轻微的空转或滑行不会对列车造成影响，但长时间的空转或滑行会导致列车定位的不确定度增大，达到一定的阈值后，列车定位丢失，产生紧急制动。

多列车在同一地点出现空转或滑行，多因雨雪天气或隧道钢轨有油渍产生，应添乘查看轨面情况，建议列车由 ATO 模式改成 ATP 模式驾驶。

(6)对于车门、站台门异常开关，应考虑车门开门模式、站台对标停车、牵引切除、制动施加、门使能和门命令等条件是否正常，若有问题，则根据异常条件进一步排查对应故障原因。若均无异常，建议和车辆专业对接，排查车辆是否牵引切除，制动施加，收到门使能和门命令，判断是否为车辆专业原因。

车门正常，站台门未联动打开/关闭，轨旁先查看是否收到开门/关门指令，若收到则轨旁和站台门对接，共同查找原因。若轨旁未收到开门/关门指令但车门正常动作，说明正常发出了开门/关门指令，则重点排查车与轨旁通信问题。

车门未正常打开/关闭，站台门正常，说明已经正常发送了开门/关闭指令，重点配合车辆专业检查车门链路及按钮。

(7)对于报站信息有误，中心将报站信息发送给 CC，CC 通过接口协议将报站信息发送给车辆专业，车辆专业进行解析，然后进行报站广播。

与车辆专业对接，查看 CC 发送给车辆的报站信息是否正确，若无异常则为车辆专业解析故障，配合车辆处理。若中心发送数据正常，CC 接收正常，车辆接收异常，则重点检查 TAU 状态。

若中心发送数据异常，通过分析中心数据进行进一步处理。

(8)对于紧急制动，可能为信号车载设备故障导致，也可能为外界条件触发 ATP 的正常防护导致，也可能为车辆专业原因。发生紧急制动，应立即查看 MSS 是否有紧急制动报警和相关设备报警，若有信号车载设备报警，则定位为信号设备故障，根据相应的处理流程进行处理。若 MSS 显示车载设备正常，则需要根据故障现象描述和 ATS 回放，判断紧急制动原因，如站台紧停按钮激活，列车进入或离开站台区域站台门状态异常等。查看 CC 日志时，可先查看紧急制动来自信号专业还是车辆专业，判断是否和信号专业有关，然后再查看其他命令，如移动授权等，判断紧急制动原因。

综上所述，车载信号设备由于头尾冗余的设计稳定性非常高，但引入的设备越多，车载信号系统发生故障的概率也越大。当遇到故障时，应根据故障现象和 MSS 监测情况，对故障原因和影响进行初步判断。由于接口关系，排查涉及接口故障时，不单要考虑信号设备故障，还应联系外专业共同进行排查。最重要的是，处理完每件故障，都应认真剖析其根源，深挖其原因，从而制定相应的预防措施，将设备故障隐患遏制在萌芽期，保证信号车载设备的良好运行。

第五节　ATC 轨旁子系统

ATC 轨旁子系统主要为区域控制器、线路控制器、LEU 及信标，由于区域控制器、线路控制器管辖范围比较广，因此故障后对运营的影响也比较大。

一、轨旁 ATC 通用设备介绍

ZC(zone controller)为区域控制器的简称，是 CBTC 系统中的轨旁 ATP 设备，它所管辖线路区域上所有有关的轨旁 ATP/ATO 功能。

ZC 的功能是保证线路上所有列车的安全运行，ZC 通过与外部系统的接口得到所有列车(包括非 CBTC 列车)的位置信息，以及轨旁道岔、信号机和计轴区段的状态信息，并为每列 CBTC 列车计算其移动授权，计算自动防护，管理防护区域，监控站台门。

LC 子系统采用与 ZC 相同的三取二平台。LC 可以存储 30 条临时限速数据。

LC 子系统负责管理临时限速，确保 LC、ZC、CC 之间的安全时钟同步，管理 ATC 数据和软件。

ZC/LC 使用三取二的硬件平台，在单系故障的情况下，会自动切换至二取二模式运行。

ZC/LC 为安全设备，符合故障—安全原则，安全完整性等级为 SIL4。

FTM 为数据存储单元的简称，是 CBTC 系统中的轨旁设备。

FTM 的功能包括存储和管理轨道数据库（track database）、操作协助功能，并提供 ATS 与 ZC 通信的接口（通信协议转换）、收集 CBTC 系统的运行信息，并提供与中央维护子系统（CMS）的接口、数据记录存档功能。FTM 的配置为双机热备，在单个服务器出现故障的情况下，不会影响其功能。

二、ATC 轨旁设备基本组成与常见故障

常见的 ATC 轨旁设备有合众科技 ATC 轨旁设备和卡斯柯 ATC 轨旁设备，下文针对这两种设备进行重点介绍。

（一）合众科技 ATC 轨旁设备

1. ZC 设备组成

CSD 为 ZC 的三取二安全计算平台，由三系组成，分别为 PCSG 1、PCSG 2、PCSG 3。每个 PCSG 都单独供电（DC 24 V）。3 个 PCSG 独立运行，单系的故障不影响 ZC 的正常运行。另外该平台为每个 A/B 网提供 2 路以太网通信，用于轨旁 CBTC ATP 应用并与 CC，其他 ZC、FTM、MLK 通信。如果单个 PCSG 发生故障，CSD 会将其切除，并自动切换，以二取二的方式进行工作，不会影响 ZC 的功能。

单个 PCSG 由以下模块构成：ATP 应用处理板（CAP）、内存交换板（CME）、通信板（CIER）、安全表决板（CVO）、电源转换板（CALS）、CAP 插头和 CVO 插头。相同的 ATP 应用在 3 个 CAP 板上处理。3 个 CME 板用于在 CAP、CIER 和 CVO 板之间传输数据。2 个 CVO 板为安全表决板，用于比较 3 块 CAP 板的输出。如果 3 个输出中至少有两个是相同的，然后该输出被传送到 CIER 板。CIER 板通过以太网连接，与外部设备之间交换数据。

SILAM 的硬件由两台工业计算机组成，分别为 SILAM A 和 SILAM B，出于可用性的考虑，SILAM 计算机冗余设计。两台 SILAM 计算机共用一个 KVM。

SILAM 收集、处理所有与维护有关的信息，并将其发送给 FTM。

每台 SILAM 计算机连接至 DCS 系统的 A 网和 B 网，用于与 CIER 板和 FTM 的通信，通信协议为 UDP/IP，如图 4-35 所示。

2. ZC 设备故障处理

（1）故障影响

①单个机笼故障

ZC 采用三取二表决机制，ZC 单个机笼发生故障时，自动转换为二取二表决机制，不影响列车正常运营。绝大多数情况下，可更换单元的故障只会影响系统的可用性，而不会影响系统的功能。

②多个机笼故障

多个机笼故障会导致故障 ZC 离线无法正常工作，具体影响如下：

造成 ZC 辖区内信号机点亮；

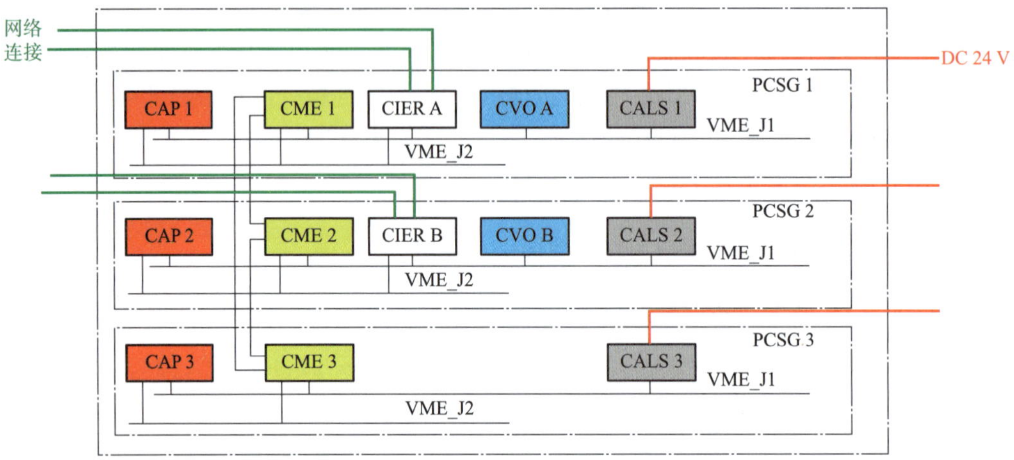

图 4-35　ZC 设备原理

影响 ZC 辖区内 CBTC 列车正常运行；

影响 ZC 辖区内站台门联动；

会造成 ZC 辖区内列车 CBTC 模式不可用、本范围内列车会发生紧制动、站台门车门无法联动。

(2)处理原则

①不影响行车的故障现场做好应急值守，运营结束后处理；

②影响行车的故障按照故障处理流程开展应急抢修，根据故障定位流程定位到具体故障设备或板卡，快速完成故障处理，恢复正常运营。如不能立即修复应联系行调采用联锁级行车，运营结束后处理。

(3)CAP 板卡故障

故障现象：只要灯位显示不是 BFL 橙闪和 CPU 绿闪，说明 CAP 板卡工作就不正常。常见故障是出现 CPU 灯位熄灭或 BFL 灯位稳定的橙色。

通过 FTM 工作站上观察 CAP 板卡是否正常，正常情况下显示绿色，如果出现 CAP 板卡红色，说明故障。

当出现上述情况时，故障点可能是 CAP 插头软件版本有误、CAP 板卡自身故障及 ZC 自锁造成。

故障处理：

a. 给机柜断电；

b. 断开 A/B 网；

c. 机柜重新上电；

d. 若 ZC 在离线情况下板卡工作正常，说明之前故障属于 ZC 自锁情况，应重新连接 A/B 网；

e. 若 ZC 在离线下工作不正常，进行下一步处理；

f. CAP 插头重新刷写软件。CAP 插头软件重新刷写后，给机柜上电，若机柜工作正常，连接 A/B 网；若机柜工作不正常，进行下一步处理；

g. CAP 板卡软件重新刷写。CAP 板卡软件重新刷写，给机柜上电；若机柜工作正常，连接 A/B 网；若机柜工作不正常，进行下一步处理；

h. 更换 CAP 板卡，更换新的 CAP 板卡并刷写软件，给机柜上电，机柜工作正常，连接 A/B 网。

正常情况下，CAP 插头显示稳定的绿色。当 ZC 机柜背面的 CAP 插头指示灯不亮时，说明 CAP 插头硬件故障，如图 4-36 所示，需要更换新的 CAP 插头，并刷写软件。

如图 4-37 所示，当 CAP 插头指示灯正常，但是 ZC 机柜重启时，CAP 板卡工作不正常，说明 CAP 插头软件异常，重新刷写 CAP 插头软件。

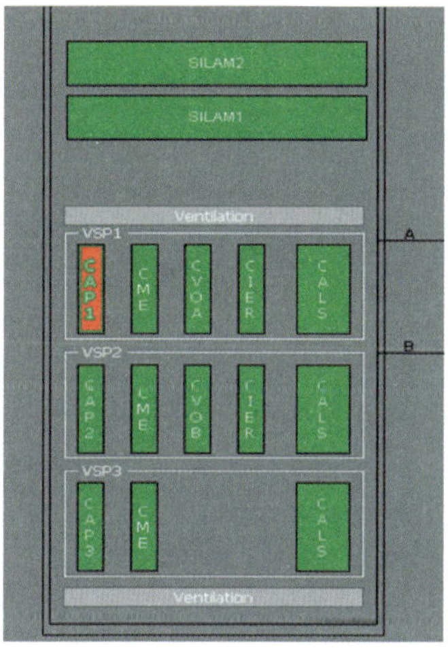

图 4-36　CAP 板卡故障显示

图 4-37　CAP 板卡灯位显示

(4)CVO 板卡故障

<u>故障现象：</u>常见故障是指示灯“M”和“1”都灭灯时，说明 CVO 板卡工作异常。

另外，通过 FTM 工作站上观察 CVO 板卡是否正常，正常情况下显示绿色，异常情况下显示红色。

<u>故障处理：</u>

a. 机柜断电；

b. 断开 A/B 网；

c. 更换新 CVO 板卡；

d. 刷写新 CVO 板卡软件；

e. 上电，机柜启动正常；

f. 连接 A/B 网。

正常情况下，CVO 插头的电源指示灯显示稳定的绿色，当 ZC 机柜背面的 CVO 插头指示灯不亮时，说明 CVO 插头硬件故障，需要更换新的 CVO 插头，并刷写软件。

当 CVO 插头指示灯正常，但是 ZC 机柜重启时，CVO 板卡工作不正常，说明 CVO 插头软件异常，重新刷写 CVO 插头软件。

(5)CIER 板卡故障

故障现象:如果端口 1 和 2 中绿色指示灯不亮,或是“console”黄闪和绿闪端口熄灭,说明 CIER 板卡工作异常。另外也可以通过 FTM 工作站上查看具体 CIER 板卡的工作状态,如果 CIER 板卡显示红色,代表 CIER 板卡故障。

故障处理:

a. 机柜断电;

b. 断开 A/B 网;

c. 更换新 CIER 板卡;

d. 刷写新 CIER 板卡软件及配置 CIERPARAMETER;

e. 上电,机柜启动正常;

f. 连接 A/B 网。

注意:每个机笼的 CIER 板程序均不同,需提前刷写好软件。

(6)CALS 板卡故障

故障现象:如果出现电源指示灯闪烁或是熄灭,说明 CALS 板卡故障。另外,在 FTM 工作站上查看 CALS 板卡的状态,如果出现 CALS 显示红色,代表板卡故障。

故障处理:

a. 机柜断电;

b. 断开 A/B 网;

c. 更换新 CIER 板卡;

d. 刷写新 CIER 板卡软件及配置 CIERPARAMETER;

e. 上电,机柜启动正常;

f. 连接 A/B 网。

(7)CME 板卡故障

故障现象:如果 CME 板卡指示灯显示红色,代表板卡故障。

故障处理:

a. 机柜断电;

b. 断开 A/B 网;

c. 更换新 CME 板卡;

d. 上电,机柜启动正常;

e. 连接 A/B 网。

3. FTM 组成

FTM 机柜由两台应用服务器(互为冗余)、一台存档服务器、一个 KVM(供三台服务器共用)、两个通风机架和一台 FTM 的操作员工作站组成,如图 4-38 所示。

4. FTM 故障处理

(1)故障处理原则

①单个应用服务器故障的情况下,不会影响其功能,运营结束后进行处理;

②双应用服务器均出现故障时,建议联系行调得到允许后进行重启;

③存档服务器故障不影响 CBTC 系统的运行,且故障恢复后,在故障期间未存档的信

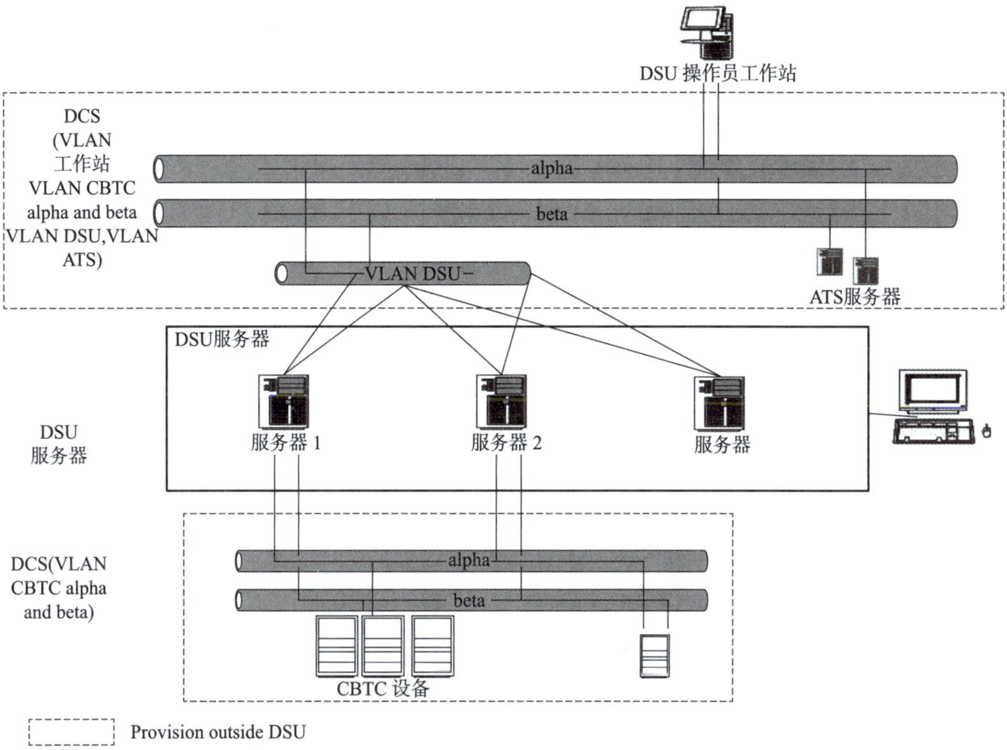

图 4-38　FTM 设备组成

息会自动重新存档，建议运营结束后进行处理。

(2)故障定位及处理

①FTM 故障时，ATS 和 MSS 上会出现 ATS 与 FTM 通信中断报警，并查看 FTM 工作站相关的服务器是否出现红色，判断故障服务器；

②FTM 服务器相关指示灯均为绿色、绿闪、黄色、黄闪，当服务器出现指示灯异常颜色时及时查看相关设备状态；

③FTM 服务器上有快速诊断指示灯，可以快速判断硬盘、风扇、CPU、温度过高等故障；

④FTM 设备更换时主要以设备刷写和设备更换为主，现场工班应提前将备件刷写配置为运营版本，故障时以替换为主，达到快速处理故障的目的。

(二)卡斯柯 ATC 轨旁设备

1. ZC/LC 设备组成

ZC/LC 的硬件设备是相同的，具体组成如图 4-39 所示。

(1)输入/输出子系统

通过两组独立的输入/输出实现三个计算通道和两套以太骨干网之间的冗余接口，如图 4-40 所示。

①PSU 板：供电单元。

②EAU 板：以太网适配单元。

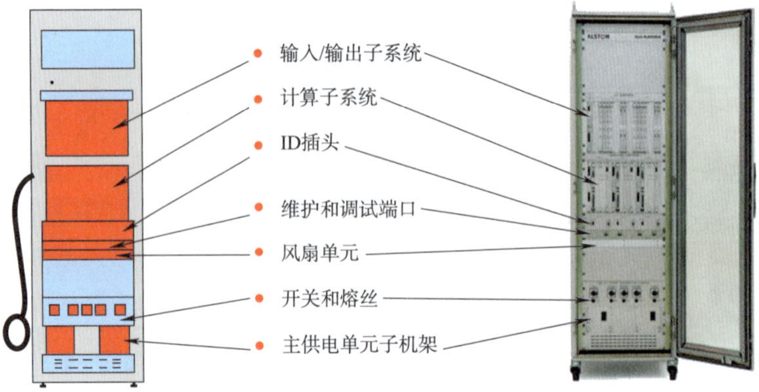

图 4-39　ZC/LC 设备组成

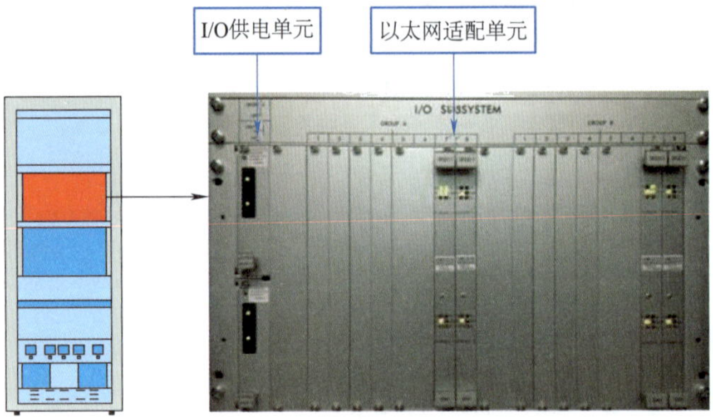

图 4-40　ZC/LC 设备 I/O 子系统

③电源板：

a. 输入电源由主电源模块并联后输出至 I/O 子系统电源板；

b. I/O 子系统一共有两套，互为冗余，一套 I/O 子系统有一块电源板；

c. 电源板接收来自主电源模块的输入电源，通过自身的变压功能，将输入的 48 V 电源调整为 5 V 和 12 V 直流电压输出，为 I/O 子系统提供工作电源。

④以太网适配单元板(图 4-40)：

a. I/O 子系统一共有两套，互为冗余，一套 I/O 子系统有两块以太网适配单元板；

b. 以太网适配单元主要负责 ZC 系统与其他系统的通信传输；

c. 以太网适配单元主要负责 ZC 系统的处理结果通过网络送至骨干网。

(2)计算子系统

计算子系统为三取二冗余结构，如图 4-41、图 4-42 所示。

①PSU 板：供电单元。

②MP 板：主处理单元。

③HSCU 板：高速通信单元。

④READMAN 板：冗余管理单元。

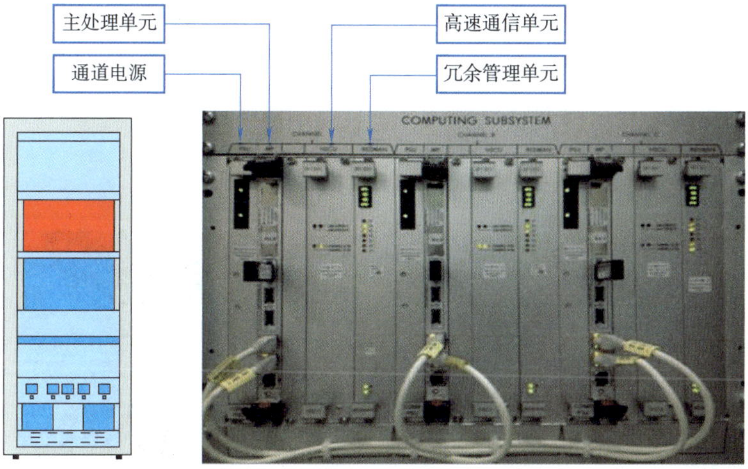

图 4-41　ZC/LC 设备计算子系统

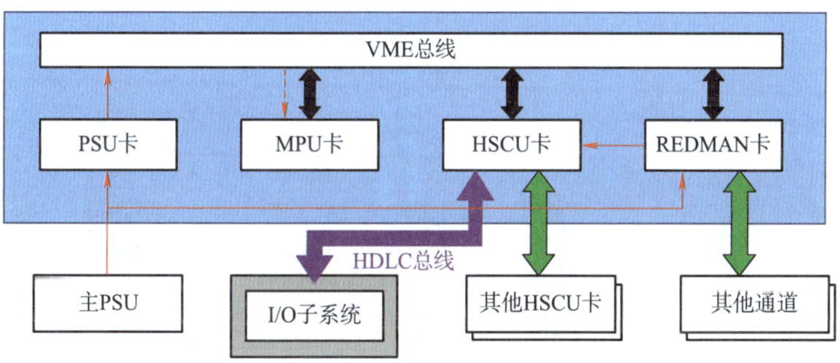

图 4-42　ZC/LC 设备计算子系统工作原理

⑤电源板：

a. 输入电源由主电源模块并联后输出至计算机子系统电源板；

b. 计算机子系统一共有三套，为三取二架构，一套计算机子系统有一块电源板；

c. 电源板接收来自主电源模块的输入电源，通过自身的变压功能，将输入的 48 V 电源调整为 5 V 和 12 V 直流电压输出，为 I/O 子系统提供工作电源。

⑥主处理单元板：

a. 计算机子系统一共有三套，为三取二架构，一套计算机子系统有一块主处理单元板；

b. 主处理单元板负责处理 ZC 的所有信息，三个计算机子系统的处理信息通过主处理单元板相互连接形成三取二架构。

⑦高速通信单元板：

a. 计算机子系统一共有三套，为三取二架构，一套计算机子系统有一块高速通信单元板；

b. 高速通信单元板负责本计算机子系统通道的对外输出信息的交换。

⑧冗余管理单元板：

a. 计算机子系统一共有三套，为三取二架构，一套计算机子系统有一块冗余管理单元板；

b. 冗余管理单元板负责监控、防护本计算机子系统通道对外输出。

(3)ID 插头

ID 插头如图 4-43 所示。

图 4-43　ZC/LC 设备 ID 插头

(4)开关

开关模块如图 4-44 所示。

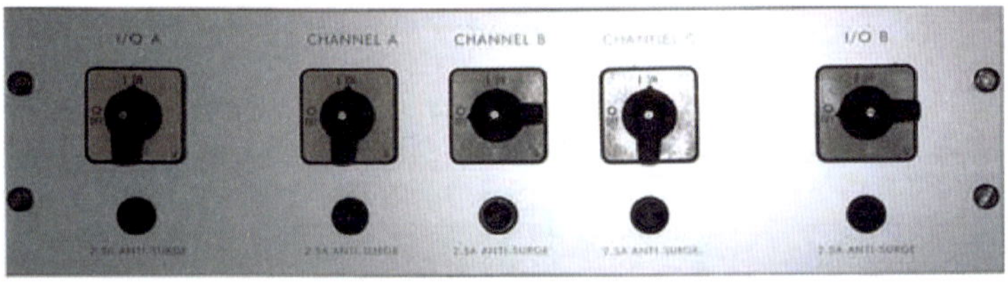

图 4-44　ZC/LC 设备开关

(5)主电源模块

①输入电源由电源屏电源模块(图 4-45)提供两路交流 220 V 电源至 ZC 机柜；

②主电源模块一共由两个，并联输出，即两个电源模块只要有一个正常就能保证 ZC 设备正常运行；

③电源模块接收来自电源屏的输入电源，通过自身的变压功能，将输入的交流 220 V 电源调整为 48 V 电压输出，为 ZC 机柜提供工作电源。

图 4-45　ZC/LC 设备主电源模块

(6)风扇单元

风扇单元如图 4-46 所示。

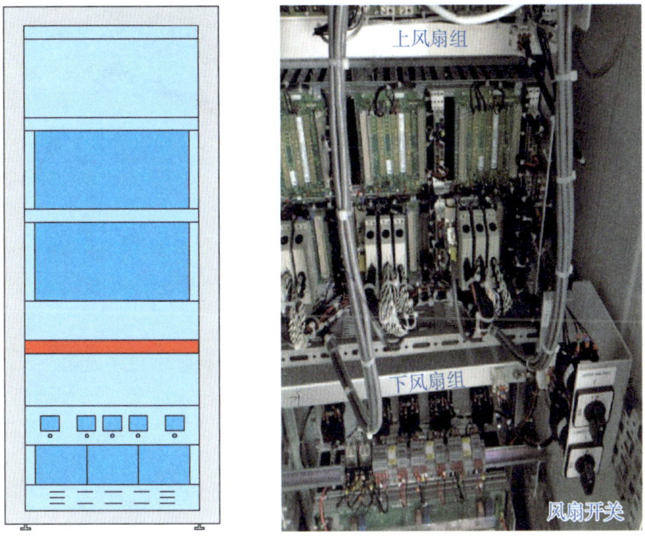

图 4-46　ZC/LC 设备机柜背部线缆

2. 其他设备

(1)LEU

①LEU 设备如图 4-47 所示。

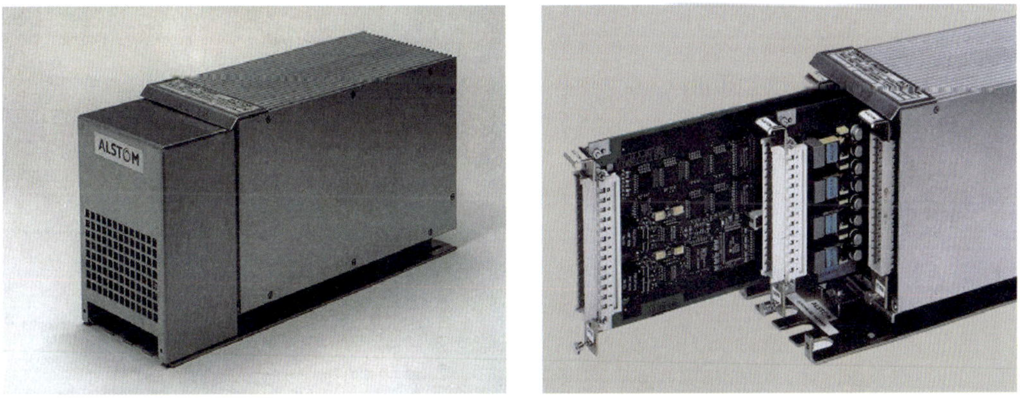

图 4-47　LEU 设备

②概述

安全型计算:基于编码确保其安全性;

安装在对应机柜内——每个机柜配置 3～5 个 LEU;

根据信号机的状态向信标提供编码数据;

最多有 10 个安全相关的数据输入,读取联锁发送的信号机状态;

最多与 4 个信标接口,如图 4-48 所示。

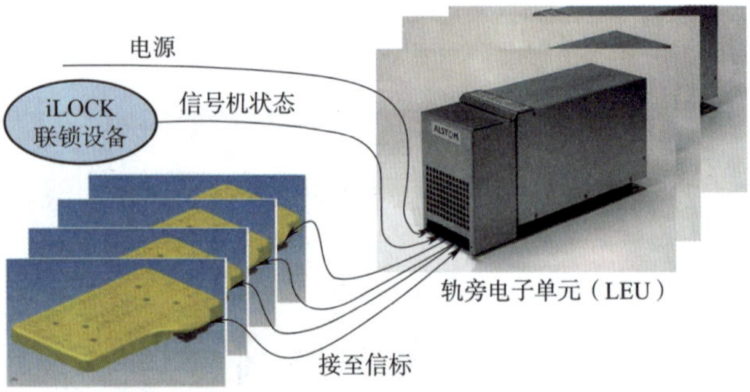

图 4-48　LEU 设备与信标连接

③LEU 外部链路

接至信标的 4 个输出；

电缆为屏蔽双绞线；

电串行链路：双相差动，数据速率为 565 kbit/s。

(2)信标

①概述

电磁地车点传输设备，安装在两轨中间；

由列车天线无线供电；

天线/信标通信过程中实现数据传输。

②信标分类

根据功能的不同，信标又可分为：

a. 重新定位信标；

b. 移动列车初始化信标；

c. 准确停车信标；

d. 固定列车初始化信标。

③信标外部接口(图 4-49)

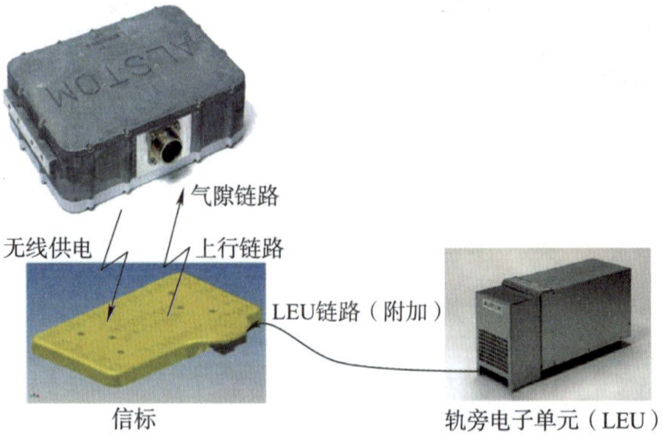

图 4-49　信标外部连接

④工作原理

与车载天线电磁耦合；

无线供电接收：27.095 MHz 连续正弦波；

上行链路发射：4.2 MHz 载波，FSK 调制，数据速率为 565 kbit/s。

3. ZC/LC 设备故障处理

(1)故障影响

①ZC 设备

ZC 设备采用三取二冗余工作方式，设备单系故障，不影响设备正常使用；双系故障，ZC 系统将退出服务。故障 ZC 区域内 CBTC 运行的列车会全部紧急制动，且无法缓解，本 ZC 控制区域内信号机全部点亮，直接影响行车。

②LC 设备

LC 设备采用三取二冗余工作方式，设备单系故障，不影响设备正常使用；双系故障情况下，LC 系统将退出服务。故障 LC 区域内 CBTC 运行的列车会全部紧急制动，且无法自动缓解，直接影响行车。

(2)故障处理原则

①ZC 设备

a. 当 ZC 设备单通道故障时不影响运营，原则上运营期间暂不作处理，根据故障现象定位故障点，准备对应的备件并安排人员现场保障，运营结束后处理。

b. 当两个及以上通道故障时，行调需通知故障区域内所有列车降级为 IATP/IATO 模式运行，故障区域内区间停车的列车 RM 动车，待 IATP/IATO 模式可用后，以 IATP/IATO 模式运行，并通知相关车站协助司机开关站台门(增强点式 ATP)。

若反方向信号机未设置动态信标，列车反方向运行时，无法实现点式 ATP 模式，需切除 ATC 以 NRM 模式运行。

ZC 故障后不影响 ATS 子系统所有功能的使用，待故障恢复后，故障区域内列车 CBTC 模式可用时，视情况通知区域内所有列车恢复 CBTC 模式运行。

②LC 设备

a. 当 LC 设备单通道故障时不影响运营，原则上运营期间暂不作处理，根据故障现象定位故障点，准备对应的备件并安排人员现场保障，运营结束后处理。

b. 当两个及以上通道故障时，行调需通知故障区域内所有列车降级为 IATP/IATO 模式运行，故障区域内区间停车的列车 RM 动车，待 IATP/IATO 模式可用后，以 IATP/IATO 模式运行，并通知相关车站协助司机开关站台门(增强点式 ATP)。

若反方向信号机未设置动态信标，列车反方向运行时，无法实现点式 ATP 模式，需切除 ATC 以 NRM 模式运行。

LC 故障后不影响 ATS 子系统所有功能的使用，待故障恢复后，全线 ZC 均需重启，重启后全线限速 10 km/h，需取消全线临时限速，故障区域内列车 CBTC 模式可用时，视情况通知区域内所有列车恢复 CBTC 模式运行。

(3)常见故障处理

ZC/LC 故障代码及处理建议见表 4-5。

注意:ZC/LC 故障代码仅作为故障处理参考,具体故障应根据诊断记录分析为准。

表 4-5 ZC/LC 故障代码及处理建议

故障代码	处理建议	故障代码	处理建议	故障代码	处理建议
EXCP	软件出错,ZC 宕机,同时 REDMAN 板保险可能出于安全原因烧断,需观察 FI 和 FIE 灯是否点亮,如果保险烧断,则替换保险后进行重启恢复	060	更换 REDMAN 板	094	更换 HSCU 板
NFUS	保险烧断,需要更换 REDMAN 板保险并重启相应通道	061	更换 REDMAN 板	095	更换 HSCU 板
003	更换 MPU 板	063	更换 MPU 板	096	更换 HSCU 板
008	更换风扇	066	更换 REDMAN 板	097	更换 HSCU 板
009	更换 I/OAPSU	067	更换 REDMAN 板	099	更换 HSCU 板
011	更换 I/OBPSU	070	更换 REDMAN 板	100	更换 ID plug
031	更换 REDMAN 板	073	更换 REDMAN 板	101	更换主 PSU
032	更换 REDMAN 板	074	更换 REDMAN 板	132	更换 USB 卡
033	更换主 PSU	075	更换 REDMAN 板	133	更换 USB 卡
034	更换 USB 卡	076	更换 REDMAN 板	134	更换 USB 卡
035	更换 CPUPSU	077	更换 REDMAN 板	400	更换 MPU 板
036	检查风扇是否工作正常,如果工作正常,则更换 REDMAN 板	078	更换 REDMAN 板	401	更换 MPU 板
040[1]	更换 REDMAN 板	079	更换 REDMAN 板	402	更换 MPU 板
041	更换 REDMAN 板	080	更换 HSCU 板	403	更换 MPU 板
042	更换 REDMAN 板	081	更换 HSCU 板	404	更换 MPU 板
047	更换 REDMAN 板	082	更换 HSCU 板	405	更换 MPU 板
048	更换 REDMAN 板	083	更换 HSCU 板	406	更换 MPU 板
050	更换 REDMAN 板	084	更换 HSCU 板	407	更换 MPU 板
051	更换 REDMAN 板	085	更换 HSCU 板	408	更换 MPU 板
052	更换 REDMAN 板	086	更换 HSCU 板	409	更换 MPU 板
053	更换 REDMAN 板	087	更换 HSCU 板	410	更换 MPU 板
054	更换 REDMAN 板	088	更换 HSCU 板	411	更换 MPU 板
055	更换 REDMAN 板	089	更换 HSCU 板	412	更换 MPU 板
056	更换 REDMAN 板	090	更换 HSCU 板	413	更换 MPU 板
057	更换 REDMAN 板	091	更换 HSCU 板	414	更换 MPU 板
058	更换 REDMAN 板	092	更换 HSCU 板	415	更换 MPU 板
059	更换 REDMAN 板	093	更换 HSCU 板	416	更换 MPU 板

续上表

故障代码	处理建议	故障代码	处理建议	故障代码	处理建议
417	更换 MPU 板	812	更换 USB 卡	831	更换 MPU 板
418	更换 MPU 板	813	更换 MPU 板	832	更换 MPU 板
419	更换 MPU 板	814	更换 MPU 板	901	更换 REDMAN 板
420	更换 MPU 板	815	更换 MPU 板	902	更换 HSCU 板
501	检查前面板 网线连接	816	更换 MPU 板	903	更换 ID plug
631	更换 ID plug	817	更换 MPU 板	904	更换 HSCU 板
632	更换 ID plug	818	更换 MPU 板	905	更换 HSCU 板
633	更换 ID plug	819	更换 MPU 板	906	更换 HSCU 板
634	更换 ID plug	820	更换 MPU 板	907	更换 HSCU 板
801	更换 MPU 板	821	更换 MPU 板	908	更换 HSCU 板
803	更换 MPU 板	822	更换 MPU 板	909	更换 HSCU 板
804	更换 MPU 板	823	更换 MPU 板	910	更换 HSCU 板
805	更换 MPU 板	824	更换 MPU 板	911	更换 HSCU 板
806	更换 MPU 板	825	更换 MPU 板	912	更换 HSCU 板
807	更换 MPU 板	826	更换 MPU 板	913	更换 HSCU 板
808	更换 USB 卡	827	更换 MPU 板	914	更换 HSCU 板
809	更换 USB 卡	828	更换 MPU 板	915	更换 HSCU 板
810	更换 USB 卡	829	更换 MPU 板	916	更换 HSCU 板
811	更换 USB 卡	830	更换 MPU 板	917	更换 HSCU 板

说明：

1. 当 ZC/LC 发生降级或宕机时，需第一时间记录下故障发生的时间和 REDMAN 板上的故障代码。

2. 一般来说 4 位故障代码（除了 EXCPNFUS 等）以“xYYY”的规则显示在 REDMAN 板上：其中 x 位代表发生故障的通道；0 代表通道 A；1 代表通道 B；2 代表通道 C；YYY 位代表故障代码。例如：显示 1093 代表通道 B 的 ID plug 没有插好或 ID plug 故障。

三、轨旁 ATC 设备典型故障案例分析与处理

以卡斯柯 ATC 设备为例，因 ZC/LC 硬件设备完全相同，只是运行的软件存在差异，以下以现场发生的 ZC 故障，结合“看”“判”“定”“处”“验”五个步骤具体分析。

（一）故障处理流程

1.“看”

值班人员及时查看 MSS 上报警信息、ZC 设备网络状态图、ZC 机柜板卡及电源模块指示灯显示、REDMAN 板上的故障代码。

2.“判”

根据 ZC-B 通道故障时板卡指示灯状态及代码显示状态进行分析：

（1）RADMAN 板卡“FIE、FI”灯灭（正常亮绿灯），判断 B 通道保险烧断。

(2)B通道RADMAN板卡显示屏显示"1084",根据卡斯柯提供" 2oo3故障代码手册",初步判断为B通道HSCU板故障,其中"1084"代码中"1"代表通道B,"084 "代表需更换HSCU板。

3."定"

根据RADMAN板卡指示灯及显示屏显示,判断为B通道RADMAN板保险烧断及HSCU板故障。

4."处"

根据原因分析及运营结束后排查结果,出于设备稳定性考虑及厂家建议,现场对整个B通道PSU、MPU、HSCU、REDMAN共4块板卡全部进行更换。

5."验"

板卡更换完成后,值班人员查看MSS上报警信息恢复正常、ZC设备网络状态图恢复正常、ZC机柜板卡及电源模块指示灯显示正常,REDMAN板显示屏上滚动显示"3oo3",车站HMI上ATC通信状态正常(显示绿灯),ZC管辖范围内列车能正常接收移动授权。

(二)典型案例

故障概况:值班人员巡视发现MSS报"××站ZC计算通道B故障"。值班人员立即查看ZC设备状态,发现ZC-B通道RADMAN板卡"FIE、FI"灯灭,显示屏显示"1084",ZC -A、C通道工作正常,RADMAN板卡显示屏显示"2oo3",值班人员立即上报维修调度,因ZC为三取二系统,单通道故障不影响设备正常使用,计划运营结束后排查处理。经运营结束后排查,故障原因为通道B的HSCU板卡偶发故障。

故障影响:ZC为三取二系统,单通道故障不影响设备正常使用,未对运营产生影响。

四、轨旁ATC设备故障处理总结

(1)轨旁ATC设备一般为三取二或双机热备系统,单通道或单系故障时不影响其功能,原则上运营结束后处理。运营期间需根据故障现象定位故障点,准备对应的备件并安排人员现场保障,确保情况劣化时能快速应急。

(2)当ATC系统不可用时,所辖区域内CBTC运行的列车会全部紧急制动,且无法缓解,行调需通知故障区域内所有列车降级为IATP/IATO模式运行,故障区域内区间停车的列车RM模式动车,待IATP/IATO模式可用后,以IATP/IATO模式运行,并通知相关车站协助司机开关站台门(增强点式ATP)。

若反方向信号机未设置动态信标,列车反方向运行时,无法实现点式ATP模式,需切除ATC以NRM模式运行。

第五章 >>>

接口故障处理

城市轨道交通信号系统的接口是确保列车安全、高效运行的关键环节，是连接各个子系统、实现信息交互和协同工作的桥梁。随着城市轨道交通系统的不断发展和完善，信号系统接口的复杂性和重要性也日益凸显。信号系统接口涉及列车运行的各个方面，一旦出现故障或安全问题，就可能对列车的正常运行和乘客的安全造成严重影响。因此，在接口设计时需要充分考虑安全性因素，采取有效的措施来确保接口的稳定性和可靠性，使得在信号系统运营维护中能够抽丝剥茧，快速锁定接口故障并处理。

第一节　信号系统接口分类

城市轨道交通信号系统的接口类型主要分为外部接口和内部接口两种类型。

一、外部接口

城市轨道交通信号联锁设备与其他专业的接口主要有站台门系统、车辆系统、轨道系统、通信系统、综合监控系统、低压配电系统、牵引供电系统、综合接地系统、联络线等接口信息，主要通过 ATS、ATP 系统完成接口通信。

(一)ATS 与外部接口

1. 接口关系简介

信号设备通过 ATS 系统冗余配置的 2 台通信前置机，采用 RS-422 串口和以太网接口方式，分别与无线通信系统、时钟系统、乘客信息系统(PIS)、广播系统(PA)、综合监控系统(ISCS)、大屏幕控制系统、城市轨道交通路网指挥调度系统(TCC)进行接口。

2. 与无线通信系统的接口

(1)ATS 系统与无线通信系统之间的信息通道采用 RS-422 串口，属于非安全接口。

(2)ATS 系统向无线通信系统传送实时变化的列车运营相关信息，以便调度员呼叫列车。

(3)目的地号、服务号、车组号、乘务组号、序列号信息；列车的出、入场信息；列车所处的车站和线路的位置信息；列车进出联络线信息；列车折返信息和运行方向等信息。

ATS 系统与无线通信系统接口如发生故障将有可能影响行调的无线电调度台与列车的正常通信，故障期间应启动备用联系方式(800 MHz)。

3. 与时钟系统的接口

(1)ATS 系统通过 2 路 RS-422 串口或以太网数据接口连接到通信时钟系统，时钟系统为 ATS 系统提供实时的标准时间信息。

(2)时钟系统为 ATS 系统提供实时的标准时间信息。ATS 系统接收时间信号,并据此校准信号系统时钟,在信号系统内部以标准的 NTP 时钟同步协议同步系统内部各个设备的时钟。

(3)ATS 系统具备屏蔽错误时间信号的功能。

(4)如接口发生故障,系统能自动与通信前置机本身时钟同步,不影响正常运营,待当天运营结束后再处理故障。

4. 与乘客信息系统(PIS)的接口

(1)ATS 系统通过 2 路 RS-422 串口或以太网数据接口连接到乘客信息系统(PIS)。

(2)ATS 系统根据正在使用的当天计划运行图和列车实际运行信息,向乘客信息系统实时提供各站台的列车运行信息。如列车终到站、列车到站、列车离站、列车通过等信息,同时,ATS 系统也向 PIS 发送时钟同步信息。

(3)PIS 接口同时与两台信号 FEP 建立连接。

(4)FEP 发送接口信息的初始化内容(PIS 信息和 PIS 首末班车信息)给 PIS,同时 PIS 也将发送 PIS 心跳信息给 ATS 系统。当任何一台 FEP 故障退出工作时,另外一台 FEP 会继续工作,PIS 自动连接另一台 FEP 获取 PIS 信息。ATS 系统与乘客信息系统的接口界面在控制中心信号设备室信号设备接线端。如发生故障将有可能影响 PIS 无法正常显示。

5. 与广播系统(PA)的接口

(1)ATS 系统通过 2 路 RS-422 串口或以太网数据接口连接到广播系统(PA)。

(2)ATS 系统向广播系统提供列车在车站运行的乘客服务信息,主要信息内容为各站台的列车接近、列车到达、列车目的地、列车到站时间预报、预计跳停列车信息等。与广播系统接口的主要用途是向广播系统提供有关信息。

(3)ATS 系统向广播系统提供必要的某站台列车运行信息:实时的列车目的地号;车站上下行站台列车进站信息;列车停站信息等。

(4)ATS 系统与广播系统的接口界面在控制中心信号设备室信号设备接线端。

6. 与综合监控系统(ISCS)的接口

(1)ATS 系统在控制中心通过通信前置机为综合监控系统提供 2 路以太网接口。

(2)ATS 系统与综合监控系统的接口通过网络防火墙对端口进行限制,非允许端口不进行通信。另外,对于双方交互信息只接收接口协议信息,其他信息不予置理,从而保证网络安全。

(3)ATS 系统向综合监控系统提供实时的监控信息:信号设备状态信息;实际列车运行图信息;列车识别号信息(车组号、车次号、目的地等);列车位置信息;实际列车运行信息等。

(4)正式运营前或运营图变化时,信号系统向综合监控系统传送当天或更新计划运营时刻表。

(5)当列车在隧道内停留超过一定时间时,ATS 系统将有关列车区间占用超时信息传送至综合监控系统。

(6)中心 ATS 从综合监控系统接收各个供电区段的工作状态信息。该状态信息指明是正常状态还是非正常状态。根据该状态信息，ATS 系统在中心工作站和大屏上向行车调度人员提供简明的全线接触网带电状态。

(7)ATS 系统与综合监控系统的接口分界点在控制中心综合监控设备室配线架外线侧。

7. 与大屏幕控制系统的接口

(1)大屏控制系统由其他厂家提供，信号系统在控制中心为大屏幕控制系统提供以太网接口，通过大屏控制系统运行的大屏显示软件，提供需要在大屏幕上显示的有关行调图像，从而在大屏幕实现信号相关内容的显示。

(2)ATS 大屏显示软件向大屏显示系统提供显示信息、控制信息、线路画面等。

8. 与 TCC 系统的接口

(1)ATS 系统在控制中心通过通信前置机为 TCC 系统提供 2 路以太网接口。

(2)ATS 系统向 TCC 系统提供正线信号设备、车辆段/停车场信号设备、正线列车运行实时的监控信息，如列车位置信息，道岔、信号机、轨道电路状态，列车驾驶模式，站台门状态，车门状态等。

(3)ATS 系统向 TCC 系统提供非实时的时刻表信息、运营相关统计信息、事件及报警信息，以及其他静态信息，从而为线路间相互交换有关行车信息提供条件。

(二)ATC 与车辆接口

ATC 与车辆的接口主要指的是车载 ATC 与车辆的接口，主要包括机械接口、电气接口、硬线输入/输出功能接口。通过车辆网络总线，ATC 与车辆实现数据交换，以实现对列车的安全防护。

1. 机械接口

机械接口主要是指车载设备的安装，包含 CC 机架的固定安装、信标天线的固定安装、中继器的固定安装、编码里程计的固定安装、司机显示器的固定安装。在调试初期由车辆专业提供安装固定的位置，后期信号专业负责维护保养。

2. 电气接口

电气接口主要指信号车载专用空开和 INT 插头的安装、配线。车辆专业负责车载专用空开的电源及日常维护。车辆专业提供 INT 插头的前期配线及安装，信号专业负责后期的维护保养。

3. 硬线输入/输出功能接口

硬线输入/输出功能接口主要指按钮、开关输入到车载 CC 的信息及车载 CC 输出的一些指令。

(三)正线联锁和其他设备接口

1. 与站台门专业接口

信号专业与站台门专业的接口主要采用的是继电器接口，接口关系可分析控制信息接口和采集信息接口。

(1)控制信息接口

信号专业对站台门的控制接口信息主要为开门和关门信息命令。信号专业给站台门专业发送开门信息，站台门专业接收到开门信息后执行开门指令，站台门打开；信号专业给站台门专业发送关门信息，站台门专业接收到关门信息后执行关门指令。

具体开关门信息，信号专业给站台门专业发送哪些信息，每个信号厂家和站台门生产厂家的设计和要求均不一样。以安萨尔多 CBTC 系统为例：信号专业给站台门专业发送使能和开门高电平信息，代表开门信息；站台门专业在收到使能和开门高电平信息后执行开门命令，打开站台门。信号专业给站台门专业发送使能高电平，开门低电平信息，代表关门信息；站台门专业收到使能高电平开门低电平信息后执行关门命令，关闭站台门。

(2)采集信息接口

信号专业对站台门专业的采集接口信息主要为关门锁闭和互锁解除信息。常态下站台门关门且锁闭，站台门专业给信号专业发送关门锁闭信息，信号专业收到关门锁闭信息代表站台门为关门锁闭状态，站台门打开后，站台门不给信号发送关门锁闭信息，信号专业接收不到关门锁闭信息代表站台门为开启状态。当站台门因故不能给信号专业发送关门锁闭信息时，为车站保证能正常接发车，站台门专业可给信号专业发送互锁解除信息，信号专业收到互锁解除信息后，不再采集关门锁闭信息，可正常接发列车。

正常情况下，各家信号系统均采集以上两个站台门状态信息。以安萨尔多 CBTC 系统为例：站台门在关门状态下给信号专业发送关门锁闭高电平信息，信号专业接收到关门锁闭高电平代表站台门关门锁闭；站台门在开门状态下给信号专业发送关门锁闭低电平信息，信号专业在接收到关门锁闭低电平信息代表站台门为开启状态。当站台门因故不能给信号发送关门锁闭高电平信息时，在确保行车安全情况下，为保证车站正常接发车，站台门专业给信号专业发送互锁解除高电平信息，信号专业收到互锁解除高电平信息后，将不再采集关门锁闭信息。

(3)与综合后备盘接口

每个城市轨道交通车站控制室均设有综合后备盘。综合后备盘上有信号专业设备区域，上面设有紧急停车按钮、取消急停、扣车按钮、取消扣车、临时限速按钮、计轴区段预复位、计轴总复位、道岔位置指示灯、道岔动作电流表、蜂鸣器等。在综合后备盘设置哪些按钮、按钮采用自复位式还是非自复位式、指示灯颜色，每条线路根据实际情况各异，综合后备盘上的每一个按钮或者开关的操作信息，联锁系统采集到相关信息，将按照逻辑关系执行相应的命令。

2. 其他接口

和变配电接口为信号配电箱上部接入电缆；和综合接地的接口普遍采用综合接地排的方式；和联络线的接口普遍采用硬线，按照“谁需求、谁供电”的方式完成照查等条件的布置。

二、内部接口

信号系统内部接口一般是 ATS 系统、ATC 系统、联锁系统间的信息交互，三者间通过 DCS 系统实现信息的传输、处理和共享。

（一）ATS 与 ATC 接口

ATS 系统通过 100 M 以太网接口连接到 ATC 系统，向 ATC 系统传送列车识别号设定、列车运行调整信息、扣车、跳停等信息；从 ATC 系统接收列车位置信息、列车状态报告等信息，处理后发送给 CATS 应用服务器和相应的 LATS 分机。

ATC 接口软件运行于网关服务器上，基于 UDP 协议实现与 ATC 系统的连接和信息交换。

1. 与区域控制器 ZC 的信息交互

ZC 向 ATS 系统提供交互信息包括列车 AP 状态、ZC 有效状态；ESA 状态、次级检测设备状态。

2. 与线路控制器 LC 的信息交互

LC 与 ATS 系统之间的交互信息包括 TSR 状态报告、TSR 修改操作；会话操作、会话结束回复。

3. 与车载控制器 CC 的信息交互

CC 与 ATS 系统之间的交互信息包括列车状态报告、列车设置命令；车辆动作命令。

（二）ATS 与 CBI 接口

ATS 系统通过 100 M 以太网接口连接到正线 CBI 系统。ATS 系统与 CBI 系统主要接口部件为各类网线及连接线、交换机等各类网络设备、控制中心网关服务器设备、各类软件等。

(1)CBI 系统将站场表示信息传送至 ATS 系统，表示信息包括道岔表示、信号显示、进路状态、扣车状态等。

(2) ATS 系统将信号设备的控制命令传送到 CBI 系统执行，如进路控制命令、扣车命令等。

(3)集中站 LATS 分机和集中站现地控制工作站均和 CBI 系统相连。正常情况下，中心的中央控制操作，ATS 的自动进路触发，以及车站 ATS 工作站上的联锁操作，都通过集中站 LATS 分机发送给 CBI 系统。

(4)集中站 LATS 分机故障的情况下，现地控制工作站可切换为紧急站控模式，直接给 CBI 系统发送命令。

(5) CBI 系统与车站 ATS 分机通过 TCP/IP 协议实现信息交换。CBI 系统向车站 ATS 分机和控制中心 ATS 发送站场显示信息，ATS 分机向 CBI 系统发送 ATS 的操作命令和列车识别号。此接口为双向传输。

（三）ATC 与 CBI 接口

1. 与轨旁 ATC(ZC)的接口信息交互

CBI 系统与轨旁 ZC 之间安全通信交换数据；CBI 系统向轨旁 ZC 发送进路办理、信号机状态、紧急停车按钮/恢复按钮的状态、道岔位置、列车运行方向等信息；轨旁 ZC 向 CBI 系统发送列车位置信息、计轴工作状态、进路紧急解锁等信息。

2. 与车载 ATC 的接口信息交互

CBI 与 CC 之间通过基于 FSFB2 的安全型通信交换数据；CBI 系统向 CC 发送站台门“关闭且锁紧”“互锁解除”信息；CC 向 CBI 系统发送站台门开/关的信息。

第二节　外部接口故障处理思路

一、ATS 与外部接口故障处理

(一)故障处理原则

如果 ATS 系统与外部系统接口发生中断故障，应先检查相关连接线路是否有问题，在排除 ATS 端故障后如果问题依然存在，则应联系对方系统维护人员共同解决。对于通过网络连接的，按 DCS 系统故障流程处理；对于通过串口连接到 ATS 通信服务器、LATS 或车站接口控制计算机的外部接口，如已排除了线路故障，还需要检查 ATS 通信前置机/服务器，以及双机切换单元是否工作正常。

注意：处理外部接口故障时，不可盲目重启。一定要与对口专业共同确认故障现象。

(二)故障判断

故障处理过程中一定要充分查看通信前置机设备状态，根据设备状态情况，分析故障原因并展开处理，如图 5-1 所示。

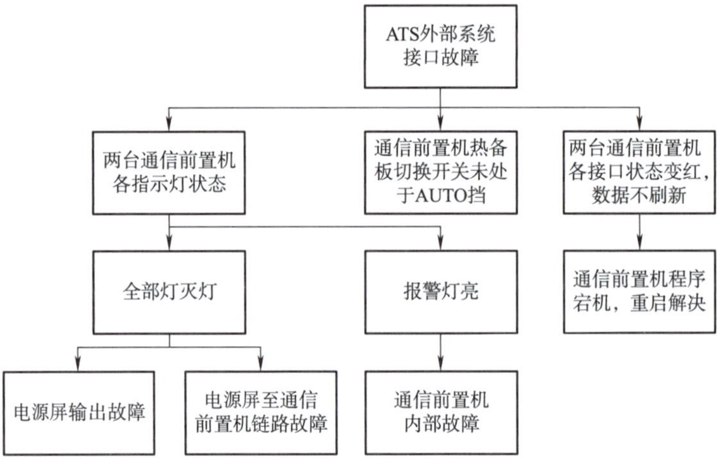

图 5-1　ATS 接口故障处理方法

二、ATC 与车辆接口故障处理

(一)故障处理原则

(1)不影响行车的板卡故障，与行调联系进行线上处理；

(2)影响行车的故障，及时根据行调安排进行故障处理，根据故障定位流程定位故障点，分析故障原因，快速完成故障处理；

(3)车载 CC 板卡不支持热插拔，严禁带电插拔板卡操作设备；

(4)线上处理人员在故障处理完毕后，及时联系工班在 MSS 终端进行设备恢复确认，待确认完毕后再汇报行调，申请下车；

(5)正线故障处理过程中听从行调指令，严禁违规作业。

(二)故障判断

因ATC与车辆的接口故障,需对ATC与车辆的接口系统/设备进行全面定位排查。需通过车载日志锁定故障发生部位。

1. 机械接口排查步骤(表5-1)

表5-1　车载-车辆外部机械接口故障排查步骤

序号	排查项目	排查方法	排查标准	排查结果
1	交换机安装	目测、手动检查	各部位安装紧固,无松动	OK□NOK□
2	中继器安装	目测、手动检查	各部位安装紧固,无松动	OK□NOK□
3	Netbox安装	目测、手动检查	各部位安装紧固,无松动	OK□NOK□
4	TAU安装	目测、手动检查	各部位安装紧固,无松动	OK□NOK□
5	DMI安装	目测、手动检查	各部位安装紧固,无松动	OK□NOK□
6	编码里程计安装	目测、手动检查	各部位安装紧固,无松动	OK□NOK□
7	信标天线安装	目测、手动检查	各部位安装紧固,无松动	OK□NOK□
8	CC机柜安装	目测、手动检查	各部位安装紧固,无松动	OK□NOK□

2. 电气接口排查步骤(表5-2)

表5-2　车载-车辆外部电气接口故障排查步骤

序号	排查项目	排查方法	排查标准	排查结果
1	交换机电源	万用表测量	M12-A正负极之间的输入电压范围为DC 77～132 V	OK□NOK□
2	中继器电源	万用表测量	M12-A正负极之间的输入电压范围为DC 77～132 V	OK□NOK□
3	Netbox电源	万用表测量	M12-A正负极之间的输入电压范围为DC 77～132 V	OK□NOK□
4	TAU电源	万用表测量	M12-A正负极之间的输入电压范围为DC 77～132 V	OK□NOK□
5	DMI电源	万用表测量	M12-A正负极之间的输入电压范围为DC 77～132 V	OK□NOK□
6	INT插头	万用表测量	A01、A03、B01、B03、B05、C04、C05、C06端子电压范围为DC 77～132 V	OK□NOK□
7	INT插头	目测、手动测试	无缩针	OK□NOK□
8	ATC空开	目测、手动测试	动作良好	OK□NOK□

3. 硬线输入/输出功能接口排查步骤(表5-3)

表5-3　车载-车辆外部硬线输入/输出功能接口故障排查步骤

序号	排查项目	排查方法	排查标准	排查结果
1	ZVRD	万用表测量	INT2/C1到0 VBAT(接地)C8之间的输入电压范围为DC 77～132 V	OK□NOK□

续上表

序号	排查项目	排查方法	排查标准	排查结果
2	DE_A1	万用表测量	INT2/C9 到 0 VBAT(接地)C2 之间的输入电压范围为 DC 77～132 V	OK□NOK□
3	DE_B1	万用表测量	INT2/C4 到 0 VBAT(接地)C11 之间的输入电压范围为 DC 77～132 V	OK□NOK□
4	FWD	万用表测量	INT2/D12 到 0 VBAT(接地)D5 之间的输入电压范围为 DC 77～132 V	OK□NOK□
5	EBRD1	万用表测量	INT2/E1 到 0 VBATE7 之间的输入电压范围为 DC 77～132 V	OK□NOK□
6	EBRD2	万用表测量	INT2/E9 到 0 VBATE3 之间的输入电压范围为 DC −132～−77 V	OK□NOK□
7	KSON	OMP 检测	激活主控钥匙为 1，断开为 0	OK□NOK□
8	RMF	OMP 检测	进入 RMF 模式为 1，否则为 0	OK□NOK□
9	RMR	OMP 检测	进入 RMR 模式为 1，否则为 0	OK□NOK□
10	TI	OMP 检测	完整性良好为 1，否则为 0	OK□NOK□
11	IATP	OMP 检测	进入 IATP 模式为 1，否则为 0	OK□NOK□
12	ATO 按钮	OMP 检测	按压 ATO 按钮 1，否则为 0	OK□NOK□
13	TDCL	OMP 检测	门关好锁闭为 1，否则为 0	OK□NOK□
14	ATC 旁路	OMP 检测	正常为 1，否则为 0	OK□NOK□
15	DMS_AA1	OMP 检测	选择全自动为 1，否则为 0	OK□NOK□
16	DMS_AM1	OMP 检测	选择半自动为 1，否则为 0	OK□NOK□
17	牵引/制动手柄	OMP 检测	牵引/制动手柄放到惰行位为 1，否则为 0	OK□NOK□
18	OPB_A1	OMP 检测	按压列车 A 侧车门开门按钮为 1，否则为 0	OK□NOK□
19	OPB_B1	OMP 检测	按压列车 B 侧车门开门按钮为 1，否则为 0	OK□NOK□
20	CPB_A1	OMP 检测	按压列车 A 侧车门关门按钮为 1，否则为 0	OK□NOK□
21	CPB_B1	OMP 检测	按压列车 B 侧车门关门按钮为 1，否则为 0	OK□NOK□
22	DBY1	OMP 检测	车门旁路开关未激活为 1，否则为 0	OK□NOK□
23	EBNA	OMP 检测	缓解紧急制动为 1，否则为 0	OK□NOK□

第三节　内部接口故障处理思路

信号各子系统日志详细记录了设备运行中硬件、软件各种状态信息，且信号系统网络的封闭性和高安全性为发生设备故障后快速通过 IP 地址和 MAC 地址追溯故障原因创造了条件。信号各子系统在信息传递时具备明显的逻辑时序，用户可通过各子系统信息流之间的横向对比，快速实现日志在空间维度中的异常检测，而通过单个子系统日志中的数据信息与历史数据的对比能快速实现日志中时间维度的异常检测功能，详细分析如下。

一、日志的时间特征

案例：某线路信号 ATS 系统在执行计划下发、调取运行图、报表信息等命令时频繁出现卡死现象

经核查发现其他功能均正常，而该线路运行图、报表信息的存储和调阅，用户权限的核对等功能由数据库服务器负责，通过对其 A、B 机 oraagent. log 进行查看，发现故障发生时段均会出现故障语句“[ora. LISTENER. lsnr][6328][1：56041：2][check] clsnUtils：：error Exception type＝2 string＝CRS-5014：代理在启动进程"D：\app\11. 2. 0\grid\bin\lsnrctl. exe" 以执行操作"check" 时超时”。因故障出现的随机性，维护人员很难及时发现故障代码并处理故障，如图 5-2 所示。

```
2017-12-03 22:30:55. 239: [ora. LISTENER. 1snr][6336][1:56041:2][check]abort command:check
2017-12-03 22:30:55. 239: [ora. LISTENER. lsnr][6336][1:56041:2][check] tryActionLock}
2017-12-03 22:30:55. 317: [ora. LISTENER. 1snr][6328][1:56041:2] [check] (:CLSN00009:)Utils:
execCmd abort request: killing D:\app\11. 2. 0 grid)bin)lsnrctl. Exe
2017-12-03 22:30:55. 317:[AGENT][6328][1:56041:2] UserErrorException: Locale is
2017-12-03 22: 30: 55. 317: [ora. LISTENER. 1snr][6328] [1: 56041: 2][check] clsnUtils:: error
Exception type=2 string=CRS-5014: D:app(11. 2. 0 grid\bin\craagent. exe 启动进程"D:\app\11. 2. 0\
grid\bin\lsnrctl. exe"以执行操作"check"时超时:详细资料见"(:CLSN00009:)"(位于"D:\app\11. 2. 0\
grid\log\db1\agent\crsd\craagentoraagent. log")
2017-12-03 22:30:55. 317: [AGENT][6328](1:56041:2]UserErrorException:Locale is
2017-12-03 22: 30: 55. 317: [ora. LISTENER. 1snr][6328] 1: 56041: 2] [check] clsnltils: terror
Exception type=2 string=CRS 501T. #M "ora. LISTENER. lsmr check" HE
误:◇:CLSNO0009:)Utils:execCmd aborted。有关详细信息◇请参阅"(:CLSN00109:)"(位于"D:\app
\11. 2. 0\grid\log\dbl\agent\crsd\oraagent\oraagent. log"中)。
2017-12-03 22:30:59. 264: [ora. LISTENER. lsnr][6336] [1:56041:2] [check] gat lock
2017-12-03 22:30:59. 264: [ora. LISTENER. 1snr][6336] [1:56041:2][check] tryActionLock}
2017-12-03 22:30:59. 264: [ora. LISTENER. lsnr][6336] [1:56041:2][check] abort }
2017-12-03 22:30:59. 264: [ora. LISTENER. lsnr][6336] (1:56041:2] [check] (:CLSN00110:) clsn
agent::abort}
2017-12-03 22:30:59. 264: AGFW][6336] (1:56041:2] Command:check for rescurce: ora. LISTENER.
lsnr dbl 1 completed with status: TIMBDOUT
```

图 5-2　数据库服务器故障时日志信息

某线路 ATS 系统应用服务器也具备此特征，如图 5-3 所示，不再具体分析。

```
[20171204 04:00:02] 10. 6. 254. 29<user. Debug> 2017-12-04 04:00:02 cad2: 2017/12/04 04:00:01
[MIS]:auto gen inuse data reslut=0[GID1686279][LID1605433]
[20171204 04:00:02]10. 6. 254. 29<user. Debug> 2017-12-04 04:00:02 cad2: 2017/12/04 04:00:01
[MIS _INUSE]: ContextId = 8[GID1686280] [LID1605434]
[20171204 04:00:02] 10. 6. 254. 29 <user. Debug> 2017-12-04 04:00:02 cad2: 2017/12/04 04:00:01
[DB Task 0]: ContextId =0[GID1686281][LID1605435]
```

图 5-3　应用服务器故障时日志信息

设备日志信息具备明显的时间维度特征，由图 5-2、图 5-3 可明显看出故障前后记录的日志数据均大致相同，只有在故障时段会出现异常数据。因此，通过已发生事件的时间间隔变化，可以快速获取事件的变化模式，用户通过日志信息中提取的多种特征信息进行相似性检测、回归分析和机器学习建立检测模型，可快速实现异常检测。

二、日志的密度和种类特征

通常情况下，设备在正常状态下也可能不定期地产生少量日志记录，当设备异常时，设备可能会打破记录的模式，产生大量的日志记录，即故障时段，设备日志密度明显增加。如某线路信号系统试运营阶段，某 ZC 控制区域内正在运行的列车全部触发紧急制动停车且 CBTC 模式不可用，后对该时段 ZC 日志进行分析发现，在该时间段某列车进入该 ZC 区域后，与 ZC 通信时出现了大量的延时报文“cc_zc_synchro_obsolete”，ZC 自锁，从而导致列车全部触发紧急制动停车，如图 5-4 所示。

Flag	ZC	Net	Packet	Date process	Source ID	Dest ID	Source IP	Dest IP	Event	Event value	Train unit	Cab	Front Seg ID	Front Offset (m)	Rear Seg ID	Rear Offset (m)	Accuracy (m)
	ZC3	alpha	1,556,821	2016-11-30 19:33:57	13338	3	10.2.1.161	10.0.6.9	cc_zc_synchro_obsolete	1.14074E+23	126	V	S_016115	1148.5	S_016115	1024	5.5
	ZC3	alpha	1,556,920	2016-11-30 19:33:57	13338	3	10.2.1.161	10.0.6.10	cc_zc_synchro_obsolete	1.14199E+23	126	V	S_016115	1148.5	S_016115	1024	5.5
	ZC3	alpha	1,563,572	2016-11-30 19:34:02	13338	3	10.2.1.161	10.0.6.9	cc_zc_synchro_obsolete	1.19627E+23	126	V	S_016115	1148.5	S_016115	1024	5.5
	ZC3	alpha	1,563,601	2016-11-30 19:34:02	13338	3	10.2.1.161	10.0.6.10	cc_zc_synchro_obsolete	1.19665E+23	126	V	S_016115	1148.5	S_016115	1024	5.5
	ZC3	alpha	1,566,408	2016-11-30 19:34:04	13338	3	10.2.1.161	10.0.6.9	cc_zc_synchro_obsolete	1.22029E+23	126	V	S_016115	1148.5	S_016115	1024	5.5
	ZC3	alpha	1,567,859	2016-11-30 19:34:06	13338	3	10.2.1.161	10.0.6.10	cc_zc_synchro_obsolete	1.23263E+23	126	V	S_016115	1148.5	S_016115	1024	5.5
	ZC3	alpha	1,572,241	2016-11-30 19:34:09	13338	3	10.2.1.161	10.0.6.9	cc_zc_synchro_obsolete	1.26729E+23	126	V	S_016115	1148.5	S_016115	1024	5.5
	ZC3	alpha	1,577,451	2016-11-30 19:34:14	13338	3	10.2.1.161	10.0.6.10	cc_zc_synchro_obsolete	1.3128E+23	126	V	S_016115	1148.5	S_016115	1024	5.5
	ZC3	alpha	1,587,751	2016-11-30 19:34:23	13338	3	10.2.1.161	10.0.6.9	cc_zc_synchro_obsolete	1.39602E+23	126	V	S_016115	1148.5	S_016115	1024	5.5
	ZC3	alpha	1,588,172	2016-11-30 19:34:23	13338	3	10.2.1.161	10.0.6.10	cc_zc_synchro_obsolete	1.40024E+23	126	V	S_016115	1148.5	S_016115	1024	5.5
	ZC3	alpha	1,588,855	2016-11-30 19:34:24	13338	3	10.2.1.161	10.0.6.9	cc_zc_synchro_obsolete	1.40315E+23	126	V	S_016115	1148.5	S_016115	1024	5.5
	ZC3	alpha	1,588,856	2016-11-30 19:34:24	13338	3	10.2.1.161	10.0.6.10	cc_zc_synchro_obsolete	1.40316E+23	126	V	S_016115	1148.5	S_016115	1024	5.5
	ZC3	alpha	1,589,525	2016-11-30 19:34:24	13338	3	10.2.1.161	10.0.6.9	cc_zc_synchro_obsolete	1.40611E+23	126	V	S_016115	1148.5	S_016115	1024	5.5
	ZC3	alpha	1,589,563	2016-11-30 19:34:24	13338	3	10.2.1.161	10.0.6.10	cc_zc_synchro_obsolete	1.40642E+23	126	V	S_016115	1148.5	S_016115	1024	5.5
	ZC3	alpha	1,590,847	2016-11-30 19:34:25	13338	3	10.2.1.161	10.0.6.9	cc_zc_synchro_obsolete	1.41448E+23	126	V	S_016115	1148.5	S_016115	1024	5.5
	ZC3	alpha	1,590,868	2016-11-30 19:34:25	13338	3	10.2.1.161	10.0.6.10	cc_zc_synchro_obsolete	1.41473E+23	126	V	S_016115	1148.5	S_016115	1024	5.5
	ZC3	alpha	1,591,403	2016-11-30 19:34:26	13338	3	10.2.1.161	10.0.6.9	cc_zc_synchro_obsolete	1.41888E+23	126	V	S_016115	1148.5	S_016115	1024	5.5
	ZC3	alpha	1,591,644	2016-11-30 19:34:26	13338	3	10.2.1.161	10.0.6.10	cc_zc_synchro_obsolete	1.42106E+23	126	V	S_016115	1148.5	S_016115	1024	5.5
	ZC3	alpha	1,592,299	2016-11-30 19:34:27	13338	3	10.2.1.161	10.0.6.9	cc_zc_synchro_obsolete	1.42396E+23	126	V	S_016115	1148.5	S_016115	1024	5.5
	ZC3	alpha	1,592,461	2016-11-30 19:34:27	13338	3	10.2.1.161	10.0.6.10	cc_zc_synchro_obsolete	1.42501E+23	126	V	S_016115	1148.5	S_016115	1024	5.5
	ZC3	alpha	1,594,045	2016-11-30 19:34:28	13338	3	10.2.1.161	10.0.6.9	cc_zc_synchro_obsolete	1.43611E+23	126	V	S_016115	1148.5	S_016115	1024	5.5
	ZC3	alpha	1,594,106	2016-11-30 19:34:28	13338	3	10.2.1.161	10.0.6.10	cc_zc_synchro_obsolete	1.43654E+23	126	V	S_016115	1148.5	S_016115	1024	5.5
	ZC3	alpha	1,594,551	2016-11-30 19:34:29	13338	3	10.2.1.161	10.0.6.9	cc_zc_synchro_obsolete	1.43697E+23	126	V	S_016115	1148.5	S_016115	1024	5.5

图 5-4　ZC 设备故障时日志

三、日志的严重等级

信号各子系统异常日志具备明显的等级划分，如根据严重程度，将报警分为一级报警、二级报警和三级报警，并针对不同报警使用如声光报警、弹出式报警、红色显示等报警方式，维护人员可通过不同报警信息快速实现故障定位和判断。

四、日志的空间维度和时序特征

信号各子系统之间虽相互独立，但具备明显的关联关系和逻辑时序，此种故障如下述案例所示：

案例 1：ATS 折返进路与联锁防护区段 overlap 触发冲突

故障现象：如图 5-5 所示，正常运营过程中，DG5110 区段突发白光带。

故障分析：

ATS 日志分析：列车占用小交路折返站折返轨时 ATS 自动触发 S5115—X5106、

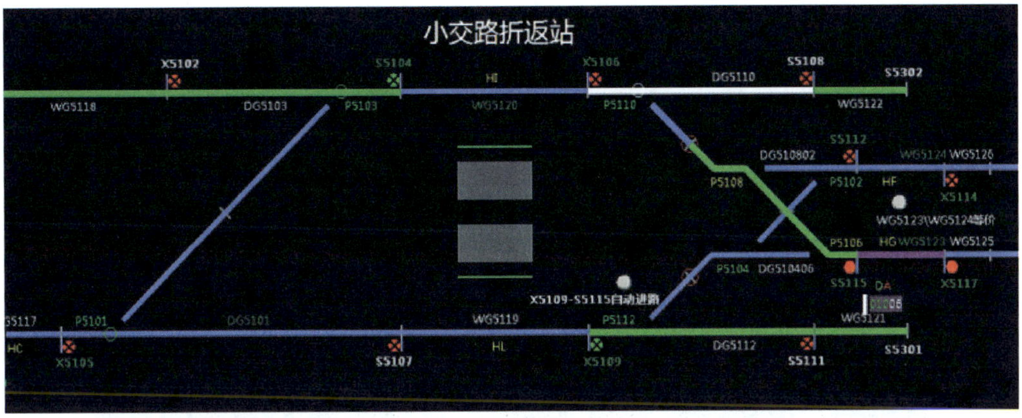

图 5-5　DG5110 区段突发白光带站场

S5104—X5102 进路，进路按照从远端至近端开放的原则，联锁先正常办理了 S5104—X5102 进路，接着办理 S5115—X5106 进路，对 DG5110 区段进行了锁闭（此时 P5110 道岔反位）。此时开往上行方向的大交路车因开放 S5302—S5108 进路触发了 O_S5108，需将 P5110 道岔置于定位，P5110 道岔向定位转换，导致已锁闭的 DG5110 区段故障，显示白光带。

联锁日志分析：按照联锁系统的处理逻辑，进路办埋可简化为选择组电路确保道岔在正确的位置、执行组电路进路锁闭、执行组电路信号开放三个部分。查看联锁日志可知，因 P5110 道岔本身在反位，联锁不发送驱动道岔动作命令，只驱动 P5106/P5108 道岔向反位动作；而此时 O_S5108 发送命令，联锁驱动 P5110 道岔向定位动作，因命令刚刚发出，此时 P5110 道岔第一启动继电器尚未励磁，P5110 道岔仍处在反位表示状态。ATS 开始预排列进路 S5115—X5106，将相关区段锁闭。此时 P5110 道岔继续按照联锁命令转换至定位，导致已锁闭的区段出现白光带。

两种命令处理冲突过程见表 5-4。

表 5-4　两种命令处理冲突过程

时间	系统	信息分类	命　令
10:15:28	ATS 系统	发送	S5115—X5106、S5104—X5102 办理命令
10:15:29	联锁系统	接收	S5115—X5106、S5104—X5102 办理命令
10:15:30	联锁系统	执行	S5104—X5102 进路办理完毕
10:15:30	联锁系统	执行	发送 P5106/P5108 道岔向反位动作的驱动命令
10:15:37	ATS 系统	发送	S5302—S5108 进路触发了 O_S5108
10:15:38	联锁系统	执行	发送向定位动作的驱动命令
10:15:39	联锁系统	执行	预排列进路 S5115—X5106，将进路上 DG5110、DG510406、DG510402 区段锁闭
10:15:46	联锁系统	执行	P5110 道岔定位转换到位，DG5110 出现故障白光带
10:15:46	ATS 系统	接收	DG5110 显示故障白光带

由上述分析可知，按照 ATS 和联锁系统空间维度的日志对比和联锁系统时序特征，可快速判断故障原因为 ATS 折返进路与联锁防护区段 overlap 触发冲突所致，后续 ATS

触发时可增加两条命令的冲突判断处理机制，从源头避免故障的发生。

案例 2：列车以 ATP 模式在小交路站使用站前 P5101 道岔折返时，产生紧急制动。行调组织司机以 RM 模式动车后恢复 ATP 模式运行

<u>故障分析：</u>

车载日志分析：故障发生时列车车头所在区段为 B_67，即 X5105 信号机至 P5101 道岔，列车车头进入 X5105 信号机内方后列车移动授权丢失，发生紧急制动。

ATS 日志分析：501 次工程车一直停留在车站下行站台，ATS 正常开放 X5105 信号机黄灯后列车进入 X5105 信号机内方，ATS 未发现异常，司机反馈列车紧急制动停车，如图 5-6 所示。

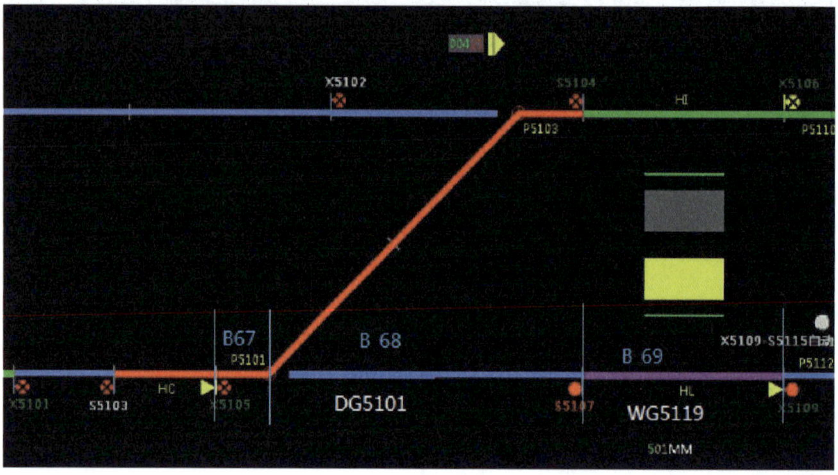

图 5-6　故障时站场

ZC 日志分析：501 次工程车为非通信车，其 NIAP（非识别自动防护）区域为 WG5119 处，为确保行车安全，系统在 NIAP 与 AP 之间会设计一个出清的区域（buffer zone），其区段为 B_68，即 P5101 道岔至 S5107 处，因 B_67、B_68、B_225 均为同一轨道区段 DG5101，当车头一进入 X5105 信号机内方，DG5101 被占用，ZC 出于安全考虑，将 buffer zone 扩展至 B_67 区域，导致列车产生紧急制动，故非信号设备故障。

<u>故障处理难度：</u>因 X5105 信号可正常开放，列车运行过程中突发紧急制动很难立即锁定故障原因，列车回库后下载车载日志再分析浪费大量时间，且车载日志分析也并未发现异常；而 ZC 日志分析，因各设备厂商之间设计理念差异，维护人员很难在短时间内通过大量数据判断出故障原因，需设备厂商专业技术人员提供技术支持。

因信号可正常开放，可判断出 ATS 系统、联锁系统均功能正常，ZC 通过 CC 发送的列车移动的相关信息可迅速判断出紧急制动是否因空转、打滑、定位丢失等造成，排除车载设备故障后，ZC 可迅速判断无法给出移动授权的原因，给行车指挥人员正确的组织行车建议。

案例 3：车地站台门联动故障

<u>故障分析：</u>当列车进站并停稳后，司机按压开门按钮或关门按钮执行车地联动开关门

时，站台门未联动打开或站台门未联动关闭，这时需查看 MSS 状态、联锁日志和车载日志确认故障范围。

MSS 状态分析：通过 MSS 查看站台门开门继电器和关门继电器是否均正常吸起，若正常吸起则为站台门接口故障，按站台门接口故障处理；若未正常吸起需进一步分析联锁日志运行状态。

联锁日志分析：发生故障时应下载联锁用户日志或查看电务维修机站台门开关门继电器、站台门关闭且锁好继电器开关量状态，当分析站台门开门指令或关门指令未收到时，可判断未收到电客车发出的开关门指令。此时可通过车载日志分析开关门指令发出情况。图 5-7 所示为站台门开门状态正常，关门时未收到电客车发出的关门指令。

```
[01 000B 02 10A0A99604  8071 8073 0111 811B 0186 0188 BCE6  01]
  01551PSDOR (bit 113) is SET
  01551PSDENR (bit 115) is SET
  Z3_01551PSD_START (bit 273) is clear
  Z3_01551PSD_OPENZ (bit 283) is SET
  01551PSDENTE (bit 390) is clear
  01551PSDORTE (bit 392) is clear
10/01/16 10:25:24.4 AM
```

图 5-7　故障时联锁日志

车载日志分析：若查看联锁日志未收到开门或关门指令，需分析车载日志情况。如图 5-8 所示，需重点查看司机开门按钮、关门按钮是否正常触发，若未正常触发则应及时查看相关指令情况。

ZZ1241	2016_10_01_21_45	CCTE2	2070-01-01 10:44:10	154475	syn_evt_cc_vo_2_channel_A		0
ZZ1241	2016_10_01_21_45	CCTE2	2070-01-01 10:44:10	154475	syn_evt_cc_vo_2_channel_B		0
ZZ1241	2016_10_01_21_45	CCTE2	2070-01-01 10:44:10	154477	syn_evt_cc_vo_2_readback_channel_A		1
ZZ1241	2016_10_01_21_45	CCTE2	2070-01-01 10:44:10	154477	syn_evt_cc_vo_2_readback_channel_B	司机按压开门按钮	1
ZZ1241	2016_10_01_21_45	CCTE2	2070-01-01 10:44:12	154484	syn_evt_driver_door_open_request		1
ZZ1241	2016_10_01_21_45	CCTE2	2070-01-01 10:44:13	154400	syn_evt_cc_vo_2_channel_A		1
ZZ1241	2016_10_01_21_45	CCTE2	2070-01-01 10:44:13	154488	syn_evt_cc_vo_2_channel_B		1
ZZ1241	2016_10_01_21_45	CCTE2	2070-01-01 10:44:14	154492	syn_evt_cc_vo_2_readback_channel_A		0
ZZ1241	2016_10_01_21_45	CCTE2	2070-01-01 10:44:14	154492	syn_evt_cc_vo_2_readback_channel_B		0
ZZ1241	2016_10_01_21_45	CCTE2	2070-01-01 10:44:15	154496	syn_evt_td_opened		1
ZZ1241	2016_10_01_21_45	CCTE2	2070-01-01 10:44:15	154496	syn_evt_psd_start_auth		0
ZZ1241	2016_10_01_21_45	CCTE2	2070-01-01 10:44:18	154509	syn_evt_psd_start_auth	司机按压关门按钮	1
ZZ1241	2016_10_01_21_45	CCTE2	2070-01-01 10:44:22	154525	syn_evt_driver_door_close_request		1
ZZ1241	2016_10_01_21_45	CCTE2	2070-01-01 10:44:31	154558	syn_td_closed		1
ZZ1241	2016_10_01_21_45	CCTE2	2070-01-01 10:44:31	154559	syn_evt_psd_closed_non_openable		1

图 5-8　故障时车载日志

五、接口类故障处理总结

内部接口故障分析，应先通过 ATS/HMI 界面查看故障告警信息，若 ATS 界面显示相关异常信息，应根据告警信息分析各子系统工作状态、相关日志锁定故障位置。若 ATS 未发现相关告警信息，出现列车无推荐速度或列车运行过程中出现异常紧急制动时，应重点分析 ZC、FTM、联锁相关日志记录情况，锁定故障位置。若 ATS 出现异常告警信息无法确认、全线列车车次框显灰、临时限速无法下发时应重点确认 ATS 命令下发的 FTM、ZC 工作状态。接口故障处理过程中一定要充分查看故障发生相关设备的日志信息，根据多设备的日志情况综合分析判断故障，做到有的放矢。

综上所述，接口故障处理可以分为三步：第一步，充分观察 ATS 和各系统设备的设备状态，摸清故障可能的方向；第二步，对直接表现出故障现象的日志深度分析，通过日志的变量查找故障接口相关日志；第三步，综合分析相关联设备的日志，锁定故障原因。

注意：切不可根据猜测盲目处理、重启导致故障扩大化。

附录 >>>

缩略语名称对照

序号	缩略语	中文名称	序号	缩略语	中文名称
1	1DQJF	一道岔启动复示继电器	27	DMI	驾驶监视界面
2	1DQJ	一道岔启动继电器	28	DPSAJ	灯泡试验按钮继电器
3	2DJ	第二灯丝继电器	29	DSBJ	灯丝报警继电器
4	2DQJ	二道岔启动继电器	30	DTI	站台发车计时器
5	ATBAJ	列车自动折返按钮继电器	31	DYBJ	电源报警继电器
6	ATBCFAJ	自动折返按钮触发继电器	32	EB	紧急制动
7	ATBJHAJ	自动折返按钮激活继电器	33	EoA	授权终点
8	ATB	自动折返	34	ESA	紧急停车区域
9	ATC	列车自动控制	35	ESBBJ	紧急关闭报警继电器
10	ATOM/IATOM	列车自动驾驶模式/基于点式的列车自动驾驶模式	36	ESBJ	站台紧急关闭继电器
11	ATO	列车自动运行	37	ESB	紧急关闭按钮
12	ATPM/IATPM	列车自动防护下的人工驾驶模式/基于点式列车自动防护下的人工驾驶模式	38	FBJ	道岔反位表示继电器
13	ATP	列车自动防护	39	FCJ	道岔反位操纵继电器
14	ATS	列车自动监控	40	FDYJ	副电源工作继电器
15	BHJ	道岔保护继电器	41	FWJ	计轴区段复位继电器
16	BM	点式降级模式	42	GJ	计轴区段轨道继电器
17	CBI	计算机联锁	43	GMJ	站台门关门继电器
18	CBTC	基于通信的列车运行控制	44	HMI	人机界面
19	CC	列车车载系统	45	IBP	综合后备盘
20	DBJ	道岔定位表示继电器	46	IOM	智能运维
21	DC/AC	直流电/交流电	47	J	各类监测类继电器
22	DCJ	道岔定位操纵继电器	48	KMJ	站台门开门继电器
23	DCS	数据通信系统	49	KZKFJ	KZ、KF 电源监督继电器
24	DDJF	点灯复示继电器	50	LEU	轨旁电子单元
25	DDJ	点灯继电器	51	LXFJ	列车信号复示继电器
26	DJ	灯丝继电器	52	LXJ	列车信号继电器

续上表

序号	缩略语	中文名称	序号	缩略语	中文名称
53	MSS	维护监测系统	68	SJ/DCQDJ	锁闭继电器/道岔启动继电器
54	NRM	非限制人工驾驶模式	69	SSP	车站停车点
55	OCC	运营控制中心	70	TIMS	列车信息管理系统
56	PA	广播系统	71	TSR	临时限速
57	PDC	配电箱	72	UPS	不间断电源
58	PDKJ	站台门门关好继电器	73	YXJ	引导信号继电器
59	PDQCJ	站台门门旁路继电器	74	ZBHJ	道岔总保护继电器
60	PSCADA	电力监控系统	75	ZCJ	照查继电器
61	PSD	站台门	76	ZC	区域控制器
62	QDBJ	切断报警继电器	77	ZDBJ	道岔总定位表示继电器
63	QDJ	切断继电器	78	ZDYJ	主电源工作继电器
64	RB	重定位信标	79	ZFBJ	道岔总反位表示继电器
65	RDBJ	熔丝断丝报警继电器	80	ZXJ	正线继电器
66	RM	限制人工驾驶模式	81	ZYFWJ	计轴区段总预复位继电器
67	SDM	联锁诊断和维护子系统			

参考文献

[1] 赵志熙.计算机联锁系统技术[M]北京:中国铁道出版社,2012.
[2] 陈静梅.CBTC 信号系统智能化故障分析[J].都市快轨交通,2021,34(1),6.